理论与史学

Theory and Historiography

第5辑

中国社会科学院历史理论研究所
中国史学理论与史学史研究室
编

中国社会科学出版社

图书在版编目（CIP）数据

理论与史学. 第5辑／中国社会科学院历史理论研究所中国史学理论与史学史研究室编. —北京：中国社会科学出版社，2020.1

ISBN 978-7-5203-7373-9

Ⅰ.①理… Ⅱ.①中… Ⅲ.①史学理论—文集②史学史—文集 Ⅳ.①K0-53

中国版本图书馆CIP数据核字（2020）第186974号

出 版 人 赵剑英
责任编辑 田 文
特约编辑 冯广裕
责任校对 张爱华
责任印制 王 超

出 版 中国社会科学出版社
社 址 北京鼓楼西大街甲158号
邮 编 100720
网 址 http://www.csspw.cn
发 行 部 010-84083685
门 市 部 010-84029450
经 销 新华书店及其他书店

印 刷 北京君升印刷有限公司
装 订 廊坊市广阳区广增装订厂
版 次 2020年1月第1版
印 次 2020年1月第1次印刷

开 本 710×1000 1/16
印 张 16.5
插 页 2
字 数 278千字
定 价 89.00元

目　录

袁枚的经史观与史学批评 …………………………………… 王记录（1）
范文澜：两种理论视域下的中国传统史学观 ……………… 徐国利（13）
论侯外庐对史学研究马克思主义理论化的探索与贡献
——以其社会史研究为例 …………………………………… 赵鉴鸿（35）
改革开放以来本土化趋势中的中国史社会形态研究 ……… 高希中（45）
西方史学的自我反思赘述
——与《中国史学上的五次反思》一文的对读 ………… 陈安民（61）
大西洋史学与美国早期史的区域整合…………………………… 魏　涛（81）
马克思主义史学的全球性发展
——评王晴佳、伊格尔斯主编 *Marxist Historiographies*:
A Global Perspective ………………………… 邓京力　胡宇哲（103）
论费正清成名之作《美国与中国》的成书背景、主要内容和
学术特点 ………………………………………………………… 黄　涛（116）
重建历史学的公共性
——评《历史学宣言》…………………………………………… 林胜强（146）
霍布斯鲍姆史学理论体系中的“偏见”解读 ……………… 单　磊（154）
孔子“性与天道”解…………………………………………… 郭　倩（161）

北宋陕西沿边诸路的军事构造及运作 …………………… 上官红伟（175）

清儒卢文弨的社交、生活与校雠
——一个乾嘉考据学者的多重面相……………………… 李立民（200）

申维翰《海游录·闻见杂录》所见日韩比较史料初探 …… 姚诗聪（215）

点面结合的复杂构图
——评《近二十年西方史学理论与历史书写》 ………… 吕和应（235）

深研清代官修史　拓开史界自家田
——读乔治忠著《增编清朝官方史学之研究》 ………… 郭玉春（242）

学科史视野下的近代史研究所
——《创榛辟莽：近代史研究所与史学发展》简评 …… 武晓兵（249）

稿约 ……………………………………………………………（256）

袁枚的经史观与史学批评

王记录*

袁枚是18世纪中国知识界声名卓著的文学家和诗人，其一生大半时间致力于诗文创作，成为乾嘉诗坛盟主、性灵派主将。与此同时，袁枚还出入经史，评经论史，贬抑汉宋，显示了他勇于质疑经典、不同流俗的思想个性，又是颇有建树的学者和思想家。但是，迄今为止，关于袁枚的研究，依然集中于他的文学成就上，学者们围绕袁枚的诗文成就和文学理论，发表了连篇累牍的论著，盛赞有加，而对其学术思想的研究却多所忽略，对其史学成就的研究则几近阙如①。而实际上，袁枚在史学上造诣颇深，乾嘉时期著名史家钱大昕曾称赞袁枚“精研史学，于古今官制异同之故，烛照数计，洞见症结”②。孙星衍也说袁枚“未尝一日废书，手评各史籍，字迹历历犹在”③。袁枚自述自己创作《随园随笔》，“或识大于经史，

---

* 王记录，河南师范大学历史文化学院。

① 迄今出版的袁枚传记及思想研究的论著，主要探讨袁枚的文学主张，有些论著涉及袁枚的思想学术，但着墨不多，且主要侧重他对待汉学、宋学的态度问题，如杨鸿烈的《大思想家袁枚评传》（商务印书馆1927年版）、宋致新《袁枚的思想与人生》（南京出版社1998年版）、王英志《袁枚评传》（南京大学出版社2002年版）等，对袁枚的史学见解，均付诸阙如。在发表的数以千计的研究袁枚的论文中，只有孙新梅的《袁枚说史》（《史学史研究》2014年第2期）专门讨论了袁枚的史学，该文虽然内容简略，但能够把袁枚的史学率先提出来进行讨论，启发了笔者的研究。

② 钱大昕：《潜研堂文集》卷34《答袁简斋书》，见《嘉定钱大昕全集》（九），江苏古籍出版社1997年版，第580页。

③ 孙星衍：《平津馆文稿》卷下《随园随笔序》，见《孙渊如先生全集》，商务印书馆1935年版，第320页。

或识小于稗官，或贪述异闻，或微抒己见”[①]，很多内容都与史学相关。由此可见，袁枚于史学用力颇多，其“精研史学”，“手评各史籍”，得到时人的赞许和推崇。研究袁枚，其史学建树不能忽视，否则我们就不能全面认识作为思想家的袁枚，更不能全面认识乾嘉时期史学发展的全貌。本文拟从袁枚的经史观入手，探讨袁枚的史学批评的价值和意义。

一 “古有史而无经”及其对经书的质疑

作为文学家，袁枚有狂放和叛逆的个性；作为思想家，袁枚又善于独立思考，充满理性。这主要表现在他对经史关系的看法上。袁枚对经史关系的理解有自己的独到之处，他以史家的眼光提出“古有史而无经”的命题，并作了阐述：“古有史而无经。《尚书》《春秋》，今之经，昔之史也；《诗》《易》者，先王所存之言；《礼》《乐》者，先王所存之法。其策皆史官掌之。”[②] 袁枚认为“古有史而无经”，当今所谓的六经——《诗》《书》《礼》《易》《乐》《春秋》，在昔日无非是先王的历史、言行和法度，都是由当时的史官负责记载和保存的，经由史而产生。对此，他又进一步进行了论证，“刘道原曰：历代史出于《春秋》，刘歆《七略》、王俭《七志》皆以《史》《汉》附《春秋》而已，阮孝绪《七录》才将经、史分类。不知古有史而无经，《尚书》《春秋》皆史也，《诗》《易》者，先王所传之言，《礼》者，先王所立之法，皆史也；故汉人引《论语》《孝经》皆称传不称经也。‘六经’之名始于《庄子》，经解之名始于戴圣，历考‘六经’并无以‘经’字作书名解者”[③]。在这里，袁枚从古代图书发展及其分类的角度对经史关系的演变进行了梳理，指出在刘歆的《七略》和王俭的《七志》中，《史记》《汉书》都附于《春秋》之后，《春秋》实际上就是史书之鼻祖，只是后世有了“六经”和“经解”之名，才将最初的“史”变成了“经”，“经”不过是强加在“史”身上的称谓而已。

---

① 袁枚：《随园随笔》自序，见《袁枚全集》（五），江苏古籍出版社1993年版。

② 袁枚：《小仓山房文集》卷10《史学例议序》，见《袁枚全集》（二），江苏古籍出版社1993年版，第186页。

③ 袁枚：《随园随笔》卷24《古有史无经》，见《袁枚全集》（五），江苏古籍出版社1993年版，第414页。

袁枚还从古代圣人修身治国之本出发，进一步指出今之所谓经，当初只不过是“圣人之文章耳”，所谓“六经”“九经”之名，都是后人强加的，并非圣人本意。“夫德行本也；文章末也。六经者，亦圣人之文章耳，其本不在是也。古之圣人，德在心，功业在世，顾肯为文章以自表著耶？孔子道不行，方雅言《诗》《书》《礼》以立教，而其时无六经名。后世不得见圣人，然后拾其遗文坠典，强而名之曰经，增其数曰六，曰九，要皆后人之为，非圣人意也”[①]。袁枚认为古代圣人强调的最根本问题是“德行”和“功业”，即内圣外王之道，而不是“文章”，而“六经”恰恰是圣人留下来的“文章”，并非圣人所强调的根本之道。袁枚把圣人的内圣外王之道与“六经”割裂开来看问题，在明清时期“六经皆史”论的话语中是非常独特的。明清时期的学者讨论经史关系，多数是从“载道”“记事”相统一的角度来认识问题的，认为“圣人之道”就寓于“六经”之中，如明代大学者王阳明就曾认为经以载“道”，史以记“事”，从载道的角度讲，五经是经，从记事的角度讲，五经是史。所谓“以事言谓之史，以道言谓之经。事即道，道即事”[②]。很显然，在王阳明看来，五经皆史，是说它们既是载道之书，又是记事之书，道与事统一于五经之中，经与史是一而二、二而一的关系。和袁枚同时代的章学诚有言：“六经皆史也。古人不著书，古人未尝离事而言理，六经皆先王之政典也。”[③] 章学诚同样从“事”（记事）、“理”（载道）不分的角度来谈经史问题，认为六经就是先王治国的典籍，既有治国之理，又有治国之事。袁枚却不这样认为，他认为圣人之道见之于当世，“德在心，功业在世”，这是“本”，而“六经”只不过是圣人的文章，遗文坠典而已，并不能反映圣人之道，是“末”，与“本”是相割裂的。袁枚的“六经皆史”论，就是从源头上追溯，力主“古有史无经”，丝毫没有“以道言谓之经，以事言谓之史”以及经史一物的意味。

袁枚还指出，圣人文章称经，也不是圣人本意，因为“三代以上无经字，及武帝与东方朔引《论语》称传不称经，成帝与翟方进引《孝经》称

---

① 袁枚：《小仓山房文集》卷18《答惠定宇书》，见《袁枚全集》（二），江苏古籍出版社1993年版，第305页。

② 王守仁：《传习录》上，见《王阳明全集》（上），上海古籍出版社1992年版，第10页。

③ 章学诚：《文史通义》内篇一《易教上》，见仓修良《文史通义新编新注》，浙江古籍出版社2005年版，第1页。

传不称经"[1]，后世之人拉大旗作虎皮，把圣人所作之文章命名为"经"，"震其名而张之"，实际上就像那些"托足权门者"，"以为不居至高之地，不足以躏轹他人之门户"[2]，非常浅薄和无聊。

正是因为经是后人收集圣人"遗文坠典"而成，故而"真伪杂出而醇驳互见"[3]，错谬较多。既然经书存在这样那样的问题，也就不必过分迷信经书，完全可以把它们当作史书进行参究和讨论，"六经者，文章之祖，犹人家之有高、曾也。高、曾之言，子孙自宜听受，然未必其言之皆至当也。六经之言，学者自宜参究，亦未必其言皆醇也"[4]。经与史一样，并非"至当""皆醇"之物，同样存在各种错误，需要参究讨论。

袁枚勇于怀疑经典，惠栋在给袁枚的信中指责袁枚"疑经者非圣无法"，袁枚以"经"为武器来驳斥惠栋，认为怀疑精神恰恰是圣人的根本精神。他说："六经中惟《论语》《周易》可信，其他经多可疑。疑，非圣人所禁也。孔子称'多闻阙疑'，又称'疑思问'。仆既无可问之人，故宜长阙之而已。且仆之疑经，非私心疑之也，即以经证经而疑之也。其疑乎经，所以信乎圣也。"[5] 袁枚坦言自己的疑经，"非私心之疑"，是"以经证经而疑之也"，疑经绝不是"非圣无法"，相反，恰恰是继承了圣人的求是精神，"疑乎经，所以信乎圣"。通过这样一番论述，袁枚把自己"六经皆史"的理论安置到了圣人的理论范畴内，从而取得了"合法"的地位。

需要指出的是，袁枚不仅论证了"六经皆史"，而且从史的角度出发，对六经的史料价值进行了剖析。比如他曾剖析《春秋》的史料价值，指出《春秋》记事简略，没有"三传"的帮助，根本搞不清《春秋》在说什么，他说："今治《春秋》者，从经乎？从传乎？必曰从经。然从经者，果束'三传'于高阁，试问《春秋》第一篇'郑伯克段于鄢'，郑为何伯？段为何人？克为何事？鄢为何地？开卷茫然，虽鬼不知也。必曰不得

---

① 袁枚：《小仓山房文集》卷18《答定宇第二书》，见《袁枚全集》（二），江苏古籍出版社1993年版，第306页。

② 袁枚：《小仓山房文集》卷18《答定宇第二书》，见《袁枚全集》（二），江苏古籍出版社1993年版，第305页。

③ 同上。

④ 袁枚：《小仓山房文集》卷18《答定宇第二书》，见《袁枚全集》（二），江苏古籍出版社1993年版，第307页。

⑤ 同上。

不考于传矣。”① 从史学的角度看，真正有价值的是记事翔实的《春秋》三传而不是《春秋》经。袁枚曾说过“六经中惟《论语》《周易》可信”的话，但他对《论语》仍有怀疑，“大抵《论语》记言，不出一人之手，又其人非亲及门墙者，故不无所见异词、所传闻异词之累。即如论管仲，忽而褒，忽而贬；学不厌，诲不倦，忽而自认，忽而不居。皆不可解。其叙事笔法，下论不如上论之朴老”②。袁枚从《论语》成书的情况、内容的矛盾以及文风的前后不一等方面质疑《论语》，对《论语》不盲目迷信，大胆“疑乎经”，胆识非凡。

基于这样的认识，袁枚在《随园随笔》中列举诸多实例来说明经书存在造伪、缺略等问题。如《古书伪托》一文，指出《周礼》非周公所作；《中庸》为汉儒所作，伪托子思；《本草》有汉代地名，等等。在《今书缺略》一文中，指出流传至今的儒家经典多所缺略，如《士相见礼》贾疏引《论语·乡党》云“孔子与君图事于庭，图政于堂”，今之《论语》并无此言。也就是说，经书比较普遍地存在伪、讹、缺、略等问题，不可深信。

要之，袁枚从“古有史无经”出发，论述了经史之间的关联及演变，对儒家经典提出了质疑，所谓“双目自将秋水洗，一生不受古人欺”③，“六经虽读不全信，勘断姬孔追微茫”④，闪现出“疑经”思想的光辉。

行文至此，笔者还要特别指出一点，那就是袁枚特别尊崇孔子，他曾多次提出凡事“折中于孔子”⑤，认为“孔子之道大而博”⑥，“古今来尊之而不虞其过者，孔子一人而已”⑦。袁枚尊孔，当然具有传统意义上士大夫

---

① 袁枚：《小仓山房文集》卷24《策秀才文五道》，见《袁枚全集》（二），江苏古籍出版社1993年版，第415页。

② 袁枚：《小仓山房尺牍》卷8《又答叶书山庶子》，见《袁枚全集》（五），江苏古籍出版社1993年版，第163页。

③ 袁枚：《随园诗话补遗》卷3，二十七，见《袁枚全集》（三），江苏古籍出版社1993年版，第617页。

④ 袁枚：《小仓山房诗集》卷15《子才子歌示庄念农》，见《袁枚全集》（一），江苏古籍出版社1993年版，第271页。

⑤ 袁枚：《小仓山房文集》卷17《答沈大宗伯论诗书》，见《袁枚全集》（二），江苏古籍出版社1993年版，第284页。

⑥ 袁枚：《小仓山房文集》卷19《答尹似村书》，见《袁枚全集》（二），江苏古籍出版社1993年版，第329页。

⑦ 袁枚：《小仓山房文集》卷21《宋儒论》，见《袁枚全集》（二），江苏古籍出版社1993年版，第367页。

推崇儒家思想的意思，此不赘言。更为重要的是，袁枚发展了孔子“多闻阙疑”的思想，借助圣人的怀疑精神为自己质疑经典张目。以圣人“德行”这个“本”，指责“六经”这个“末”，疑经是为了信圣。这一独特的尊孔思想，尚需深入体会。

二 对史书褒贬与讳饰的批判

经与史的重要区别在于：经是经纬天地之学问，任务是明大道、正人伦、道名分，其影响史学，便导致史书喜正名、寓褒贬、讲正统。在袁枚看来，这些都不是作史之正道，作史之正道在于据事直书，还历史本来面目。因此他主张在作史时要自觉剔除经学的影响，所谓“作史者只须据事直书，而其人之善恶立见，以己意定为奸臣、逆臣，原可不必”①。这全然是一个史学家的看法。

对于史家的褒贬，袁枚是极力反对的。后代史家极力推崇“《春秋》笔法”，认为其中蕴含了善恶褒贬之深意。对此，袁枚极为反感，他说：“《春秋》本鲁史之名，未有孔子，先有《春秋》，孔子‘述而不作’，故‘夏五’、‘郭公’，悉仍其旧，宁肯如舞文吏，以一二字为抑扬，而真以素王自居耶?”② 在袁枚看来，孔子据鲁史而作《春秋》，自称“述而不作”，并没有什么褒贬深意。后世舞文弄墨者把褒贬强加于孔子，纯属多事。他还根据《春秋》经传的矛盾，指出《春秋》褒贬失当，“然则传所载桓公、隐公皆被弑，而经书皆书‘公薨’，隐弑者之冤，灭逆臣之迹，岂非作《春秋》而乱臣贼子喜欤？若曰为国讳，小恶书，大恶不书；毋乃戒人为小恶，而劝人为大恶欤”③？孟子认为“孔子作《春秋》而乱臣贼子惧”，袁枚却认为《春秋》自相矛盾，褒贬失当，不是“乱臣贼子惧”，而是“乱臣贼子喜”。由此他赞成《尚书》之史法，“《尚书》无褒贬，直书其事，而义自见”。

---

① 袁枚：《随园随笔》卷4《作史》，见《袁枚全集》（五），江苏古籍出版社1993年版，第58页。

② 袁枚：《小仓山房文集》卷10《史学例议序》，见《袁枚全集》（二），江苏古籍出版社1993年版，第186页。

③ 袁枚：《小仓山房文集》卷24《策秀才文五道》，见《袁枚全集》（二），江苏古籍出版社1993年版，第415页。

对于史书中的正名分，袁枚也从据事直书的角度进行了批评。在袁枚看来，《公羊传》“于外大恶书，于内大恶讳”，结果措置失当，导致“内之乱臣贼子无忌惮矣”[①]。同样，“《谷梁》纰缪处稍逊于《公羊》，而亦不少”[②]。班固著《汉书》，为尊者、贤者讳，被袁枚指出“有为贤者讳，而以过失散见于他传者，如周勃之汗流见于《王陵传》”，“有为尊者讳，如戚夫人被杀，不载《高后纪》而载《外戚传》是也”[③]。《新唐书》《新五代史》玩弄“《春秋》笔法”，《新唐书》于昭帝书“崩”，于哀帝则书“弑”，《新五代史》于梁、唐、晋、汉之君见弑者亦书“崩”，属于“俱不当讳而讳也”，根本起不到“正名分”的作用，遭到袁枚批评。陆游、马令皆宋人，作《南唐书》曰“某伐我”“我师败绩”，此等“我”字，袁枚认为“俱属无谓”[④]。其他如《宋史》“仿《汉书》之例为贤者讳过”，如寇准“诋讦求进”，不见本传而散见他传，显然是为贤者讳[⑤]。也受到袁枚批评。袁枚还认为《通鉴纲目》“非朱子所作，盖朱子方责文中子作《元经》拟《春秋》之妄，岂肯躬自蹈之？书中舞文弄字之弊，不可枚举”，如“凡偏安之主称‘殂’，不知《尚书》之‘帝乃落殂’，尧非偏安之主也。凡小人卒称‘死’，不知《尚书》之‘五十载陟方乃死’，舜非小人也”；“郭威弑湘隐王书弑，弑隐帝则书杀，所谓自乱其例也”[⑥]。袁枚指出《纲目》非朱熹所作，是否正确，我们不用费笔墨辨析，这里要指出的是袁枚批评《纲目》借作史而正名分，导致自乱其例，实际上是违背了据实直书的原则，不值得提倡。

袁枚反对史家借修史而正名分，反对那些为“为尊者讳，为贤者讳，为亲者讳”的“《春秋》笔法”，极力提倡作史须据事直书。但是，袁枚毕竟生活在现实社会之中，故而他又能够理解史家作史因政治立场的不

① 袁枚：《随园随笔》卷1《〈公羊〉之非》，见《袁枚全集》（五），江苏古籍出版社1993年版，第16页。

② 同上书，第17页。

③ 袁枚：《随园随笔》卷2《班氏史例》，见《袁枚全集》（五），江苏古籍出版社1993年版，第26页。

④ 袁枚：《随园随笔》卷3《史家避讳无谓》，见《袁枚全集》（五），江苏古籍出版社1993年版，第48页。

⑤ 袁枚：《随园随笔》卷3《〈宋史〉为贤者讳过》，见《袁枚全集》（五），江苏古籍出版社1993年版，第40页。

⑥ 袁枚：《随园随笔》卷3《〈纲目〉非朱子所作》，见《袁枚全集》（五），江苏古籍出版社1993年版，第51页。

同，必然会出现为本朝正名和回护的情况，所谓“因作史者立身其朝，不得不讳也”。譬如“《南齐书》以萧衍为‘义师’，《隋书》以李渊为‘义兵’”①。皆因《南齐书》是南朝梁萧子显撰，《隋书》乃唐朝魏征撰，他们各司其主，必然在史书中尊崇各自之主萧衍、李渊，属于不得不如此。袁枚还指出，“开创之际，必有驱除，两《汉》《三国志》《唐书》俱以窃号群雄列于诸臣列传之前，所以著创业之始基也。南唐诸国，《宋史》竟列于叛臣之后，误矣”②。在袁枚看来，王朝创始，必先收拾山河、荡灭群雄，《汉书》《三国志》《唐书》把窃号群雄列于诸臣之前，“著创业之始基”，是可行的。但《宋史》将之列于诸臣之后，是颠倒了顺序，反而不妥。袁枚还认识到史家记史会受到个人感情的影响，譬如李延寿作《北史》，因个人感情而为历史人物回护，“高岳为邺中四贵之一，其恃权放纵，《北史》传中不言，以士廉故讳也。薛聪、薛孝通《魏书》所载寥寥，而《北史》详书之，盖延寿与其孙薛收交好故耳”。《北史》不书高岳之恶，是因为李延寿与高士廉交好，替其先人高岳回护；详书薛聪、薛孝通事迹，也同样是因为李延寿与薛收交好，表彰其先祖言行。这些因史家感情而产生的问题，袁枚倒是能够理解，认为是不可避免的。

三 对“正统”与“道统”理论的否定

“正统”与“道统”问题是中国古代经学与史学、思想与历史领域的重要问题，备受古代思想家、史学家关注，在长期的讨论与争辩过程中，形成了系统的观点，成为古人认识中国历史与思想的重要理论与方法。“正统”是专制时代王朝体系的一种解释方式，旨在说明专制王朝在历史上的合法性与合理性，推重正统王朝，摒除异端王朝。“正统”观念长期影响着中国古代的政治文化、历史哲学和历史解释。“道统”，即儒家之道在传授过程中形成的系统，指儒家文化的传承统续。“道统”鼓吹儒家思想源远流长，承续不断，具有不可置疑的崇高地位，是中国古代正宗的思想体系。倡导“道统”旨在神化儒学，排斥异端思想，从某种意义上说具

① 袁枚：《随园随笔》卷3《史家避讳无谓》，见《袁枚全集》（五），江苏古籍出版社 1993 年版，第 48 页。

② 袁枚：《随园随笔》卷4《窃号》，见《袁枚全集》（五），江苏古籍出版社 1993 年版，第 58 页。

有思想专制的意蕴。“正统”主要揭示王朝演替的正与闰，“道统”主要辨析思想发展的正与异，目的都是树立正统，排斥异端。因为思维上的一致性，在中国古代，正统问题与道统问题往往纠葛在一起。以儒家经义为本，王朝正统即儒家道统，所谓“国之统也，犹道之统也”①。王夫之曾说：“儒者之统，与帝王之统并行于天下，而互为兴替，其合也，天下以道而治，道以天子而明；及其衰，而帝王之统绝，儒者犹保其道以孤行而无所待，以人存道，而道可不亡。”② 王夫之把“儒者之统”（道统）和“帝王之统”（正统）放在一起考量，二者相合则是国之大美，二者相离，正统绝但道统不绝。在古人看来，正统源于《春秋》，欧阳修云：“正统之论，肇于谁乎？始于《春秋》之作也。”③ 杨慎说：“正统之说，起于《春秋》，信乎？曰：信也。”④ 方孝孺也说：“正统之名，何所本也？曰：本于《春秋》。”⑤《春秋》正名分、辨华夷、明天统、倡礼仪，既是正统的内涵，也蕴含了道统之义。换言之，正统的法理基础源于《春秋》，而道统的传承因子也包含其中。正统之说与道统之论是相辅相成的。

在正统和道统问题上，袁枚坚持经、史分离，对正统之说和道统之论都持反对意见，极力论证二者之非。他说：“夫所谓‘正统’者，不过曰有天下云尔。其有天下也，天与之；其正与否，则人加之也。所谓‘道统’者，不过曰为圣贤云尔。其为圣贤也，共为之；其统与非统，则又私加之也。夫人心不同，各如其面，或曰正，或曰不正，或曰统，或曰非统。果有定欤？无定欤？”⑥ 在袁枚看来，所谓正统，就是拥有天下，天下是上天赐予，至于是否为“正”，完全是人们主观强加的，并非客观存在。所谓道统，就是成为圣贤，圣贤是人们共同拥戴的，至于是否有“统”，则是私下加上的，也非人们公认。由于人心不同，对于同一个帝王取得天下的合理性和正当性，认识也就不同，或曰正，或曰不正；对于儒家之道传承谱系的正宗性和主导性，认识也会不同，或曰统，或曰非统。总之，

---

① 杨慎：《升庵全集》卷5《广正统论》，商务印书馆1937年版，第71页。

② 王夫之：《读通鉴论》卷15，见《船山全书》第十册，岳麓书社2011年版，第568页。

③ 欧阳修：《居士外集》卷9《正统论七首》，见《欧阳修全集》上册，中国书店1986年版，第414页。

④ 杨慎：《升庵全集》卷5《广正统论》，商务印书馆1937年版，第71页。

⑤ 方孝孺：《逊志斋集》卷2《后正统论》，四部丛刊初编本。

⑥ 袁枚：《小仓山房文集》卷24《策秀才文五道》，见《袁枚全集》（二），江苏古籍出版社1993年版，第417页。

无论是对正统的认识还是对道统的认识，并没有一个统一的标准，而是人言人殊，徒生迷惑，“自正统、道统之说生，而人不能无惑”①。

袁枚坚持“古帝王无正统之说”的观点，指出欧阳修、杨维桢在正统问题上的种种言论，都属于无谓之争，“欧公、杨铁厓诸人澜翻千言，互相争论。又有有正无统，有统无正之说，不知古帝王无正统之说”②。正统论斤斤于“有正无统”“有统无正”的脱离历史实际的论述，就是用僵硬的道德标准去衡量历史，而不是客观地反映历史事实。

袁枚以史学家的身份，从历史的角度讨论正统问题，指出正统之说实际上是那些称王称霸者为满足自己欲望的一种说辞，无非是挖空心思以“正统”之名为自己的政权寻求合法地位而已，根本不存在所谓的“正”与“不正”。“王猛谏苻坚伐晋曰：‘司马氏正朔相承。’高欢谓杜弼曰：‘江右有萧衍老公，事事衣冠礼乐，人以为正统。’石勒临死忧曰：‘恐后世不以吾为受命之君。’盖惟苻坚、石勒、高欢皆不能得天下，故隐然欲窃附于正统耳”③。袁枚还指出，正统论前后矛盾，令人迷惑。

袁枚从历史发展的实际出发，指出按照正统理论，如果把“篡弑得国”视为“不正”，把“诛无道”视为“正”，那么中国历史上就很少有“正统”王朝了，中国历史的进程就会被割断，就会变得无法解释，“试问：以篡弑得国者为不正，是开辟以来，惟唐、虞为正统，而其他皆非也。以诛无道者为正，则三代以下，又惟汉高为正统，而其他皆非也。此说之必穷者也”④。袁枚想要告诉人们，史书要纪实求真，无谓的正统之争并不能解决任何历史问题。

袁枚坚持以史学家的态度对待正统问题，坚持通过据实直书，扫除正统论的影响，使史学昌明。他说：“唐以前作史者，时而三国则《三国》之，时而南、北则《南》《北》之。某圣人也，从而圣之，某贤人也，从

---

① 袁枚：《小仓山房文集》卷24《策秀才文五道》，见《袁枚全集》（二），江苏古籍出版社1993年版，第417页。

② 袁枚：《随园随笔》卷4《古无正统之说》，见《袁枚全集》（五），江苏古籍出版社1993年版，第53页。

③ 同上。

④ 袁枚：《小仓山房文集》卷24《策秀才文五道》，见《袁枚全集》（二），江苏古籍出版社1993年版，第417页。

而贤之。其说简，其义公，论者亦无异词。”[①] 他认为唐以前作史，不受“正统”的干扰，是三国就记述三国，是南北朝就记述南北朝，是圣人就记载圣人，是贤人就记载贤人，没有什么正闰之分和道统之论，所作史书，史事清楚明了，意蕴客观公正，不存在无聊的争论。由此，袁枚认为“废正统之说而后作史之义明”[②]。只有“废正统之说”，才能使“作史之义明”。这些看法，纯粹是史学家的看法。

如果说袁枚批判正统论是要恢复历史发展的实际，那么他批判道统论则是要恢复思想发展的实际。他说：“论正统者，犹有山河疆宇之可考，而道者乃空虚无形之物，曰某传统，某受统，谁见其荷于肩而担于背欤？尧、舜、禹、皋并时而生，是一时有四统也。统不太密欤？孔、孟后直接程、朱，是千年无一统也，统不太疏欤？甚有绘旁行斜上之谱，以序道统之宗支者；倘有隐居求志之人，遁世不见知而不悔者，何以处之？或曰：以有所著述者为统也；倘有躬行君子，不肯托诸空言者，又何以处之？”[③] 在袁枚看来，与论证历史发展的正统论相比，论证思想发展的道统之说更加“空虚无形”，难以捉摸。他指出，所谓的“传统”和“受统”，都是臆想之物，人们是无法看到的。按照道统论，尧、舜、禹时期道统太密，而孔孟之后道统又太疏，那些隐居求志的遁世之人、躬行实践而不托空言之人，在道统谱系上应该怎么“处之”？所有这些都说明道统之论前后失据，不能自圆其说。和论证正统论一样，袁枚运用归谬法论证道统的虚无，揭露道统的虚假性。因此他提出只有废除道统，才能光大儒教，所谓“废道统之说而后圣人之教大欤”[④]！

袁枚还从思想发展的实际来批评程、朱直接孔、孟道统的荒谬。他说：“三代之时，道统在上，而未必不在下；三代以后，道统在下，而未必不在上。合乎道，则人人可以得之；离乎道，则人人可以失之。昔者秦烧《诗》《书》，汉谈黄老，非有施雠、伏生、申公、瑕丘之徒负经而藏，则经不传；非有郑玄、赵岐、杜子春之属琐琐笺释，则经虽传不甚明。千百年后，虽有程、朱奚能为？程、朱生宋代，赖诸儒说经都有成迹，才能

① 袁枚：《小仓山房文集》卷24《策秀才文五道》，见《袁枚全集》（二），江苏古籍出版社1993年版，第417页。

② 同上。

③ 同上。

④ 同上。

参己见成集解，安得一切抹杀，而谓孔孟之道直接程、朱也?”[①] 袁枚梳理了秦汉以来儒学发展的历史，指出儒家经学是经过一代又一代学者的研究才传承下来的，没有秦汉时期学者对经典的保存和笺释，经义自然晦暗不明，千百年后的二程、朱熹等人说经必然陷于“巧妇难为无米之炊”。换言之，后儒是在继承前人基础上研究经典的，程朱也不能例外，“赖诸儒说经都有成迹，才能参己见成集解”。可是，道统论者不顾学术思想发展的实际，硬是抹杀前代诸儒之功，声称直接孔孟，有悖学术发展的规律，于理未安。

总之，袁枚批判正统论，是要恢复历史发展的实际；批判道统论，是要恢复思想史或学术史发展的实际。他反对在历史发展实际之上加上“正统”，认为历史发展本没有什么正统和闰位；他反对在思想发展实际之上加上“道统”，认为思想发展也没有什么正宗和异端。袁枚剥去“正统”与“道统”的外衣，于经史之间作出取舍，摒弃微言大义，一切还原于历史，其思想的激进于此可见一斑。

① 袁枚：《小仓山房文集》卷17《代潘学士答雷翠庭祭酒书》，见《袁枚全集》（二），江苏古籍出版社1993年版，第295—296页。

范文澜：两种理论视域下的中国传统史学观*

徐国利**

范文澜是中国现代史家中学术转变最显著者之一，“从二十年代初从事学术著述到1939年去延安为第一阶段，1940年抵达延安至中华人民共和国建国前为第二阶段，建国以后为第三阶段”①。1949年前则经历了从非马克思主义史家向马克思主义史家的转变。1913—1917年，范文澜在北京大学就读，得到北大传统派学人刘师培、黄侃等的栽培。1922—1927年，先后在南开中学和南开大学任教，开始从事传统学术研究。1927—1936年，在北京大学任教，从事经史子集的教学研究，著有《群经概论》《正史考略》《诸子略义》《文心雕龙讲疏》和《文心雕龙注》等，“成为享誉士林的国学名家”②。他将传统学术方法、主要是晚清古文经学家法和现代史学观相结合，对正史及史官制度作了考察和评述。20世纪40年代范文澜彻底转变为马克思主义史家后，开始以马克思主义理论批判古代史学的封建性和非人民性，抨击正统史观的落后和谬误，称清代考据学是阶级斗争的产物。③ 他还对孔子及《春秋》的学术文化地位和得失、经史关系与“六经皆史”论作了阐

---

* 本文为国家社科基金一般项目“多维视角下传统史学与中国现代新史学关系研究”（12BZS002）阶段性成果。

** 徐国利，上海财经大学人文学院历史系。

① 蔡美彪：《范文澜治学录（代序）》，《范文澜全集》第1卷，河北教育出版社2002年版，第1页。

② 陈其泰：《范文澜学术思想评传》，北京图书馆出版社2000年版，第42页。

③ 范文澜在自传性文章《从烦恼到快乐》（延安《中国青年》第3卷第2期，1940年12月）中对自己思想转变的心路历程有生动记述。

发，显示了马克思主义史家的学术立场。可见，20 世纪上半叶范文澜的中国传统史学观在两种理论视域下呈现了不同的面相。史学界对范文澜的史学思想多有研究，但是缺乏系统梳理和评述这一时期其对中国传统史学认识的研究成果。故拙文对此问题作初步研究，旨在对范文澜前期的中国传统史学观及其得失有较全面和准确的认识。

一　古文经学立场的正史考订和评述

范文澜对中国传统史学尤其是正史的系统考述集中在 1931 年出版的《正史考略》中。此时，他大体仍是师承刘师培和黄侃等古文经学的家法治学。此书广征博引史上各家各派的正史考述，亦结合现代史学和文化观念，系统考订和评述了二十四史的内容、体例、得失和影响，间下己意。此著类似史部目录学，但又有突破。

他谈到此书撰写宗旨和方法时说，兹编所述以正史为境域："文澜褊陋，未尝学史，然窃观前儒著述，或考源委，或正得失，美言可信，示我周行；窃欲九杂旧闻，缀为一编，他日翻阅正史，此或为其一助云。至于耳目所囿，遗落滋多，琐碎考证，例不具举。"① 此书《绪言》系统论述了史官及史官制度、古代史学发展、特别是官修史正史与私修正史的利弊得失；然后，将二十四史分篇立目逐一评述。此书颇多创意，反映了范文澜对传统史学、特别是正史的独到见解，是当时系统评述二十四史的代表作。陈其泰说："纵观全书，范文澜所考的是择取较有意义的问题，与好作琐碎问题考证者大异其趣。他所特别注重的约有三大端：一是涉及史籍的基本面貌、基本体例；一是关系到史家学术地位、史德人品的评价，对于以往受诬枉、遭曲解者更加重视作重新评价；一是考辨史书纂修过程中的关键问题，发前人之未发。"② 范文澜对历代正史的考略常引古代史家的考述，特别是刘知几、郑樵、晁公武、赵翼、王鸣盛、钱大昕、邵晋涵和《四库提要》中有关正史的考订和评述，间下己意，多有新见。下面分三个时期概述其考略的内容和特点。

第一，关于两汉时期正史的考略。司马迁《史记》和班固《汉书》是

---

① 范文澜：《正史考略》，《范文澜全集》第 2 卷，河北教育出版社 2002 年版，第 10 页。
② 陈其泰：《范文澜学术思想评传》，北京图书馆出版社 2000 年版，第 206 页。

正史的奠基之作，故范文澜对它们的考述相当详尽，仅次于《宋史》和《旧五代史》的考述篇幅。关于司马迁及《史记》的考述，主要有司马迁的史学地位、《史记》纪传体的来源和贡献，《史记》的编纂成就，论赞和通史笔法的影响，纪传体中的本纪、八书、世家和列传的来源与创新，《史记》的流传与历代注释及《史记》的成就等。他赞同梁启超对司马迁《史记》的评价，说："太史公首创纪传体，为史界不祧之太祖，旧史官纪事实而无目的，孔子作《春秋》，时或为目的而牺牲事实，惟迁为兼之。迁书取材于《左传》、《国语》、《世本》、《战国策》、《楚汉春秋》等，以十二本纪，十表，八书，三十世家，七十列传，组织而成。……兼综诸体而调和之，使互相补而各尽其用，此足征迁组织力之强而文章技术之工也。"[①] 这些评述涉及司马迁《史记》的史学地位、史学特点、纪传体创立的本源和编纂水平等，扼要而全面。关于班固《汉书》的考述，主要有班固创立断代史及其利弊、《汉书》书名的由来与撰写原因、《汉书》与《史记》的关系及比较、《汉书》作为纪传体断代史的贡献及其成书与后代流传等。他介绍了班固创立断代史及历代史家对《汉书》的品评，进而指出："自迁书一变而有班固之断代史，刘知几极尊此体，……郑樵著《通志》痛诋班氏，比之于猪，……郑氏欲自衒其书，抑班扬马，即以扬己，盖别有肺肠，难与正言……章实斋曰'纪传行之千有余年，学者相承殆如夏葛冬裘，渴饮饥食，无更易矣，然无别识心裁可以传世行远之具……。'此言也可谓明且清者矣。"[②] 他对《汉书》抱持平之见，不主张贬抑班固。总之，范文澜在评述《史记》和《汉书》时既称引前代史家合理的观点，又指出其不足和问题，颇多独到见解，推进了现代学界的《史记》和《汉书》研究。

第二，关于魏晋至隋唐正史的考略。这一时期正史编纂得到发展，从编纂数量看，最为丰硕；从编纂方式看，官修正史制度确立；从编纂质量看，则高质量的不多。范文澜认为这一时期正史编纂存在很多问题，"继班书而作者，陈陈相因，了无新制，固为史学一厄，其尤剧者则官修是也，溯自马迁以来，正史之成，或出一人之手，或成一家之学"，而自隋

---

① 范文澜：《正史考略》，《范文澜全集》第2卷，第9页。按，梁启超对司马迁《史记》的这段评述见其《中国历史研究法》第二章"过去之中国史学界"。范文澜取其大意作了概括性表述。

② 范文澜：《正史考略》，《范文澜全集》第2卷，第9页。

文帝禁私撰国史，唐太宗诏廷臣对十八家《晋书》再加撰次，“称制旨临之，既成题曰御撰，自是国史遂成官书”，史学遂暗淡无光。[①] 他对此时期13部正史的考述的要点和特征大体如下。1. 关于范晔《后汉书》的考述，主要有《后汉书》的命名、编纂和存世篇目、在本纪和列传上的创新、对他书的采撰及其得失、司马彪《续汉书》的作志及南朝刘昭取之为注和并于《后汉书》之事。范文澜对《后汉书》的成就和采撰得失评述客观，对司马彪续作8志及刘昭注释为30卷并将之合于《后汉书》所论尤详。2. 关于陈寿《三国志》的考述，主要有《三国志》的书名及编次，正统笔法，陈寿前魏蜀吴三国修史情况，裴松之《三国志注》的编纂过程、特点和成就。其评述虽简要，但重在辩论其以魏为正统是否合理和表彰裴注《三国志》的成就。3. 关于房玄龄等合撰《晋书》的考述，主要包括辨别《晋书》的由来、各种晋书的流传和存世，《晋书》纪、志、列传、载记及编纂缺陷，贞观年间新修《晋书》原因，《晋书》成于众人之手的利弊和流传。他指出唐初集众人之手修《晋书》的经过和影响，批评了其体例的缺失。4. 关于沈约《宋书》的考述，主要有《宋书》的卷帙与志表问题，志、列传的价值和特点，撰写和成书得失。他考述不多，但颇肯定其志与列传的创新和特色，辩证分析了其取材来源和得失。5. 关于萧子显《南齐书》的考述，主要有《南齐书》定名的篇数，本纪、志和列传辨析，此书的卷数，撰写所本史籍。其考述多属具体问题，对其史学地位和影响鲜少评述，称其并非全袭前人之作。6. 关于姚思廉《梁书》和《陈书》的考述，文字最略，亦鲜评述。7. 关于魏收《魏书》的考述，主要包括《魏书》为魏及东魏之史，本纪、列传和志的编撰，《魏书》是否为秽史和亡佚情况。他对被称为二十四史“秽史”、且残缺甚多的《魏书》颇为重视，考述颇详，对“秽史”之名尤加辩驳。8. 关于李百药《北齐书》的考述，内容主要有《北齐书》的最后定名，流传、辑佚及与《北史》的关系。或是因《北齐书》散佚严重，其考述十分简略，但对后世留存《北齐书》取《北史》补纂有详细考述。9. 关于令狐德棻《周书》的考述，主要有《周书》的体例与编撰、叙事与文笔。他对《周书》的考述虽是最简略的，但未批评其失，为全书仅见。10. 关于李延寿《南史》和《北史》的考述，主要内容有：《南史》撰述的原因和贡献，《南史》与宋

---

① 范文澜：《正史考略》，《范文澜全集》第2卷，第9—10页。

齐梁陈正史及《隋书》的关系，《北史》与魏齐周隋四代史书的关系，《北史》本纪和列传的卷数和编纂得失，《南北史》的撰写原因、过程和得失。《正史考略》对南北二史考述最丰，足见其对南北二史的重视；同时，所引文献和各家之说相当详尽，很有意义。11. 关于魏征等撰《隋书》的考述，主要有《隋书》的编撰、隋志及编排次序，本纪、列传和志的得失、此书的编纂者问题。其考述虽略，但颇多肯定，并就此书的二十四史排序提出新见。12. 关于刘昫《旧唐书》的考述，主要包括《唐书》改名《旧唐书》及其流传与版本，本纪、志和列传的书法，修撰与成书。其考订颇为详尽，征引诸多文献和史家观点详加考订其流传、版本、体例、撰述等存在的问题，对深入认识《旧唐书》颇有价值。总体看，范文澜的考述充分考虑了魏晋隋唐时期正史编纂的时代性及其特点。这一时期正史编纂数量多达13部，但良莠不齐，南北朝和五代时编纂的质量差，盛唐时编纂的品质高；五代十国之乱使不少史书散佚，有些为后来补辑，这些都影响了后世对该时期正史的评价和使用。他对各正史作不同考述，对问题较多者考述详尽，对编纂品质高的考述虽略但充分肯定。其考述或征引不同文献和史家之言为证，或亲自考订并提出新见，充分反映了他对正史编纂的深刻认识，体现了学术继承与创新的统一。

第三，关于宋元明清正史的考略。宋元明清史学得到深入发展，正史编纂成就颇丰，纂修正史8部。且特点鲜明，如统治者多重视正史纂修，宋元均修了3部正史，清修《明史》长达60余年；宋代正史编纂重春秋笔法。但是，编纂水平总体不佳，“夫修史而视为奉行故事，卤莽灭裂，属草稿如寇盗之至，于是所谓正史者，托克托辈引弓持矢之人，竟司南董之职而修宋、辽、金三史矣！宋濂、王祎诸人前后十三月而《元史》二百十卷告成矣！纰缪芜杂，爬梳不易”①。范文澜对这8部正史的考述相当全面深入，篇幅几占全书之半。1. 关于欧阳修、宋祁《新唐书》的考述，主要有《新唐书》撰写成因、编纂体例、编纂之失、增删得失和义类凡例之失等。他通过对比新旧《唐书》较详细考述了《新唐书》编纂的体例、书法和史料采撰和内容增删的得失，评价公允。2. 关于薛居正《旧五代史》的考述，主要有《旧五代史》的成书与定名、各代本纪和列传、此书

---

① 范文澜：《正史考略》，《范文澜全集》第2卷，第10页。

的撰修、流传和补辑。因《旧五代史》是清代学者根据相关史籍补纂的，故他主要是考述其流传与补纂史籍情况。3. 关于欧阳修《新五代史》的考述，主要有《新五代史》的定名、编纂体例、改志为考、春秋笔法及是否为良史等。其考述赞同《四库全书提要》的论点。4. 关于脱脱《宋史》的考述，主要有《宋史》修撰与定名、体例编纂得失、对宋代文献的采用、撰修之乱和误、《宋史》之匡纠。其考述篇幅最多，主要是谈《宋史》编纂存在的问题，所立18目有12目专言各类舛误和问题，体现了求实精神。5. 关于脱脱《辽史》的考述，主要有《元史》体例的得失、《国语解》的价值和《辽史》纂修存在的问题。他对《辽史》主要是辨其误和订其正，并肯定《国语解》的体例创新。6. 关于脱脱《金史》的考述，主要有《金史》体例的得失、《金史》为良史及撰述之失。在元修三部正史中，范文澜对此书评价最高，亦指出其失。7. 关于宋濂等《元史》的考述，主要有《元史》体例得失、卷数问题、成书之速和疏漏至多。他对《元史》的体例和内容均有批评。8. 关于张廷玉《明史》的考述，主要有《明史》体例编纂的成就、撰修过程与利弊、成就和不足。其考述虽不多，却充分肯定，对其缺失亦有"同情式的理解"，在全篇中颇为少见。总之，范文澜能根据宋元明清时代背景考述各正史的特点和价值，如对编纂质量高的《明史》大加表彰，对得失互见的《新五代史》详加分析，对于元修《宋史》《辽史》和《金史》予以不同评价，详加指摘《宋史》和《辽史》之疏漏谬误，对《元史》批评更是不遗余力。在考述时，注重引用前人成果和观点，其中对清代学者、特别是赵翼的《廿二史札记》和《陔馀丛考》称引最多，其次为《四库全书总目提要》。

综上所述，范文澜对二十四史的考辨和评比较全面，能根据各部正史的特点，抓住重要和关键问题来考辨。同时，重视引用古代史家、特别是清代三大考据史家的成果作综合评判，评述公允，多有精识。不过，亦有可商榷之处，如称隋唐以后史官制度的再度发展和官修史书代有撰修，致使中国史学发展暗淡无光。这虽指出了隋唐以后官修史书存在的弊病，却忽视了其取得的重要成就及对中国史学发展的积极作用。

二　以历史唯物论批判封建帝王史观和正统史观

范文澜成为马克思主义史家后，结合中国通史编纂批判封建帝王史观和正统史观，旨在为马克思历史唯物论的确立扫除理论障碍，为中国通史研究和编纂提供科学理论指导。

一是对帝王史观作了多角度批判，主张人民史观。首先，古代史书记载只关注帝王将相，无视人民是历史的主人。他说，中国历史悠久，积累下丰富庞杂的各类书籍，然而，“这类书连篇累牍，无非记载皇帝贵族豪强士大夫少数人的言语行动，关于人民大众一般的生活境遇，是不注意或偶然注意，记载非常简略”①。他用马克思历史唯物论剖析了这种弊病形成的根源，说：“可以看出一切历史现象，追溯到最根本的因素，乃是生产力与生产关系。历史发展的原动力是劳动人民在一定的相互关系条件下拿着工具在生产物质资料。现在我们对几千年历史的看法，必须彻底翻他一个身。过去读历史，只看生产关系里面的一面，偏重在各个朝代的盛衰兴亡，典章制度的沿革改订，帝王将相的功过优劣，文武官员的升降黜陟，文人学士的佳话逸事，英雄豪杰的‘丰功伟业’等等，一句话，偏重在压迫、剥削、统治阶级的方面，也就是偏重在生产关系里高高在上的一面，对被压迫、被剥削、被统治阶级的一面，即生产关系里受苦受难的一面，是不重视或无视的，把他们反抗压迫的阶级斗争看作‘乱民’、‘叛民’、‘流寇’，至于把生产力的发展，看作历史的决定的最后的因素，那就更谈不到了。这样的看法如果不改变，就永远找不到历史的主人，永远看不见历史的本质。”② 其次，古代史书湮灭或歪曲史实。他说：“我们要探求中国社会循着怎样的道路向前发展，而这类书却竭力湮没或歪曲发展的事实，尽量表扬倒退停滞阻碍社会发展的功业”，“我国广大读者需要的首先是从广泛史料中选择真实材料，组成一部简明扼要的，通俗生动的，揭露统治阶级罪恶的，显示社会发展法则的中国通史。”③ 最后，批判帝王年号纪年法。他谈到《中国通史简编》的新纪年法时说：“历代纪元年号，显然以天下为帝王私产，且时代距离不易省察；故本书对历代帝王直称姓名，年次全用公历。为便于检查，将公历、年号、帝王姓名和帝号、制成简单的年表。中国历史到西周‘共和’的时候，才有确实的年数，所以年

---

① 范文澜：《中国通史简编·序》，《范文澜全集》第7卷，河北教育出版社2002年版，第3页。

② 范文澜：《再谈谁是历史的主人》，《范文澜全集》第10卷，河北教育出版社2002年版，第165页。

③ 范文澜：《中国通史简编·序》，《范文澜全集》第7卷，第3、4页。

表就从‘共和’元年开始。年表把同时存在的主要政权、年号并列。”①可见，以公历纪年编写中国古代史是反对帝王史学，使之成为人民史学的重要表征。

批判“君史”和倡导“民史”是近现史学发展的潮流，马克思主义史学的贡献是用历史唯物论去分析和批判，主张人民史观。范文澜对此贡献颇巨，《中国通史简编》的撰写便充分贯彻了人民史观。不过，由于片面强调人民是历史的创造者以致近乎全盘否定传统史学，特别是说古代历史记载都是竭力湮灭和歪曲史实，并不客观。

二是对古代正统史观的猛烈批判。全面内战爆发后，蒋介石力图借正统论为其统治寻求合法性，范文澜为此写了《论正统》发表在1946年12月30日的《人民日报》上，说：“什么是正统，在人们头脑里，浮动着一片糊涂观念，这并不是怪事。……辨明正统问题，将有助于人们进一步认识蒋贼的罪恶。”② 此文系统分析了中国古代正统史观，提出了民主主义时代的正统观。关于中国古代正统观，他说，辛亥革命以前至西周初年是封建社会，农民阶级不可能组织农民政府。行施国家主权的政府即朝代，只能是地主阶级专政的君主专制政府，因此，“广大农民阶级，对地主政府的要求，不是什么民主（虽然孔孟以下不少政论家提到民主学说），而是：（一）保护汉民族利益，抵抗异族侵入；（二）保持国家统一，反对割据与偏安；（三）剥削比较缓和（封建经典所谓‘仁政’），农民能生活下去。这就自然形成了汉民族的、统一的、政治较好的三个基本条件。合乎此者，就有权被认为代表中国主权的正统朝代。”③ 按照第一条，五胡、元魏、辽、金、蒙元、清侵占中国半部或全部，僭立伪号，不得冒充中国朝代。按照第二条，三国五代十国是群雄割据，东晋、宋、齐、梁、陈偏安江左，南宋对金称臣，都不得妄称正统。按照第三条，封建圣人孔孟都承认起义杀独夫是合理的，所以正统朝代一到农民大规模起义，便丧失它的正统地位。辛亥革命、特别是五四运动以后，由于中国人民有足够力量组织自己的民主政府，因此，“民主主义的正统观当然要代替旧时代的正统观，旧的三个基本条件也当然被三个新的基本条件所代替。第一是反帝国

① 范文澜：《中国通史简编·再版说明》，《范文澜全集》第7卷，第5页。

② 范文澜：《论正统》，《范文澜全集》第10卷，第141页。

③ 同上。

主义的民族主义；国内各民族一律平等，共同反抗帝国主义的侵略。旧的汉民族独有中国的思想，变质为反动的大汉族主义了。第二是反封建制度的民主政治。旧的‘仁政’思想变质为可耻的欺骗手段了。第三是人民的统一。旧的统一思想变质为荒谬的专制统一了。”① 可见，旧的正统观被新的民主主义的正统观所取代，是中国历史发展的必然要求和结果。由于旧的正统观与历史事实难以相符，故诞生出三种错误的正统史，而古代史家正是用三种错误史观写出大量史书。他说：“一种是家奴观点。例如司马光作《资治通鉴》，因北宋近似曹魏，尊曹魏为正统；朱熹作《通鉴纲目》，因南宋近似蜀汉，尊蜀汉为正统。二人要说明赵匡胤得天下的正当，同尊五代为正统，而后唐、后晋、后汉三代都是异族僭号，自违尊南朝斥五胡拓跋之例。朱熹不尊南唐为正统，又自违尊蜀汉之例。司马光、朱熹都是著名史家，自造例，自破例，支离矛盾如此，原因止在他们是赵姓的家奴。一种是汉奸观点。异族侵入中国，建立伪朝，凡认伪朝为中国朝代或正统朝代的史家，都或多或少抱有汉奸观点。一种是因袭观点。沿用旧说，陈陈相因，不自觉的替家奴汉奸传播谬说。这三种观点，影响到广大士人层，造成一片糊涂观念，不能清楚认识关于正统的三个基本条件。”② 民国以后旧正统论的谬误观念在守旧人群中得到飞速发展，“汉奸观点结合大汉族主义成为卖国贼敢于对外投降对内镇压的支持力量。家奴观点与专制统一结合，成为法西斯匪帮敢于穷兵黩武屠杀人民的支持力量。因袭观点与欺骗手段结合，成为政治骗子敢于明目张胆愚弄群众的支持力量。从袁世凯、段祺瑞、曹锟，以至汪精卫、蒋介石，一个倒了，一个继起，祸国殃民，愈演愈烈。这一群民贼独夫的僭伪政府，所以还能获得一部分人士的承认与拥护，主要由于浓厚的糊涂观念掩蔽了民主主义的正统观。”因此，中国人民为真正实现孙中山“主权在民”“还政于民”的遗教，“亟需召集人民代表会议，商讨救亡建国大计，成立中华民国的民主联合的正统政府”。③

范文澜以马克思唯物史观重新解读古代正统观和成立条件，批判古代正统观的封建性和谬误性，提出了民主主义的正统观，是中国现代史家批

① 范文澜：《论正统》，《范文澜全集》第10卷，第142页。
② 同上书，第142—143页。
③ 同上书，第143—144页。

判古代正统史观的新观点，有思想解放意义。同时，他结合蒋介石谋求国民党独裁及个人专制来批判封建正统论，又有鲜明的现实意义。然而，由于他对传统正统观只着眼于批判，对其合理性和价值缺乏历史的评判。

三 对孔子文化地位和贡献的迥异评判

范文澜在转变为马克思主义史家前后，对孔子的评价迥异。在前期，他称孔子是中国文化的集大成者，对孔子删订六经的成就予以高度赞扬。成为马克思主义史家后，他只是将孔子视为政治家和教育家，孔子删订六经则是为封建统治提供了“圣经”。在两种不同的理论视域中，孔子的文化地位和贡献迥然不同。

20世纪二三十年代，范文澜盛赞孔子是集三代之学和中国文化的集大成者。他说，东周时官学流落民间，“是启学术敷播之始。春秋季叶，世风剧变，政教陵夷，怪说渐兴。孔子生鲁周公之国，服习遗教，总揽方策，删订六经，拨其乱使反之正，诛少正卯，绝异端也。欲为东周，大一统也。周公仍夏殷之制而定周礼，孔子复集三代之成。孔子之学，即周公之学，亦即中国民族传统之学，初未尝自创新说，苟以立异。”孔子之学集中国文化之大成，“论中国文化之源委，何以必断自孔子乎？此无他，禹，汤，文，武，周公历圣之所经营缔构者，莫不集成于孔子；道，墨，名，法，诸子之所驰骋发挥者，又莫不与儒家通血脉也。”① 他甚至称孔子是中国文化的根本，其精神与人类历史同命运：“三代文化至孔子而集大成，后世政教，自孔子而导源，孔子者中国文化之总本，其精神之常存，当与人类历史同其运命者也。”② 在“五四”以后仍赋予孔子如此高的历史地位，俨然文化保守主义者。

在范文澜看来，孔子对中国文化的贡献主要在于将东周流落民间的王官之学加以发扬，删订六经，“孔子修订六经，将以垂教后世”③。他说，六经是夏殷周三代先王之政典，文化之总集，“孔墨称述禹事，大致不异，知其所据，较为可信，故上溯古昔，当断自夏禹，商周继兴，文化递进，

① 范文澜：《诸子略义》，《范文澜全集》第2卷，第213、216页。

② 同上书，第232页。

③ 范文澜：《群经概论》，《范文澜全集》第1卷，第1页。

典籍繁重，王官世守，其要有《易》《诗》《书》《礼》《乐》《春秋》诸书，所谓六经者也。此六经者，先王之政典，三代文化之总集。”① 至东周王室衰落，王官散佚，六经流落民间，孔子遂得以删订成儒家典籍，“知六经虽为周代之书，其积累而成，实本于夏殷。自周之衰，王官散佚，平民亦得从师而学。孔子删订六经，遂成儒家之专籍；他若墨子之书，屡言《诗》《书》《春秋》，与儒家所诵习者同书而不同本。”② 正是由于孔子删订的六经能存前王之业，垂后世之法，才使六经得以传诸后世，“孔子既以不得志复归于鲁，思存前王之业，以垂后世之法，于是订定六经。鲁为周公之国，典章备物。……孔子本之，订定六经”；“太史公谓中国言六艺者，折中于夫子，可谓至圣，斯言旨矣。”③ 可见，孔子折中六艺所删订的六经有其他诸子所传六经无法比拟的价值，这不仅使他成为中国文化的集大成者，也使六经后来成为儒家的典籍。

20世纪40年代，范文澜对孔子的文化地位和删订六经的认识发生变化，认为孔子只是教育家和政治家，孔子删订的六经主要是为封建统治者提供了“圣经”。他称孔子是春秋大变革时代保守派的代表：“春秋后期，贵族领主的土地所有制，向着地主的土地所有制变革。这一变革的过程，经过战国时代，完成于秦之统一。这种制度与阶级的激剧变化，在当时思想上的反映，有主张保守的一派，梦想恢复周公时代的领主制；这一派的代表人物为孔子。”④ 孔子只是伟大的教育家和政治家，“中国是长期的封建社会，所以孔子学说的影响也是长期的。他是历史上伟大的教育家政治家，教育方面的成功比政治要大得多。……他那种繁富的学说，在一定的批判之下，加以选择继承发扬，是非常必需的。他有些概念，只要改换阶级内容，也还适用的。”⑤

关于孔子与经学的关系，其评价和过去明显不同。一是孔子删订六经问题。范文澜说：“孔子删诗书，订礼乐，修春秋，作易传，所谓‘删’、‘订’、‘修’、‘传’就是孔子的经学。弟子们学了这一套学问，再去传授学问，形成一个学派，称为孔家学派”，“孔子原来的经学，经过一二百年

① 范文澜：《诸子略义》，《范文澜全集》第2卷，第217页。

② 范文澜：《诸子略义》，《范文澜全集》第2卷，第217页。

③ 同上书，第233—234页。

④ 范文澜：《中国通史简编》（上），《范文澜全集》第7卷，第70—71页。

⑤ 范文澜：《中国通史简编》（上），《范文澜全集》第7卷，第73页。

口耳相传的变动；战国时代，儒家集合传闻，写成固定的书本。孔子以及传经儒生的经学，转化为经，于是出现新的经。这种新经比旧经数量质量都起了变化。”① 这些新出现的经就是后世所传的儒家经典《周易》《尚书》《诗》《礼》《春秋》。孔子删订六经和儒家经典的流传毁坏了古史料，“原始的经加上孔子及其弟子们的经学，成为儒生专有的经典。儒经流传，旧有史料逐渐废弃消灭。如果那些旧书存在，对古史研究，可能供给更多的材料，真象也可能更多保存些。古史变成圣经，从封建统治阶级看来真是莫大的功绩”②。可见，孔子删订六经不仅不再被视为集三代之学和传承中国文化的盛举，反而毁坏古史料；更严重的是，它为封建统治提供了“圣经”。二是孔子修《春秋》。他说，孔子修《春秋》，“加以褒贬笔削，寄托他的政治思想。鲁史应该托始伯禽（西周初年）被孔子删节，旧史料因之不被重视而亡逸”③。关于《春秋》与中国史学的关系，他说，春秋原是各国都有的编年史，孔子据此写定这部历史，“宗旨在严格辨明君臣父子上下尊卑的神圣不可侵犯的等次名分。汉以后儒者发挥春秋大义，在拥护统治者意义上，的确起了很大的作用”④。可见，范文澜对《春秋》的论述不仅简单，且视其为确立封建纲常伦理大义的史书，评判立场和此前迥异。三是阐明《易传》与孔子的社会历史观。他说，《周易》是卜筮之书，原有的文辞全是神秘难懂的话；孔子讲授《易经》由弟子记载下来叫作《易传》；“《易传》里很有近乎辩证法的见解，认为宇宙间一切事物都是流动变化不固定的。可是它又认为有一种不变的本质存在，就是天一定在上，地一定在下，在上者一定尊，在下者一定卑，绝对不能变动的，这种思想应用到人事方面，制度名号器械正朔等等可变，亲亲尊尊长长男女有别（礼的真义）不可变。换句话说，就是在不破坏封建制度大前提之下，枝节问题是可以变动改革的。这是孔子的哲学，也是一切儒家的哲学。”⑤ 他虽然肯定孔子《易传》有近乎辩证法的思想，但主要是批判其将封建尊卑观本体化和永恒化，旨在揭露其服务于封建制度的本质。

综上所言，范文澜在两个时期对孔子的历史文化地位、孔子删订六经

① 范文澜：《中国经学史的演变》，《范文澜全集》第10卷，第50页。

② 同上书，第51页。

③ 同上。

④ 范文澜：《中国通史简编》（上），《范文澜全集》第7卷，第75页。

⑤ 同上书，第74页。

的得失、孔子《春秋》及与《左传》关系的认识发生了根本变化。前期高度肯定孔子的文化地位，称他是中国文化的集大成者，其思想有普世价值，删订六经传承了中国文化，《春秋》及《左传》对中国史学发展有重要影响。在成为马克思主义史家后，他虽然也肯定孔子是政治家和教育家，不过立足点则是批判，旨在揭露其思想的封建性及对中国封建制度的深远影响。

四 对经史关系和“六经皆史”的不同评判

范文澜前后两个时期对经史关系和“六经皆史”亦作出了不同评判。在前期，他称六经为三代文化总集；六经皆史，儒家为春秋战国诸子之一家，大体是古文经学家的立场。成为马克思主义史家后，则批判六经的封建性，称其是封建统治阶级的思想工具。

范文澜说，六经原是夏殷周三代先王政典，文化之总集，自夏禹而商周继兴，“文化递进，典籍繁重，王官世守，其要有《易》《诗》《书》《礼》《乐》《春秋》诸书，所谓六经者也。此六经者，先王之政典，三代文化之总集。”① 后至东周王室衰落，王官散佚，六经流落民间，孔子遂得以删订成儒家典籍。由于孔子删订的六经能够存前王之业，垂后世之法，故能独传后世，“总之六经因孔子订定，始得传于后世，惟乐亡失。战国诸子所诵习或不与儒家同本，世亦无传者。太史公谓中国言六艺者，折中于夫子，可谓至圣，斯言旨矣”②。因此，六经皆史。不仅如此，战国诸子之言亦保留有六经之言：“六经皆史，固无论矣；战国百家腾跃，各引一端。……然迹其权舆，上者缵史官之遗绪，下亦概乎其尝有闻，是故经若子，皆史也。即以今时史法绳之，至少亦供吾人以若干珍美之史料；若夫孔子所删定，左氏所撰述，苟非后世窜乱，则全部殆属信史。”③ 所谓“各引一端”是指诸子对当时流传的诗、书、礼、易、乐和《春秋》等先王政典中有关言论和材料的引用，儒家只是诸子之一，故“经若子，皆史也”，以今天的史学眼光看，自有珍美之史料。这种观点实是承继了其北大老师

---

① 范文澜：《诸子略义》，《范文澜全集》第2卷，第217页。

② 同上书，第234页。

③ 范文澜：《正史考略·绪言》，《范文澜全集》第2卷，第7页。

黄侃等古文经学家的观点。

成为马克思主义史家后，范文澜对上述问题几乎作出截然不同的评判。他说，经学在二千多年封建社会几乎是学问的代名词，“五四运动以前二千多年里面，所谓学问，几乎专指经学而言”；而经本质上是封建统治阶级的思想工具，“经是封建统治阶级在思想方面压迫人民的重要工具。统治阶级要巩固自己的政权，必须一套‘天经地义，万古不刊’的‘永恒真理’来证明自己地位的不可动摇。……不论统治阶级怎样尊圣尊经，经到底还是压迫人民的工具。”[①] 经实际上并不神圣，本是古代史料，“经本是古代史料。《尚书》、《春秋》、《三礼》记载‘言’‘行’‘制’，显然是史。《易经》是卜筮书，《诗经》是歌诗集，都包含着丰富的历史材料。所以章学诚说，‘六经皆史’。经书里面虽然记载着某人做过什么事，说过什么话，行过什么制度，可是这些记载是当时的实录呢，还是后人所追述；是完全可信呢，还是杂有虚伪。经作为古史来研究，问题自能得到适当的解答，经作为‘圣训’来背诵，死教条成为束缚思想的桎梏。”[②] 他考察了殷商至周代的史官制度与文化记录，说，由于殷朝确已存在阶级，这使剥削阶级能够脱离生产而有余力创造文化，因此殷代已有文化记录，“而这些记录的保管者是王官（史官、卜官、乐官等）”。西周更加发展了大小封建主，各国设立官职，“世代传业，专官们逐渐积累起典章制度，前言往行，形成统治阶级专有的文化。章学诚说‘六经皆史’，这是很对的。因为六经正是专官们保存了些文化记录流传下来被尊为经典，当初既没有经的名号，也没有特别贵重的意义”[③]。

孔子从流落民间的史官那里获得这些材料加以删订并转教给弟子，此即后世的儒家经书。范文澜说，这些性质和作用不同的经书主要有五种：一是《周易·卦辞、爻辞》。卜官用作占卜吉凶的隐语，其中都是可解又不可解，像这个又像那个，简单含混，容易穿凿附会的话头。神权时代，它是人间一切行动的最高指导者，所以《易》被尊为六经之首。二是《尚书》。史官保存许多“圣君贤臣”的号令谋谟，其中有当代史官所记录，也有后世据传闻所追记。三是《诗》，是从周初到春秋时代的乐歌。四是

① 范文澜：《中国经学史的演变》，《范文澜全集》第10卷，第44、44—45页。

② 同上书，第45—46页。

③ 同上书，第48页。

《礼》，是贵族实际生活的记录，从组织国家家族的制度起，直到个人的起居饮食小节止，材料最丰富。五是《春秋》，是有一定书法的最古编年史，文字极简单。可见："经止是卜官、乐官、史官们写了些本官的职掌，并没有什么'神圣'的意义。它之所以被尊为'神圣'仅仅在于它是封建统治阶级的'祖传古典'，既然封建统治不该存在了，经也不该看作'神圣'，而该回复到'古史材料'的地位。"① 先秦儒家在文献整理与文化传播上有重要贡献，他说："保存古代文化，流传后世的，不是匡倩那样的儒者，而是朴素的传经之儒"，因为，"殷周两代用竹简写字，史官就是拿竹简记事的人。周朝有记言记事的史官，国君和贵族们说话做事以及典章制度都写下来，子孙世代相传，成为专门的学问。春秋时代，史官的学问，逐渐流传到民间，孔子从各方面学习了专门知识，再加整理选择的功夫，订定所谓六经，教授弟子们。从此儒家得到'继往开来'的地位，传统的中国文化和儒家发生不可分离的联系。"②

那么，如何看待"六经皆史"及儒家文化的贡献呢？范文澜主张用新民主主义文化方针——剔除传统文化中封建性的糟粕，吸收其民主性的精华——来看待这个问题。他说："经本身是古代史料（六经皆史），汉学系经学把它发展了，因此，汉学系经学堆积起巨大的古代史料。宋学系经学把经学发展为唯心派哲学，因此宋学系经学堆积起巨大的唯心派哲学史的材料。新汉学系经学从考据方面发展，古代制度文物，经考据学者的研究，艰深难解的古书，大体可以阅读。因此新汉学系经学堆积起巨大的考古材料。把封建统治工具的经学，改变成科学的古代社会史古代哲学史的原料看，它自有很高价值存在，谁说应该'丢到茅厕坑里'呢？"③ 可见，范文澜从马克思主义角度历史和理论地阐述了"六经皆史"的内涵，批判了儒家经典的神圣性。它与新考据派的"六经皆史"观既有共同点，即六经只是古代先王之政典，只是研究古史的史料；又有不同，即他是从马克思主义立场来探讨该问题，不仅对六经在古代史研究中的价值有不同看法，而且指出了儒家经典的阶级性。

---

① 范文澜：《中国经学史的演变》，《范文澜全集》第10卷，第49页。

② 范文澜：《中国通史简编》（上），《范文澜全集》第7卷，第74页。

③ 范文澜：《中国经学史的演变》，《范文澜全集》第10卷，第75页。

五 马克思主义史学立场的清代考据学（新汉学）批评

范文澜称清代考据学为新汉学，将其发展分为三个时期："满洲入据中国，义士反抗失败，匿迹山野，读书著述，希望文字流传，人心不死，民族有复兴的一天。所以清初期学风，注重经史，读书与抗满联结，著述与实践（致用）一致，可称考据学派的启蒙时期。乾嘉两朝，学者为考据而考据，学术完全脱离实际生活，可称考据学派的极盛时期。道光时代，今文学兴，攻击古文学，西汉学（今文）与东汉学（古文）对立，可称考据学派的变化时期。"① 他站在马克思主义史学立场全面评析了清代考据学三个时期的发展原因、学术特征、治学方法和学术得失等。

清代考据学的第一个时期，即"清代考据学的启蒙时期"。首先，关于其形成的学术渊源和社会原因，范文澜从三方面作了解释：一是考据学形成于宋代。他说："南宋文士最重博学鸿词科，读书非常广博，考订非常精细。南宋末王应麟《词学指南》，讲明读书的方法，又作《困学纪闻》，荟萃读书的心得，王应麟成为考据学派的创始人。"② 二是明代考据学是清代考据学的先驱。他说："明人重八股，空虚浅鄙，八股外一无所知；理学家空谈性命，与八股家同样庸腐。有些人感觉得知识界空虚无聊，愿意读书，被宋学废弃的古典书籍逐渐复活起来了。明人讲求文字学、音韵学、校勘学、目录学、辨伪学，都是读古书的准备功夫。进一步发展就成为清朝的新汉学。"③ 三是受明末清初传入的西方科学方法影响。他说："明末清初西洋天主教徒来中国，天文历算之学，大受中国学者的欢迎，科学方面影响考据学。清朝考据家如黄宗羲、梅文鼎、王锡阐、江永、戴震、焦循、王引之等，都兼长算学。"④ 他对清初考据学的源流和成因的分析与现代学界的主流看法大体是一致的。

其次，清初考据学的学术主旨、主要方法、学术精神和学术思想。关于其主旨，他说："顾炎武虽然主张'舍经学无理学'，但仍接近朱熹的理学。黄宗羲传王守仁的心学，……并不菲薄宋学。不过他们都要求复古

---

① 范文澜：《中国通史简编》（下），《范文澜全集》第8卷，第655页。

② 同上书，第654页。

③ 范文澜：《中国经学史的演变》，《范文澜全集》第10卷，第67页。

④ 同上。

（复汉儒之古）。”[①] 关于其学术方法、学术精神和影响，他说：“读古书必先破除古书的障碍。胡渭作《易图明辨》，揭穿程朱学说的本原是道士炼丹诀。阎若璩作《古文尚书疏证》，揭穿东晋以来相传的假书经。新汉学用考据方法，证明宋学并非孔子真传，经书不可尽信，确立考据学‘实事求是’的精神，与凭空谈理的宋学自然益趋隔离。”[②] 关于清初经学家的新政治、经济和种族思想，他说：“清初经学家亲历亡国痛苦，发生新的政治思想。黄宗羲作《明夷待访录》，唐甄作《潜书》，主张去君主的威严，发平等之公理，颇具民主思想。王夫之作《黄书》，认黄帝为汉族共祖，严辨夷夏界限，颇具种族思想。王夫之又作《噩梦》，顾炎武作《天下郡国利病书》，对人民生活多所呼吁，有改善经济的思想。这与宋儒高谈性命，羞言钱谷的鄙习，显然异趋。可是这种进步思想，仅限于少数儒生，不能说新汉学含有进步思想。”[③]

最后，清初考据学的学派、宗旨与成就。关于清初考据学的学派，他有“两派说”和“三派说”。“两派说”见于《中国经学史的演变》，“三派说”则见于后来编写的《中国通史简编》。“三派说”即（甲）浙东学派——史学，黄宗羲为开创者，博通经史百家，尤重史学。其读书程序是：“学者必先穷经，但拘执经术，不切实用，想免做迂儒，必兼读史。”《明儒学案》《宋元学案》最称巨制。主要人物有万斯同、全祖望、邵晋涵和章学诚。（乙）浙西学派——经学，顾炎武为开创者，治学宗旨是“博学于文”“行己有耻”；方法是“读经自考文始，考文自知音始”；代表作有《音学五书》和《日知录》，他建立起清代考据学派的规模，被尊为“开国儒宗”。（丙）“怀疑派”。“两派说”中无此派。他说：“考据学最基本的方法是‘要证据’‘反对空谈’，因此证据不充实或并无实证的空论，虽然是所谓‘大圣’‘大贤’的著作，都认为可疑，加以攻击。”[④] 主要学者有阎若璩、胡渭、毛奇龄和姚际恒。关于三派的主旨、特点及与程朱理学、陆王心学的关系，他认为黄、顾都兼长经史，“黄偏重史，成浙东史学派，顾偏重经，成浙西经学派，二人治学宗旨都在求实用，排斥空谈。对理学态度，黄属姚江学派的右派，主王但不反程朱；顾接近朱但

① 范文澜：《中国经学史的演变》，《范文澜全集》第10卷，第67页。
② 同上书，第68页。
③ 同上。
④ 范文澜：《中国通史简编》（下），《范文澜全集》第8卷，第655—656页。

要用经学代替理学，排王不遗余力。怀疑派显立经学旗帜，公开攻击宋学，所有宋学理论的根据，全被怀疑派用考据方法攻破，宋学在清朝，依赖统治者支持，苟延残喘，不敢与考据学派正面对抗。"① 这显然是用阶级分析法来批评清代学术，指责宋学派为清统治阶级服务。

第二个时期是"考据学派的极盛时期"。首先，考据学走向极盛主要有两个原因：一是清统治者对汉人知识分子采取拉拢和压迫并举的政策。他说："清朝最怕汉人写历史，明末义士却最注意亡国史实的记录和保存。清朝对史学家大费苦心，玄烨招集遗老名士，令参加官修《明史》的撰述。从康熙十八年到乾隆四年凡六十年。《明史》才修成，显然借史馆收买失节的史学家。别一方面用严刑压迫，如庄廷鑨案，戴名世案，都是有意大屠杀，向民间史学家示威。弘历广搜野史，屡次烧毁，企图消灭汉族反满的意识。"② 二是清统治者力倡经学考据的文化政策。他说，清统治者为加强对汉族文化的摧残，"代替程朱道学的虚伪寡用，不得不出力奖励考据学派（古文学派，或称西汉学派，或称朴学）的发达。弘历利用考据学作闭塞思想工具，承认考据学派统制文化界，乾嘉两朝，专家繁多，训诂名物而外，别无思想可言，文化政策，确收颇大的成功"③。他主要是从清统治者的文化专制和民族压迫分析考据学走向极盛的原因，故对其走向极盛的内在学术动因未能予以分析。

其次，极盛期的吴派、皖派及其学术特征与得失。1. 吴派领袖与学术宗旨及得失。他说，吴派是清代汉学转入极盛期第一阶段的代表，其领袖惠栋博览群书，搜集汉儒旧说，"凡汉人说不论是非，都当作珍宝，毫无批评，一概接受。这一派的学风是'好古''信古''博学'。成绩是散佚的汉人旧说，都被采集在一处，供给考据家丰富的材料。章学诚说吴派止有功力，没有理解，一生做细碎的工作，不能有串贯的思想"④。2. 皖派代表与学术宗旨及得失。他说，皖派是清代经学极盛期第二阶段的代表，其领袖戴震"读书极博，理解极精，依据许慎《说文解字》郑玄经注作学问的尺度，判断是非，如老吏折狱，被尊为清朝考据学派唯一的大师"⑤。

---

① 范文澜：《中国通史简编》（下），《范文澜全集》第8卷，第656页。
② 同上。
③ 同上书，第592页。
④ 同上书，第657页。
⑤ 同上。

关于皖派的学风和学术得失，他说："皖派的学风是'实事求是''无征不信'，这当然是很好的科学精神。可是他们止能依靠许郑去批判别人，却不能依靠真是来批判许郑。他们专力经学，旁及小学、音韵、训诂、天算、地理、金石、乐律、典章、制度、校勘、考古等等，凡经过他们整理的古书，解释明确，使读者节省无限的精神，对学术确有极大的功绩。"其缺点是："他们笃信许郑的学说，笃信经是无可怀疑的圣训。经的形成有先后不同的时代，内容有真实和假讹的区别，这些，他们是完全不理的，止要说得合许郑合经文，那就断然下判决了。所以他们标举'实事求是'、'无征不信'是科学的，但得出的结论却未必真是、真可信。"① 他特别表彰戴震的学术尤其是其反程朱理学的贡献，说："汉宋斗争，汉学战胜了，汉学必需建立自己的哲学，才能防止宋学的反攻，戴震在这一重要事业上，有了很大的成就。震著《孟子字义疏证》、《原善》两书，疏证用训诂学探求孟子本义，尤为一生第一大著作。""戴震真不愧为被压迫者的大哲学家，也不愧为对宋儒理学革命的第一人。"②

第三时期是"考据学派的变化时期"。关于这一时期考据学变化的原因，范文澜说："戴震的考据学、哲学，彻底击败了宋学，可是他唯物主义的哲学，统治阶级决不允许它发展，首先出来痛斥的是浙东学派章学诚，认为戴震心术不端，离经叛道。皖派中也极少有人敢继续发挥（止有焦循一人），戴震自称第一大著作的价值竟一钱不值了。其余专讲训诂名物的一部分，虽然盛行，支离曼衍，已有人（方东树《汉学商兑》）讥为猪肉店的账簿了。皖派极盛时期，同时也是开始衰落时期，代它兴起的是西汉今文学派。"③ 又说："新汉学推倒宋学，独霸经学界，但本身又引起今、古文的分化。戴震弟子孔广森开始治公羊学，庄存与继续研究公羊义例，今文学规模粗备。刘逢禄、龚自珍、邵懿辰、魏源等人正式向古文学攻击，经学起今、古文两派的斗争。"④ 可见，乾嘉考据最有成就的戴震唯物主义哲学及对程朱理学的批判未能得到继承发展，反而是考据学"支离曼衍"愈益严重，导致晚清倡导经世致用的今文经学兴起，这给晚清学术带来思想解放。

---

① 范文澜：《中国通史简编》（下），《范文澜全集》第8卷，第657页。

② 同上书，第657—658页。

③ 同上书，第658页。

④ 范文澜：《中国经学史的演变》，《范文澜全集》第10卷，第69页。

其次，关于晚清今文学派发展的三期和派别。（甲）常州学派。他说，戴震弟子孔广森已开始治公羊学，但不是有意恢复西汉今文学来对抗皖派的东汉古文学，真正的今文学始于庄存与，“他自知训诂考据，决不能争胜，要对抗皖派，必需别辟新境，‘其中多非常异义可怪之论’的公羊学成为最好的对象了”，“不讲训诂名物，专求所谓‘微言大义’，学风与皖派大异，但并不攻击古文学派”①。（乙）今文学派的发展。他说，继起的刘逢禄著《春秋公羊经传何氏释例》，“凡何休所谓‘非常异义可怪之论’，如‘张三世’、‘通三统’、‘绌周王鲁’、‘受命改制’等说，次第发明，公羊学卓然成一有力的学派”。其《左氏春秋考证》说《左传》是刘歆伪造，“此后凡今文学家无不攻古文经，一概指为刘歆伪书，立说不免武断，笃信古文经的东汉学派，却遭遇劲敌。古文学派的长城——《左传》、《周礼》两经，尤成众矢共射的鹄的。”②（丙）今文学的分派。一是议政派。他说，道光时西洋势力侵略益急，中国政治腐朽，一部分先觉志士借公羊学发挥改制变法思想，龚自珍和魏源是代表，他们生在举国昏聩的时代，“独能指天画地，规划天下大计，确是豪杰之士。他们都擅长考据学，但不屑自拘在考据圈子里。那些拘守今文经义的经师派自以为是，指他们是伪今文学派，自称为今文正统派。按照龚、魏的看法，这些夏虫井蛙，几乎不值一笑”③。此派传承人是康有为、梁启超，他们发动了戊戌政变。二是经师派。他说：“这是庸俗化的今文学派。这一派讲究今文师法，斤斤与古文学派争孔子真传、经学正统，如戴望、皮锡瑞、王闿运、廖平一类人，学问既不及古文学派的精切，识见又仅限在公羊、王制小范围内，在学术史上不能占什么地位。”④（丁）清末汉宋调和派。他说：“由于今文议政派的发展，使守旧顽固分子感到愤怒和恐慌。他们的代表是广州陈澧。……调和汉宋学，取郑玄朱熹学说牵合为一事，反抗维新议政派。他们得达官贵人的奖励，戊戌以后，流行很广。浙江朱一新，也是这一派的首领。”⑤可见，他对考据学变化时期今文经学的演变和流派阐述颇为详尽，与非马克思主义史家观点不同。

---

① 范文澜：《中国通史简编》（下），《范文澜全集》第8卷，第658页。

② 同上书，第658—659页。

③ 同上书，第659页。

④ 同上。

⑤ 同上书，第659—660页。

范文澜以马克思主义阶级分析法研究中国学术文化史，认为中国学术文化史就是阶级斗争的历史："整部历史止是阶级间、阶层间相互斗争、联合的历史，而联合也是为了斗争。取隋唐以来文化史作例，也丝毫没有例外。"① 故清代考据学或新汉学同样是一部阶级和阶层间斗争的历史。他成为马克思主义史家前崇奉古文经学，对经史子集颇有研究，故当他用马克思主义史学理论来考察和评述清代考据学时，便展现出其学术评判的深刻性和独创性，与非马克思主义清代考据学研究大异其趣，开现代清学史研究新局面，树立了马克思主义清学史研究范式。有学者称，其在延安时期运用马克思主义系统梳理经学史，"力求摆脱今古文家法之成见，在经学史研究方面带有里程碑意义"②。不过，由于他只从阶级斗争的角度评析清代考据学及其得失，忽略了其发展的内在理路与更丰富的学术内涵，也使其解读和评价失于简单和片面。

结　语

范文澜的学术思想经历了从非马克思主义向马克思主义的转变。在成为马克思主义学者前，其研究领域博涉传统的经史子集，学术立场和方法主要师承乾嘉考据、特别是晚清古文经学的家法。成为马克思主义学者后，他专注史学研究，成为马克思主义史家的代表。学术思想和立场的大转变，使他对传统史学的认识和评判出现极大反差。在前期，他对传统文化和史学积极肯定，称孔子是中国文化的集大成者，盛赞孔子删订六经，称《春秋》和《左传》对中国史学有重要影响；秉承古文经学家之说，视六经为三代文化总集，主张"六经皆史"。他采用晚清古文经学的家法，吸取古代史家、特别是清代考据史家的成果，对二十四史的内容、体例、得失和影响等作了全面细致的考辨和评述，《正史考略》成为现代史学史上考述二十四史的名篇。成为马克思主义史家后，他对传统文化和史学的认识发生根本变化，开始着力批判传统文化和史学的封建性。他眼中的孔子不再是中国文化的集大成者，只是政治家和教育家；孔子成为保守派，其删订的六经有浓厚的封建性；不过，六经也保存了大量珍贵古史资料，

① 范文澜：《中国通史简编》（下），《范文澜全集》第8卷，第662页。
② 周文玖：《范文澜的经学与史学》，《史学史研究》2014年第4期。

应批判地看待和利用。在历史观上，他结合马克思主义的中国通史编纂，猛烈批判封建帝王史观和正统史观，展现了马克思主义史学的革命性。他运用马克思主义阶级分析法评判清代考据学的形成发展、学术宗旨、学术精神和学术得失，为马克思主义清代学术史研究作出开创性贡献。总之，在中国现代马克思主义史学史上，范文澜对中国传统史学及现代新史学关系提出了较系统的新见解，对传统史学及与马克思主义史学建设关系的阐述有开拓意义。不过，因过于强调传统史学的封建和阶级分析法的运用，使他忽略了传统史学的内在发展理路和优秀遗产更丰富的内涵，批判过多，肯定不足，亦有诸多片面性和缺失。

论侯外庐对史学研究马克思主义理论化的探索与贡献

——以其社会史研究为例

赵鉴鸿*

侯外庐基于《资本论》和马克思主义经典文献的理论认知，历史文献和实物资料的细致考证，指导中国社会史与思想史的研究，而构建起一套完整的史学研究体系。这一研究体系贯穿社会一般构成、经济基础和上层建筑，体现了侯外庐将辩证唯物论与中国马克思主义史学研究相结合的理论贡献。刘文瑞在评价侯外庐先生的理论贡献时认为："论及侯外庐的理论贡献，不能不谈及马克思主义的中国化。侯外庐是把马克思主义引入中国史学的代表人物。"① 因此，回顾和总结侯外庐先生在史学研究马克思主义理论化探索中的贡献，将有助于再认其史学理论体系的整体脉络，并对总结和进一步发展中国马克思主义史学理论，发挥基础性作用。由于在侯外庐史学研究中，社会史具有的两个方面的独特地位：一方面，马克思主义政治经济学理论是侯外庐史学研究的理论基础，中国思想史的研究是其对上层建筑和社会意识领域的探索，而社会史研究是二者的连接点与中坚。另一方面，侯外庐的史学研究注意结合中国社会发展的历史实际，着力展开亚细亚生产方式理论的探讨，以实现"中国马克思主义历史科学的民族化"② 为目标，而贯穿于其中的社会史研究是重中之重。因此，本文

* 赵鉴鸿，中国社会科学院大学（中国社会科学院研究生院）。

① 刘文瑞：《略论侯外庐在史学理论方面的两个贡献》，《中国史研究动态》2016年第6期。

② 《侯外庐史学论文选集·自序》，人民出版社1987年版，第18页。

仅就侯外庐先生对中国社会史研究马克思主义理论化的探索为研究对象，探讨侯外庐对中国马克思主义史学理论探索的贡献。

一

侯外庐对史学研究的马克思主义理论化探索，是建立在马克思主义理论系统研究和《资本论》翻译基础上的，并以中国社会史大论战为契机，将中国社会史放到辩证唯物论体系中加以研究的。二者共同构成侯外庐对史学研究马克思主义理论化探索的初衷和理论基础。

侯外庐接受马克思主义和制定译介《资本论》计划深受李大钊的影响。侯外庐在 1924 年于北京法政大学和北京师范大学求学期间，在李大钊的影响下，接受了马克思主义信仰，并对理论研究产生了浓厚的兴趣。1926 年，侯外庐向李大钊明确表达了理论研究的旨趣："我对政治没有经验，对理论却很有兴趣，很想先在理论上追求真理。"① 李大钊对此表示支持，并提出"搞理论应从马克思、恩格斯的原著入手，从原著中汲取科学社会主义理论的真谛"②。此时，侯外庐开始有了翻译马克思原著的意向："一则自己可以深入学习马克思主义理论；二则也为国内读者的需要出力。"③ 然而，1927 年李大钊身死，大革命失败，革命前景一片黯淡。侯外庐回忆李大钊曾多次谈及《资本论》，"抱憾中国还没有一部较为完整的译本，他强调《资本论》是促进广大劳动阶级觉醒的理论武器"④，因此，确立了《资本论》译介的目标。为了更好地学习马克思主义理论和开展《资本论》的翻译工作，侯外庐选择赴法留学，通过马克思主义和德文的学习，以马克思《资本论》的德文原本开展翻译工作。

从赴法滞留哈尔滨期间购得《资本论》外文译本、开始筹备翻译事项的 1927 年起，一直到 1938 年，侯外庐展开了十余年的《资本论》翻译工作。同时，在法留学期间，侯外庐旁听学习马克思主义课程，并在与王思华共同翻译《资本论》的过程中，逐步加深对马克思主义理论的理解，为其日后的学术研究道路，打下了坚实的理论基础。十余年的翻译工作和对

① 侯外庐：《韧的追求》，生活·读书·新知三联书店 2015 年版，第 14 页。
② 同上书，第 14 页。
③ 同上书，第 14 页。
④ 同上书，第 17 页。

马克思主义理论的研学，使侯外庐形成了系统的理论认知体系："对于一部完整的科学理论，翻译中的理解角度，往往不同于阅读中的理解角度。我在历史研究中所注意的研究方法，相当程度取决于我对马克思唯物史观理论的形成和发展过程的认识"①，"切切实实地学到了一些东西。这对于我研究史学，深得益处。回想几十年的治史工作，治学信不致迷失方向，陷入烟海，确是与自习和翻译《资本论》分不开"②。

但因经费问题，侯外庐在法学习马克思主义理论和开展翻译《资本论》的工作只持续了两年多，到 1930 年便戛然而止。其后，侯外庐回到国内，一边任教，一边继续译介工作。而在此时，国内社会史论战正如火如荼进行。侯外庐极为关注论战各方的理论观点，结合自身积累的马克思主义政治经济学理论，开始思考用马克思主义理论科学的阐释中国社会历史的发展，探讨马克思主义与中国社会历史发展实际的结合问题。

中国社会史论战是一场围绕中国社会性质和中国未来发展道路的论争，是一场从学术领域延伸到政治领域的理论和话语权的论战。"从根本上说，它是马克思主义与中国革命相结合过程中必然发生的一场思想理论斗争。"③ 在这场论战中，郭沫若和吕振羽是直接参与者，而侯外庐因忙于《资本论》的翻译和出版，以及在大学中的教学工作，后又因参加抗日宣传被国民党抓去坐牢，而未来得及撰写古史研究的文章④，没有直接参与其中。但是，侯外庐却时刻关注着国内外社会史论战的进程和最新动态，包括苏联于 1931 年 12 月在列宁格勒召开的亚细亚生产方式讨论会⑤，并深受论战的影响，在"论战高潮中，由于受到郭沫若的影响而开始转向史学研究道路"⑥。

可以这样说，马克思主义理论的系统研究和《资本论》的翻译构成侯外庐史学研究的理论基础，而中国社会史大论战成为侯外庐展开史学与马克思主义理论相结合研究的契机和催化剂。侯外庐将二者结合，展开对社

---

① 侯外庐：《韧的追求》，生活·读书·新知三联书店 2015 年版，第 86 页。

② 侯外庐：《侯外庐自传》，《晋阳学刊》1981 年第 5 期。

③ 侯外庐：《我对中国社会史的研究》，《历史研究》1984 年第 3 期。

④ 侯外庐：《韧的追求》，生活·读书·新知三联书店 2015 年版，第 209 页。

⑤ 据李学勤回忆，此次会议报告的日本版，就为侯外庐先生搜集，见李学勤：《侯外庐先生对古代社会研究的贡献》（张岂之主编：《中国思想史论集》第 2 辑，广西师范大学出版社 2003 年版，第 25 页）。

⑥ 侯外庐：《韧的追求》，生活·读书·新知三联书店 2015 年版，第 208 页。

会史与思想史马克思主义理论化的研究，探索出一条具有中国马克思主义史学方法论体系意义的路径。

二

“在经济学和历史学中，研究社会发展的一般构成，是一个先决课题，没有在此方面做确定的认识，就要犯错误”①，“中国经济论者，首先要从这方面（生产方式）了解，……‘中国社会问题’研究中，没有理论方面的基础知识，直到现在问题的探讨还表现着混乱与驳杂”②。侯外庐正是意识到社会史论战中存在的诸多理论和实践问题，结合自身马克思主义理论的研究而作《社会史导论》，明确提出了生产方式③在社会性质和社会发展一般构成中具有的决定性作用。生产方式及其构成的理论也因此成为侯外庐社会史研究方法论的起始点。

社会史论战中，诸多参与者宣称使用了马克思主义的方法来探讨中国社会性质等重大理论问题。但侯外庐认为，“这场论战有一个最大的缺点，就是对于马克思主义的基本理论没有很好的消化、融会贯通，往往是以公式对公式、以教条对教条”④。在论战中，论战各方存在将技术与生产诸力、商品流通与商业资本、分配关系与剥削关系等因素，视为社会性质决定因素的观点。侯外庐正是在批判这些观点的过程中，依据《资本论》和马克思主义经典著作，以大量论据进行回应，明确提出了生产方式是决定社会性质与社会发展一般构成的主张。

首先，侯外庐提出，生产方式是《资本论》中决定社会构成的先决条件。正如达尔文提出的生物界进化论那样，社会发展也存在着“种差”的演进与进化。在社会史论战中，有观点认为生产力决定了这种“种差”的演进与进化。但是，侯外庐注意到，《资本论》对资本主义的大量论述中，时常冠以资本家的生产方式、资本家的社会、资本家的生产等语句。也就

① 侯外庐：《社会史导论》，《侯外庐史学论文选集》，人民出版社1987年版，第22页。

② 同上书，第41页。

③ 侯外庐在社会史研究初期，将生产方式译作“生产方法”，后改作“生产方式”，指代内容一致，因此，本文统一以后来统一的翻译方式“生产方式”代指侯外庐的这一理论表述。［见侯外庐《韧的追求》第210—211页，“社会史论战的几个主要问题，都涉及马克思主义的基本理论和方法论问题，而首先是关于生产方式（当时我称为‘生产方法’）的理论问题”。］

④ 侯外庐：《我对中国社会史的研究》，《历史研究》1984年第3期。

是说生产方式与劳动力是生产诸力的构成要素，但社会发展各阶段中存在着多种生产方式并存的现象，而只有其中具有主导地位的生产方式，才决定着社会性质和社会一般构成，而不是一个时代全部的生产诸力。就如同，资本主义社会的诸生产方式中，资本家的生产方式占有主导地位，其社会就具有资本主义性质一样。因此，居于主导地位的生产方式才是分辨这种“种差”——社会发展阶段性——的标准。

其次，侯外庐提出，生产方式的一般构成是特殊的劳动力与特殊的生产资料所有制的结合。侯外庐认为，在生产方式对社会性质和社会构成的决定性作用上，学界已有一定的认识，但对其内涵的理解，尚有争论。而《资本论》认为，区别各个经济时代的，并不是制造什么东西，而是用什么劳动手段并且如何制造。[①] 侯外庐借此，认为劳动手段是社会诸关系的指示器，但只有在与劳动对象（比如土地）相结合时，才构成全生产过程的生产手段。这样的生产手段又与劳动力构成生产方式的两个方面，即生产手段与劳动力“以特殊的历史结合，形成特殊的生产总过程的一契机，而支配一定的社会——经济构造”[②]。也就是说，生产方式正是这样，在生产内部“劳动力与生产手段之对立形式的主导，以及生产手段与劳动力之协同形式的主导”[③] 的辩证统一中相结合，来决定社会性质与社会一般构成，而非像商业流通或商业资本那样“剥削着一定的生产方式，但不创造它，只从外部和它发生关系”[④]。

最后，侯外庐认为，对生产的末端即生产物的分配与剥削，是不能决定社会性质的。真正决定社会性质的，是在生产过程中生产资料的分配和占有，即生产资料所有制。马克思认为从“劳动者的劳动条件的剥夺；这各种条件在少数个人手中的集中，别一些人手中的排他的土地私有权”[⑤]，即生产方式。也就是说，只有通过生产中、原始蓄积上对生产条件的占有来判断剥削与分配，才不是空虚抽象的。正是在这种生产中、原始蓄积阶段上的生产条件占有，即生产资料所有制，才使得生产方式具有了生产手段与劳动力二元对立性，继而决定终端的分配与剥

---

① 参见《马克思恩格斯全集》第 23 卷，人民出版社 1972 年版，第 204 页。
② 侯外庐：《社会史导论》，《侯外庐史学论文选集》，人民出版社 1987 年版，第 26 页。
③ 同上书，第 28—29 页。
④ ［德］马克思：《资本论》第 3 卷，人民出版社 1953 年版，第 792 页。
⑤ 同上书，第 1151—1152 页。

削。藉此，再一次证明生产方式是决定社会性质与社会一般构成的真因。

生产方式决定社会性质和社会一般构成的理论，成为侯外庐中国社会史研究的起点。侯外庐正是在这一理论起点之上，根据生产方式的构成要素，结合马克思对亚细亚生产方式中，东方社会发展表现出来的具体道路，展开了对中国社会史深入系统的研究。

三

生产方式由“特殊的生产资料和特殊的劳动者之间的结合关系”[①]。侯外庐正是在前述生产方式对社会性质和社会一般构成决定意义的基础上，探讨生产方式的一般构成，并对生产方式中具有的亚细亚特征，展开了细致的考索，形成了一套研究中国社会历史发展路径的理论体系。

亚细亚生产方式的论争起于1928年。苏联马扎亚尔《中国农村经济分析》一文，提出帝国主义入侵之前中国的社会性质是亚细亚生产方式，引发苏、中、日等国学者展开了亚细亚生产方式问题的大讨论，并引发了中国国内的社会史论战。由于这一时期对亚细亚生产方式的论争并非单纯的学术讨论，苏联对其的探讨就掺杂了复杂的政治因素，其讨论结果是坚决否定亚细亚生产方式的存在，并将其视为理论禁区。中国学界受此影响很大。一些学者比较认同如《政治经济学批判·序言》中所列，人类社会历史是依亚细亚的、古典的、封建的、近代的顺序递进（古典的即奴隶制的，近代的则是资本主义的与未来奋斗目标的共产主义社会），认为马克思因当时对原始氏族社会缺乏认识，在摩尔根提出原始氏族社会概念后，便放弃了亚细亚生产方式概念。

然而，侯外庐在《资本论》与相关马克思主义政治经济学理论的研究中，认为马克思的亚细亚生产方式提法是变化发展着的。马克思在不同的文本中，多次将亚细亚生产方式与古典的古代生产方式在同一范畴内进行论述，比如在《资本论》中就将亚细亚生产方式与古代的古典生产方式相

---

① 侯外庐：《关于亚细亚生产方式之研究与商榷》，《侯外庐史学论文选集》，人民出版社1987年版，第43页。

并列[1]，而在马克思遗稿[2]中，也赫然将二者表述为并列之关系。遗稿作为《资本论》写作的准备，其思想与《资本论》是一脉相承的。借此发现，侯外庐认为，这是亚细亚生产方式理论在马克思主义理论系统中具有重要地位的典例。侯外庐在对比亚细亚生产方式与古典古代生产方式过程中，得出二者是属于同一发展阶段不同发展路径的结论。比如《资本论》第3卷中，“古典的古代”阶段具有自由的土地私有权法律观念，而东方却是代表公社的个人才是土地所有者。“古典的古代”劳动力（奴隶）的人身关系直接隶属于土地所有者，而东方的亚细亚的奴隶则隶属于土地所有者的国家，而国王是国家代表和最高地主。[3]《反杜林论》中也提到，“古典的古代”氏族公社瓦解后，土地差不多是完全转入独立农民手中，而在东方，土地则向王侯的所有权转化。[4] 同时，侯外庐还单独罗列了所整理的马克思主义关于亚细亚生产方式文献[5]，得出了亚细亚生产方式的具体特点，即亚细亚生产方式并非东方社会所独有，但却是支配古代东方社会一般构成的生产方式；它比西方“古典的古代”生产方式产生的早，但与“古典的古代”共同构成古代社会（即奴隶制社会）的两种不同路径。侯外庐将这种与西方古典的古代时期相并列的东方社会，称为亚细亚的古代，二者的最大区别，是私有制的存在与否。亚细亚的古代保留了原始社会氏族时代的组织遗存，其社会的连接纽带仍是较为原始的血缘关系，而非像西方那样，将原始的氏族社会血缘纽带打破，将奴隶制的城邦国家建立在土地的家庭和个人私有基础之上。

那么，亚细亚古代的东方，其生产方式具体构成如何？正如马克思所言：“我们总是要在生产条件的所有者同直接生产者的直接关系……当中，为整个社会结构，从而也为主权和依附关系的政治形式，总之，为任何当

---

① 侯外庐：《关于亚细亚生产方式之研究与商榷》，《侯外庐史学论文选集》，人民出版社1987年版，第46页。

② 即马克思《资本主义以前的生产形态》，侯外庐最初在文章中称其为“马克思遗稿”，中国最早公开出版此文译文的是日知于1953年在《文史哲》发表，而早在1943年，侯外庐先生即通过苏联学者，在此笔记发现之初就取得原文，为其当时的亚细亚生产方式研究发挥了重要的作用，提供了理论支撑。

③ 侯外庐：《关于亚细亚生产方式之研究与商榷》，《侯外庐史学论文选集》，人民出版社1987年版，第48页。

④ 同上书，第49页。

⑤ 同上书，第59—68页。

时的独特的国家形式，找出最深的秘密，找出隐蔽的基础。”[①] 而随着近代以来，王国维、郭沫若等大家对商周甲骨文、金文的研究和出土实物的解读，为中国的亚细亚古代生产方式的讨论提供较为坚实的史料基础。侯外庐根据大量史料，结合马克思主义理论，得出亚细亚古代的初级阶段是如殷代社会那般，是“氏族公社所有的生产资料所有制与氏族成员劳动力两者的结合”[②]，其发达阶段则如周代社会，是“氏族贵族土地所有制与以家室族奴劳动力的结合”[③] 的结论。史料中大量锡土、锡田的记载，就是这种生产方式构成的典例，表明了生产资料所有与劳动力的特殊结合关系。这与瓦尔加所说的“马克思用辩证法把生产力、所有制关系、统治和隶属关系三者联合成为生产方式了……假如土地和水不是国家的财产，而归物质的直接生产者所有，那末就不可能存在亚细亚生产方式”[④] 的观点相吻合，也与马克思所说的“氏族纽带约束着私有制的发展，不但土地是国有形态，生产者也是国有的形态”[⑤] 的观点相一致。亚细亚的古代与古典的古代虽然都是奴隶社会，但土地所有制与劳动力对立所构成主导生产方式的不同，决定了二者具体发展路径上的差异。也正是这一“最深的秘密”与“隐蔽的基础”，使得中国古代社会（即亚细亚的古代），在原始社会氏族时代之后的商周时期，走出了一条不同于西方社会的具体发展路径。

同时，侯外庐还指出，这一差异延续到了其后东、西方的封建社会，“同一……经济基础，仍然可以由无数不同的经验上的事情，自然条件，种族关系，各种由外部发生作用的历史影响等等，而在现象上显示出无穷无尽的变异和等级差别”[⑥]。侯外庐认为，中国的封建社会之所以具有自身的发展特征，就是因为承袭了亚细亚古代的特征。在处于亚细亚古代末期的战国时代，土地出现了私有趋势，而且这种趋势为变法后的国家所承认（商鞅变法是为典例）。但是，侯外庐强调，国家承认土地私有趋势，只是

---

① 《马克思恩格斯全集》第25卷，人民出版社1974年版，第891—892页。

② 侯外庐：《中国古代社会与亚细亚生产方式》，《侯外庐史学论文选集》，人民出版社1987年版，第76、89页。

③ 同上书，第100页。

④ ［苏联］瓦尔加：《论亚细亚生产方式》：《马克思〈资本主义生产以前各形态〉导言》，《外国学者论亚细亚生产方式》，中国社会科学出版社1981年版，第47页。

⑤ 侯外庐：《关于亚细亚生产方式之研究与商榷》，《侯外庐史学论文选集》，人民出版社1987年版，第57页。

⑥ ［德］马克思：《资本论》第3卷，人民出版社1953年版，第1033页。

认可私人对土地具有占有权和使用权，而土地的所有权仍掌握封建国家手中（其代表则变成了以皇权为中心的皇族），“土地和户口都规定于皇权支配之下，这就是东方的封建社会土地国家所有制形式的渊源”①。而这种土地法权形式，最终为汉武帝时期封建法典所最终确认，即以皇帝为国家代表的皇族土地所有权，豪族、爵封贵族具有土地占有权，以及自耕农构成的遍户齐民具有的土地使用权。侯外庐认为这种以君主为核心的皇族土地所有制“是以一条线贯穿着全部封建史的，其所以是主要的，是指这种生产关系居于支配地位，并不是说除此而外没有其他占有权的存在。相反的，这种主要的土地所有制形式是和许多领主占有制以及一定的私有制并存的”②。中国封建社会的这种土地法权结构，反映出了的亚细亚特征，正是以自耕农为基础构成的劳动力与皇族土地所有制的结合，它是决定中国封建社会性质与社会一般构成的根本因素。

正如恩格斯所言，“没有私有制是打开东方社会秘密的一把钥匙”。侯外庐在研究中国的古代社会和封建社会时，结合中国历史资料，注意到血缘氏族传统的沿袭，以及土地私人所有制的缺乏。同时，侯外庐循着马克思“在直接劳动者仍然是他自己生活资料生产上必要的生产资料和劳动条件的，‘所有者’的一切形式内，财产关系必然同时表现为直接的统治和从属的关系”③ 的理论，得出中国亚细亚的古代和具有亚细亚特征的封建社会生产方式的内在结构。而这种以生产方式理论为起点，以具有亚细亚特征的中国“古代”与封建社会生产方式一般构成为要素的史学理论研究，构成了侯外庐中国社会史研究的基本着眼点，并与其后的中国思想史研究，共同构成侯外庐具有辩证唯物论性质的中国马克思主义史学方法论体系。

四

侯外庐先生晚年在总结自身史学研究道路时写道：“依据马克思主义的理论和方法，特别是它的政治经济学理论和方法，说明历史上不同社会

---

① 侯外庐：《中国封建社会史论》，人民出版社 1979 年版，第 74—75 页。

② 侯外庐：《中国封建社会土地所有制形式的问题》，《历史研究》1954 年第 1 期。

③ 《马克思恩格斯全集》第 25 卷，人民出版社 1974 年版，第 890 页。

形态的发生、发展和衰落过程；物质生活的生产方式制约着整个社会生活、政治生活和精神生活的过程；以及经济基础与上层建筑、意识形态之间的辩证关系，是我五十年来研究中国社会史、思想史的基本原则和基本方法。”[①] 侯外庐正是通过对马克思主义经典本身的理论和方法之研究，结合中国社会历史发展的实际，而探索出一条以马克思主义生产方式理论为起点，以土地氏族所有和皇族所有为根本特征的社会史研究路径，推动了史学研究的马克思主义理论化。侯外庐构建的史学理论体系，既是对“呈现的人类历史发展统一性和多样性问题的具体理论和实践价值的回答，是马克思主义历史理论初步中国化的一次具有开创性并富有价值的重要实践”[②]，同时，也诚如白寿彝所言，“是我国马克思主义思想初步建立时中国古代社会史研究工作趋向发展的一个标志”[③]，为早期中国马克思主义史学研究的理论化作出了重要贡献。

---

① 侯外庐：《侯外庐史学论文选集·自序》，人民出版社1987年版，第9—10页。

② 彭卫、杨艳秋：《马克思主义史学思想史》第三卷，中国社会科学出版社2015年版，第231页。

③ 白寿彝：《中国史学史》第一册，上海人民出版社1986年版，第113—114页。

改革开放以来本土化趋势中的中国史社会形态研究*

高希中**

有关社会形态的构想在中外史学思想史上源远流长。中国古代的五德终始、三统三世，乃至100年前康有为鼓吹的据乱世、升平世、太平世，都可以说是有关社会形态更迭的历史理论。在西方，古希腊亚里士多德的政体形态更迭的理论、中世纪奥古斯丁的天城论、近代孔德的历史发展三阶段论和马克思的社会发展理论，以及20世纪30年代由斯大林总结的五种生产方式论，也都是有关社会形态的理论。① 在中国现代史学中，关于中国历史发展的社会形态问题，在20世纪五六十年代围绕“五朵金花”等问题展开热烈讨论，但在这些讨论中，以五种生产方式为核心的社会形态论始终占有无可争议的独尊地位，它规范着史学研究的构架和方向。改革开放后，随着我国社会与经济的转型，并得益于基础研究和实证研究发展，社会形态问题研究初步繁荣。其中一个主要特点就是，对一些教条化理论开始反省和反思，并逐渐与中国本土历史相结合。总体而言，改革开放后的社会形态问题的研究，是一个逐步回归“中国本土”的过程，尽管缓慢，也尽管有些问题的研究还不那么彻底和究竟。

---

* 本文是国家马克思主义理论研究和建设工程重大项目“历史全视角下的‘中国特色’问题研究”（2016MZD007），和国家社会科学基金重大项目“多卷本《20世纪中国史学通史》”（17ZD196）的阶段性成果。

** 高希中，中国社会科学院历史理论研究所。

① 何兆武：《社会形态与历史规律》，《历史研究》2000年第2期，第3—4页。

一 改革开放以来中国史社会形态理论研究概述

依据马克思主义观点，社会形态指的是处于一定历史阶段，由一定经济基础和上层建筑构成的社会整体结构。正是从这一认识出发，将人类社会区分为原始社会、奴隶社会、封建社会、资本主义社会、社会主义社会和共产主义社会五种社会形态。尽管对于社会形态的概念、中国社会形态的特点等在不同的历史时期有着诸多争论，但这种观点自20世纪二三十年代社会史论战时起，就贯彻于马克思主义史学之中，甚至在20世纪五六十年代及“文化大革命”时期占据无可争议的主流地位。

改革开放之后，我国经济、社会的发展与转型，以及随着学术研究的多元化，社会形态的理论问题的讨论也开始突破禁区，研究日益深入，相关著作和文章的数量较1949—1976年间都有大幅度的增长，在观点方面也出现争鸣，甚至有时差异较大。诸多学者根据我国历史实际，探讨中国史的社会形态问题。这可大体分为两个时段：

第一，20世纪80—90年代。如果说自新中国成立到“文革”结束，“五种社会形态说”不容置疑的话，那么这一历史时期，人们已经开始反省其中的问题，并结合中国历史的具体实际而有新的阐述。例如，徐禾等著《资本主义前的各社会经济形态》，以我国或西欧为例阐述了原始社会、奴隶社会和封建社会的经济制度。① 胡如雷著《中国封建社会形态研究》尝试运用马克思主义的基本原理来分析中国封建社会的土地关系、地租形态和地主经济等。②

田昌五《古代社会形态研究》，集中讨论了我国奴隶社会的基本特点，以及原始社会向奴隶社会、奴隶社会向封建社会转变的问题。③ 时隔六年，经过进一步思索，田先生新出大作《古代社会形态析论》，则主要从宗族形态等方面论述我国的奴隶制社会形态。④

另外，贺善侃《当代中国转型期社会形态研究》，分析和探讨了我国

① 徐禾、李光宇、卫兴华、庄次彭：《资本主义前的各社会经济形态》，人民出版社1980年版。

② 胡如雷：《中国封建社会形态研究》，生活·读书·新知三联书店1979年版。

③ 田昌五：《古代社会形态研究》，天津人民出版社1980年版。

④ 田昌五：《古代社会形态析论》，学林出版社1986年版。

转型时期的社会形态、经济形态、政治形态、文化形态、社会主体形态以及当代中国社会形态的协调发展。① 颜鹏飞则阐述了当代中国社会经济形态的巨大变革，认为这是马克思主义社会形态在当代中国社会实践中的新体现。②

尤其是罗荣渠提出了“一元多线历史发展观”，其主要内容是：其一，应尽可能准确理解马克思的历史观的原意。其二，生产方式是马克思分析社会生产使用的一个综合性概念，其中最关键的是生产力系统，这是一切社会经济活动的物质基础，是社会变革的基本动因。其三，“一元”指的是物质生产是社会发展的基础，“多线”是指在同一大生产力状态下的不同社会的发展，受复杂的自然因素和社会因素的影响而千差万别，但可以归纳成为不同的发展阶段、不同的发展模式和不同的发展道路，任何一种生产方式和社会形态都不是单向度的、静态的，而是多向度的和动态的。③

第二，21 世纪以来。如果说前一历史时期的探讨尚在初步，那么这一时期，学界对中国古代社会形态的研究进一步突破“五种社会形态说”的旧有架构，并且提出诸多新的独到见解，丰富和深化了中国史社会形态的研究。例如，与 20 世纪 80 年代相比，田昌五在社会形态研究方面进一步有所创获。他的《中国历史体系新论》和《中国历史体系新论续篇》两部大作对中国史社会形态有了新的认识。他认为，以前我们讲的中国历史大多是按照某种公式编制出来的，而不是就中国历史本身的发展过程如实编写的，因而有必要重新据实探索这一重要课题。经过长期探索，田先生形成了自己独到的中国历史发展框架，也就是他说的新体系：1. 洪荒时代。从中国这块土地上有人类的降生起，直到一万年前的氏族社会为止，其间约数百万年。2. 族邦时代。这个时代约从公元前 3000 年算起，下至战国时期的各国变法为止，共经历了 2700 年左右。3. 封建帝制时代。上承族邦时代，下至辛亥革命推翻帝制为止，其间共约 2300 多年。4. 近代社会。这是三大循环之后转向又一次大循环的过渡阶段。④

---

① 贺善侃：《当代中国转型期社会形态研究》，学林出版社 2003 年版。

② 颜鹏飞：《中国社会经济形态大变革：基于马克思和恩格斯的新发展观》，经济科学出版社 2009 年版。

③ 罗荣渠：《新历史发展观与东亚的现代化进程》，《历史研究》1996 年第 5 期；《史学求索·一元多线历史发展观与现代化的世界进程》，商务印书馆 2009 年版，第 71—83 页。

④ 田昌五：《中国历史体系新论》，山东大学出版社 1995 年版；《中国历史体系新论续篇》，山东大学出版社 2002 年版。

另外，诸多大作已经重视中国特有社会制度、社会观念、文化思想等因素对社会形态的作用。例如，晁福林《先秦社会形态研究》，详细论述了先秦时代社会性质和社会权力结构特色，以及夏商时期社会结构与社会制度的若干问题、西周时期的社会结构与社会观念、春秋战国时期的社会形态及其变迁。① 何怀宏《世袭社会——西周至春秋社会形态研究》，提出了"解释中国社会历史的另一种可能性"，目光主要不是投向政治或经济，而是投向社会与文化。该书分析了西周世袭等级社会的成熟形态，尤其注意那些在社会上居支配地位，最为活跃、世代沿袭的大夫家族。围绕它们分析世袭社会的成因、运行以及文化等各个方面，探讨为什么这一社会的鼎盛期同时也就是衰亡的开始，并说明促使它解体的诸因素以及孔子在这一过程中所处的特殊地位。② 张金光《战国秦社会经济形态新探》则阐述了中国古代社会形态问题的新思维、官社经济体制模式及其在先秦或秦汉社会中的种种体现。③

上述大作多有新见，同时明确彰显出与中国本土历史相结合之特点。但是，这些年关于社会形态理论的研究和探讨，主要是以零散的形式就具体的问题分别进行。讨论者大多是从自己所理解的某一侧面、某一角度对某一问题发表自己的意见，而对于所有这些问题以及角度、侧面等之间的联系，尚未能从整体高度予以把握。再就是，对社会形态理论的研究既缺乏对马克思、恩格斯、列宁、斯大林等原典文本的研究，在理论高度、范式和主要内容上依旧在经典作家的观点上绕来绕去而难以突破，同时也缺乏与世界历史或中国历史实际紧密结合的有理有力的比较彻底、究竟的研究。

二 "五种社会形态说"的反思与突破

自1978年党的十一届三中全会以来，我国的战略重心从"放弃以阶级斗争为纲"而转到经济建设上来。与社会大环境相应，学界关于中国史社会形态理论的研究，一方面有诸多学者依然坚持"五种社会形态说"，

---

① 晁福林：《先秦社会形态研究》，北京师范大学出版社2003年版。

② 何怀宏：《世袭社会——西周至春秋社会形态研究》，北京大学出版社2011年版。

③ 张金光：《战国秦社会经济形态新探》，商务印书馆2013年版。

同时另一方面也有诸多学者认为“五种社会形态说”不符合中国历史实际，而提出新见解。目前在中国史社会形态问题上，在整体上没有提出能够普遍被认同的新观点，也没有取得持论一致的成说。

（一）坚持以“五种社会形态说”研究中国史。改革开放后，诸多学者继续坚持以马克思主义社会形态理论尤其是“五种社会形态”理论，并以此运用到中国史的研究。但与“前十七年”不同的是，此时允许不同观点的存在，并没有上纲上线和扣帽子、抓辫子、打棍子等情况，从而在某种程度上为中国社会形态问题的研究与讨论创造了较为宽松的社会环境。

在特定的政治及意识形态诉求下，“五种生产方式”被当作历史发展的“一般”规律、“普遍”规律看待。最先在中国历史研究中应用“五种生产方式”的是郭沫若。1929 年 9 月，郭沫若在他的《中国古代社会研究》的“自序”和“导论”中，提出：中国的“国情”没有什么“特殊”，中国的“社会”没有什么“不同”，中国的“文化”“思想”“传统”也没有什么“两样”，认为原始共产制、奴隶制、封建制、资本制是“社会发展之一般”。[①] 由郭沫若开其端，此后的马克思主义史学家大都在强调、论证这一理论。把社会经济形态理论及“五种社会形态”说作为马克思主义和唯物史观的主要内容之一，已成为马克思主义史学家们一个首要的共识。在这种观念下，“奴隶”制度、“封建”制度直接与社会主义、共产主义制度相连。[②] 这种情况至今依然，只是人们对中国社会形态问题的研究越加理性与冷静。

（二）认为“五种社会形态说”不符合中国历史实际。自改革开放以来，诸多学者认为，有必要实事求是地研究“五种社会形态说”是否合乎中国历史的实际。1999 年 11 月由南开大学历史系、中国社会科学院《历史研究》杂志社和天津市社科联共同举办的“中国社会形态及相关理论问题学术研讨会”上的成果，集中反映了学术界对“五种社会形态说”的态度。这次会议具有重大的象征意义。与会学者对一段时期内将马克思主义史学理论简单化、教条化、庸俗化的做法进行了批评。并且大部分学者不同意将五种社会形态说作为普遍适用的历史规律，并提出四种不同的观

---

① 郭沫若：《中国古代社会研究》，商务印书馆 2011 年版，第 3—6、9—26 页。

② 详参高翔《正确对待社会形态研究的历史地位》，《当代中国史研究》2007 年第 2 期；等等。

点：第一，认为在中国确实存在着原始社会、奴隶社会、封建社会几个依次发展的社会阶段；第二，认为中国社会的发展经历了原始社会、氏族封建制社会、宗法封建制社会、地主封建制社会几个发展阶段；第三，认为中国社会的发展经历了洪荒时代、族邦时代、帝国时代三个社会形态；第四，认为可以把中国古代社会的发展划分为三个大的时代：原始时代、上古时代、中古时代。另外，一些学者还对经典注释式的学术方法提出质疑乃至批评。也有的学者认为，包括社会形态问题在内的“五朵金花”的讨论都是具有部分学术色彩的意识形态命题，本质上不是学术命题。这些命题背后都有明确的现实政治诉求。一旦离开政治话语背景，它们能否成立都是问题。这种话语系统需要从根本上进行反思。①

同时，也有诸多学者撰文对中国史社会形态问题进一步思考和反思。张金光指出，以“五种社会形态”为理论框架，不仅有事实之蔽，而且有理论之蔽，从而学术研究最终只能表现为削足适履的状态，而徘徊于“五种生产方式说”的既定框格之中。② 田昌五认为，用五种生产方式斧削中国历史，是不适宜的。首先，五种生产方式是按照欧洲历史提出来的，只适用欧洲历史，与中国历史不切合。其次，五种生产方式只是一种逻辑概念，与实际的历史有出入。任何社会的经济形态都不是由单一的生产方式构成，而是由多种所有制、多种经济成分、多种分配方式构成。因此，不能简单地用五种生产方式作为划分社会形态、甚至社会经济形态的工具。最后，我们现在所说五种生产方式的含义是由斯大林定下来的，未必符合马克思和恩格斯的原意。因此，必须放弃用“五种生产方式”套改中国历史的做法，另行考虑解决中国历史发展体系的途径和方法。③

何兆武认为，马克思确实提到五种社会形态的相续，但他的这一提法只是对西方历史发展历程的一番描述性说明，并无意以此作为一种所谓不以人的意志为转移的普遍必然的规律。至20世纪30年代斯大林把它体系化并传入中国之后，它就由第一种意义上的规律日益转化为第二种意义上的规律，并在逻辑上先验地得出了一系列的历史定论，其中之一便是断言一切民族都必然会自发地产生出资本主义，中国当然也不例外，但这一点

① 张分田、张荣明：《中国社会形态及相关理论问题学术研讨会述评》，《历史研究》2000年第2期。

② 张金光：《中国古代社会形态研究的方法论问题》，《史学月刊》2011年第3期。

③ 田昌五：《中国历史发展体系的新构想》，《历史研究》2000年第2期。

并没有史实根据。[①] 马克垚指出，封建社会形态中的理论、概念、规律等等，都是来自西方的，是从西方的历史总结出来的。其中当然有合理的因素，但也有不少体现西方特殊性的东西，以前我们向先进学习，难免有生搬硬套的毛病。现在史学研究蓬勃兴起，提出了许多新问题，旧概念、旧模式、旧规律自然不能适应，应当有所改变。[②]

同时，在中国古代史研究领域，经过多年的争论，多数学者认为历史发展具有多样性，而非仅仅单线发展模式。同时，从发表的研究成果看，多有学者认为在中国古史上并不存在奴隶社会发展阶段，奴隶制时代也并非人类社会发展的必经之路。[③] 对五种社会形态提出异议的观点还有很多，不一而论。[④]

由上述可见，以“五种生产方式”理论为基础所建构的中国史框架，再也无法容纳新发现的众多中国本土的历史事实，“五种社会形态说”一统天下的格局被打破。探究中国本土历史社会形态问题新框架、新体系、新概括，势在必行。

（三）更进一步，“五种社会形态说”是“假问题”。近几十年来，诸多学者在学术史的角度对社会形态诸问题的探讨更进一步，甚至提出“假问题”之说。

朱本源考察了20世纪30年代初至80年代苏联关于“五种社会形态公式”研究概况，认为“马克思的社会形态更替的理论是科学的假说”，而不是完全用经验历史证明了的普遍发展规律。[⑤]

何兆武指出，与“五朵金花”息息相关的“中国封建社会长期延续性问题”是一个典型的“欧洲中心论”的问题，是“于史无据的臆断”。所谓的“长期延续”是相较于西欧而言，是“以西欧的发展速度作为一个标准尺度”。“如果不局促于西欧一隅的历史，而放眼一部真正普遍的世界历

---

① 何兆武：《社会形态与历史规律》，《历史研究》2000年第2期。

② 马克垚：《说封建社会形态》，《历史研究》2000年第2期。

③ 参见晁福林《探讨有中国特色的社会形态理论》，《历史研究》2000年第2期；《先秦社会形态研究》，北京师范大学出版社2003年版；王彦辉、薛洪波：《古史体系的建构与重塑》，河南大学出版社2010年版；赵光贤：《奴隶社会并非人类历史发展必经阶段》，青海人民出版社1988年版。

④ 关于20世纪90年代以来的在社会形态理论问题上的讨论，详见李振宏《近五年来国内史学理论研究热点问题述评》，《史学理论研究》2004年第1期。

⑤ 朱本源：《马克思的社会形态更替理论是科学假说》，《历史研究》1989年第1期。

史，我们实在找不出任何理由可以断言中国封建社会发展的长期性或停滞性的”。西欧只是一个“孤例”“特例”，其他已经进入资本主义社会的，实际上或是西欧本身的延长，或在西欧的直接冲击下进行的，或是西欧强加的。“除了西欧而外，世界历史还没有提供过任何例证可以说明，有哪一个民族比中国更早地自行进入资本主义”。而且证明“长期”“停滞”的理由也是个悖论：中国封建地主阶级的残酷剥削和压迫是一个理由，那么难道西欧的剥削者就更仁慈？农民起义是社会前进的动力，那么“农民起义与农民战争波澜最为壮阔的中国，封建社会的发展反而呈现出特殊的长期性和停滞性”。这岂不又正好推翻了自己的结论？[①] 这样，“中国封建社会长期延续问题”被判为不能成立的“假问题”。

上述先生所述可能有值得商榷的地方，但毕竟是结合中国具体的历史实际而进行的思考与反思。可以说，在“欧洲中心论”主导下的中国历史本身没有独立存在的价值，与西方历史比较后中国历史的价值才能得以有效说明。这不能不说是“五种社会形态说”所具有的理论缺陷。

除了背后隐藏的“欧洲中心论”，“五种社会形态说”还体现了对世界历史线性的思维方式，而这种思维方式来源于近代颇为流行的历史进化论。历史进化论的主要特征有三：“一是把世界上所有地区的历史视为一个统一的过程，共同遵守同一个时间参照系统，于是，各地区的历史演化便显出了时间上、速度上的先后。二是认为历史的演化必然会向前发展，遵循一个进化的过程。三是采取一种目的论的观点来看待过去与现在的关系，认为现在是过去各个阶段历史发展的结果和产物，因此过去能够说明现在。历史研究就是为此目的。”正因为有同一的时间观念，各个地区的历史都被排在一条进化发展的线上，中国的落后就凸显出来，成为不容争辩的事实。而目的论的分析方式，则让人看到，中国之所以落后，正是由于过去的历史所造成的。[②] 事实上，一线性的历史发展观至今仍然在影响着人们的思维，这种状况在“中国本土”化的社会形态研究中亟待改变。

---

① 何兆武：《历史研究中的一个假问题——从所谓中国封建社会的长期停滞论说起》，《苇草集》，生活·读书·新知三联书店 1999 年版，第 319—328 页。

② 王晴佳：《中国史学的科学化——专科化与跨学科》，罗志田主编《20 世纪的中国：学术与社会·史学卷》（下册），山东人民出版社 2000 年版，第 591—594 页。

三　中国本土化趋势中社会形态问题研究生长点

自1978年，我国改革开放这一伟大实践向我们提出了一系列新的问题，这些问题一方面促使我们对社会形态理论研究的已有成果进行重新审视；另一方面也促使我们从新的角度、新的方面探究中国本土的社会形态。随着党的十八大之后学术研究向“中国本土”回归速度的加快，史学研究注重“中国本土”和构建“中国话语”越来越受到史学界的重视。王学典的《把中国“中国化”》可为代表性大作。[①] 如果说在2017年之前对这一研究趋向还是由少数学者提出、倡导、推动的话，那么2017年则是具有重要标志的年份。那就是不论对历史理论还是对史学理论的研究，回归“中国本土”，也就是或者回归中国具体的历史实际，或者回归中国史学自身的演进历程，越来越成为有识之士的共识，并已得到学界的普遍认同。这些无疑对中国史社会形态的研究提供了良好的契机。对此，或许以下五个生长点值得思考。

其一，杜绝教条，回归“中国本体”。在中国史社会形态研究过程中，存在这样一种现象，即历史学家的任务并非是要从历史研究中得出理论，而是理论是给定了的，历史学家的任务则只不过是找出一些事实来“填充”或者“证明”那个现成的理论而已。比如，纠缠于马克思、恩格斯等经典作家的原始表述，在基本概念、理论框架、思维方式上难有突破。套用马克思主义历史唯物主义或辩证唯物主义的观点，似乎坚持了马克思主义的观点，但这种做法从一开始就违反了马克思主义，因为那不是从历史和史学发展的实际出发，犯了把历史唯物论当作现成公式来剪裁历史事实的错误。对具体历史问题的研究应立足于对历史事实的研讨和考察。真实的历史进程如何，真实的历史状况如何，才是历史唯物论的基点和研究的起点，如此才能获得关键的核心认知。“如果不把唯物主义方法当作研究历史的指南，而把它当作现成的公式，按照它来剪裁各种历史事实，那它就会转变为自己的对立物。”[②]

中国历史在一个较大环境里保持了相对独立的持续发展过程，具有极

---

① 王学典：《把中国“中国化”》，上海人民出版社2017年版。

② 《马克思恩格斯选集》第4卷，人民出版社1995年版，第688页。

强的生命力，而世界上的其他文明古国多有中断，这已经是学术界一个共识。中国历史的这种特点由其自身的社会形态所决定，尽管对于如何描述这种社会形态，人们还有所争论。例如，冯天瑜认为，自20世纪30年代以来中国学界主流所称谓的“封建社会”中的“封建”，既脱离了古义（本义）和西义（世界通义），也有悖于马克思的封建原论。[①] 张金光则从中国先秦秦汉的历史实际出发，提出“政社合一”的“官社经济体制模式”这一理论概念，并以此去解释和说明当时的社会、政治、经济、文化等诸多关系和现象。[②] 这些都是具有启示意义的尝试。可以说，回归中国历史本体，深入中国历史实际，对中国的社会形态作出既有实证分析又有理论概括，将是社会形态研究的重要生长点。

其二，借鉴传统话语，构建“中国话语”。目前，构建符合中国历史实际情况的“中国话语”系统，越来越成为人们的共识。从20世纪初年梁启超提倡“史界革命”开始，在中国史学界占主流地位的是西方的概念和话语系统。但中国历史有着与西方完全不同的文化传统、社会生活和语言文字，而西方话语恰恰“无法准确表述或完整呈现中国经验”[③]，难以反映中国的真实历史。例如，被常用的“奴隶”一词是在汉魏时期出现的一种特殊身份名称，并不具备现代意义上的普遍意义。中国古代典籍上出现的许多称谓，如奴才、奴婢、奴仆、罪隶等都各自有自己的应用范围，如果只统称之为奴隶，往往会抹杀其间的社会身份的差异。[④] 我国自古以来就有自己的礼制和社会制度的用语，用来说明古代社会情况非常得体。随着学术的进步，削中国历史之足适西方话语之履的研究方式，越来越被有识之士摒弃。

如果说中国本体历史的有些话语值得借鉴，那么中国传统史学的话语亦然。并且作为史学研究的一个问题，借鉴中国传统史学话语，也不可缺少。2017年，于沛撰文指出，文化的传承性与历史的传承性一样，不可割裂，史学从来就被称为“文化中的文化”。中国传统史学的求真求实、经世致用等进步的史学思想，对构建中国马克思主义史学理论新形态具有重

---

① 冯天瑜：《秦至清中国社会形态刍议》，《湖北社会科学》2006年第6期；《中国历史分期与秦至清社会形态命名》，《学术月刊》2006年4月号。

② 张金光：《中国古代社会形态研究的方法论问题》，《史学月刊》2011年第3期。

③ 王学典：《把中国“中国化”——人文社会科学的转型之路》，《中华读书报》2016年9月21日第5版。

④ 晁福林：《探讨有中国特色的社会形态理论》，《历史研究》2000年第2期。

要的借鉴意义。[①] 同时，瞿林东提出中国史学史学科体系建设如何体现继承性、民族性的问题。他认为，这种构建过程，从宏观上要逐步形成符合历史特点和历史进程之清晰的脉络和整体性框架；从微观上要对一些史学术语、概念、范畴作细致的分析和谨慎的抉择。[②] 瞿先生进而撰述大作论述“经世致用，惩恶劝善，是中国古代史学的优良传统”[③]，应该重视宋人笔记撰述的“事无纤巨，善恶足为鉴诫”的惩劝作用。[④]

而就具体构建“中国话语”而言，乔治忠提出：“当前的史学理论研究，应当打破现代西方史学概念工具的套路，建设具有中国话语指征的史学理论体系，这是历史学界当前的要务。”乔先生进一步提出，中国史学在长足的发展中，形成了丰富的概念组合，如表达史家必备资质的史才、史学、史识、史德等概念；反映史籍的国史、野史、正史、杂史等概念；说明史学社会功能的鉴戒、资治、经世等概念；彰显治史准则的直书、实录、实事求是等概念；揭示史学内在结构和层次的“事”“义”“文”概念，等等。这些概念经过整合与新的阐释，大都能融会到当代史学理论之中，发挥积极的作用。[⑤]

上述先生的大作对我们如何在社会形态的研究上回归“中国本土”，构建“中国话语”启发良多。对中国历史中的一些重要概念、命题、理念和思想等进行创造性转化和创新性发展，则是重要路径。中国传统史学不论在中国文化还是在世界文化史中都占有十分重要的地位，梁启超曾说：“中国于各种学问中，惟史学为最发达；史学在世界各国中，惟中国为最发达。”[⑥] 中国传统史学毫无疑问会带有中国自古以来优秀文化遗产的概念、命题、理念和思想，例如天人合一、秉笔直书、经世致用、实事求是、惩恶劝善，等等。另外，值得格外重视的是，传统史学中的这些概念、命题、理念和思想等与儒、释、道有着密切的关系。中国文化自古也

---

① 于沛：《〈史学理论研究〉三十年：构建马克思主义史学理论新形态的三十年》，《史学理论研究》2017 年第 2 期。

② 瞿林东：《理论研究与学科体系》，《史学理论研究》2017 年第 2 期。

③ 瞿林东：《“事无纤巨，善恶足为鉴诫”——宋人史料笔记的惩劝作用》，《北京日报》2017 年 2 月 6 日第 015 版。

④ 瞿林东：《宋人史料笔记撰述的旨趣》，《天津社会科学》2016 年第 4 期。

⑤ 乔治忠：《试论史学理论学术体系的建设》，《中国史研究》2017 年第 2 期。

⑥ 梁启超：《饮冰室合集・中国历史研究法》（第十六册），中华书局 2015 年版，第 8499 页。

有文史不分、文史哲为一家的传统，所以有必要加强与文史哲、儒释道等之间的交流和对话。这有利于突破而深刻把握和体验相关概念、命题、理念、思想等文字背后的深层内涵，从而对构建社会形态研究的“中国话语”具有重要的启示和借鉴价值。

其三，增强反省与批判意识。马克思主义社会形态理论，特别是“五种社会形态”说对现代中国历史学的研究和发展有着巨大的影响。但任何理论绝对化之后就会走向僵化的教条主义。改革开放后，随着在理论界和史学界对社会形态理论的论争，以及相关研究的初步繁荣，在某种程度上学者自主性得到复苏，但是对马克思主义社会形态理论的学术自觉、反省及批判意识一直是制约社会形态理论研究进一步走向深入的主观因素。所以，对中国历史的社会形态研究而言，史家自觉增强和提升对理论的自觉反省和批判意识，是深化这一问题研究的关键点之一。李振宏先生曾指出中国历史研究中史家主观方面存在三种状况：第一，将马克思主义这一本来具有启迪性和方法论属性的思想理论，变成了只能理解和尊奉的教条，变成了不能触碰的红线；第二，将经世致用思想，直接理解成为现实的政治及其政策服务，使史学沦为政治和意识形态的工具；第三，批判思维缺失，在面对和接受一种理论或思想时，失去独立思考的基本品格。① 这种分析深有道理，值得共勉。而如何增强和提升研究主体的反省与批判意识，或许以下几点值得参考：

第一，自我史学、史才、史识的批判能力。也就是需要自我反省这三方面的能力，尤其是“史识”，也就是能不能提出独到的见解。

第二，突破“执着”的能力。一方面是自我执着，一方面是对某一理论或观点的执着，这不仅包括一些理论化的教条，也指诸多外来的西方理论。是否能够具有“独立思考的品格”，而没有缺失批判思维，从而避免陷入自我的“执着”而能自出，或避免陷入某种理论而被其所专从，从而既能在庐山之中见历史之细密精微，也能站在庐山之外而观历史全貌。若此，或许更能洞见中国社会形态问题的根本所在。

第三，史德之良知。“史德”由章学诚提出并定义为“著述者之心术”。尽管学界对心术、良知乃至史德的具体内容尚有争论，但这给予我

① 参见李振宏《六十年中国古史研究的思想进程》，彭卫主编《历史学评论》（第一卷），社会科学文献出版社2013年版，第24—107页。

们莫大的启示。这就是，在研究、著述的过程中，我们如何用心？是否突破私欲或私利而有社会良知的担载。彭卫先生在2017年撰文指出，今天历史研究的基本任务和最高目标之一是提交历史智慧。而历史智慧最重要的方面是在于启蒙人的心灵，提高人的判断力和道德感。这种启蒙力、判断力和道德感是我们能够进步的根基，它的存在，不仅使过去的错误、痛苦和灾难不再重现成为可能，也能够帮助我们造福最广大的人群。① 这对今天的学者理解史德颇具启发。学术乃国家之公器，若成为私利的工具，那么这种学术研究本身就值得怀疑，是否能登大雅之堂也就值得思量了。史德、史义、史权等中国传统史学核心概念及其思想，今天依然具有不可替代的重要参考价值。

其四，正视心灵等主观因素对历史的重要作用。将“五种社会形态说”看成历史发展的普遍规律，不论在理论研究还是在具体历史研究中，忽视人的心灵等主观因素对历史的巨大作用，不能不说是“五种社会形态说”又一重大缺陷，尽管在浩如烟海的文著中也泛泛承认人的主观能动作用。对这方面的研究较为深入和系统的是何兆武先生。他认为，这种规律蕴含着一个逻辑上的矛盾。既然历史的进程不以人的意志为转移，那么人的意志的努力对于历史的进程便无能为力，也无所作为；努力也罢，不努力也罢，都是毫无意义的和不起作用的。但事实却又大谬不然。全部人类的历史乃是彻头彻尾贯穿着人为的努力的；没有人的意志的作用，就没有人类的文明史，而只能是一部人类的自然史。因此，就不应该认定存在着某种先天规定好了、不以人的意志为转移的规律。②

随着现代科学的进步，19世纪僵化的科学观已经逐渐褪色。科学实验证明，在自然科学中也不存在铁板钉钉的一成不变的规律，规律因时空等具体条件而有所变化。《老子》的“道可道非常道”，说的也是这个道理。作为人文学科的历史研究，本质上不同于自然科学。一切人文现象自始至终贯彻着人的心灵、意志和思想。正视人的心灵、意志和思想等主观因素在历史中的重要作用，也是社会形态研究的重要生长点。

---

① 彭卫：《我们今天需要怎样的历史学》，《中国史研究动态》2017年第2期；《走进历史的原野——史学续论·我们今天需要怎样的历史学（代序言）》，中国社会科学出版社2015年版，第1—3页。

② 何兆武：《社会形态与历史规律》，《历史研究》2000年第2期；《何兆武思想文化随笔·社会形态与历史规律》，科学出版社2012年版，第133—135页。

其五，重视中国传统文化及其主要思想对经济基础的“反作用”。马克思主义认为，经济基础决定上层建筑，而包括文化在内的上层建筑则对经济基础具有反作用。但是在具体历史研究中如何分析、阐释上层建筑对经济基础的反作用，还有待进一步的深入研究，这也是马克思主义史学包括社会形态研究中非常薄弱的一点。

中国传统文化在思想上以儒释道为主要体现，以经史子集、方志、戏曲、小说等为主要载体，在内容上以价值伦理为主要特征。鉴于当前诸多先生关于回归“中国本土”的研究，中华传统文化的以下三个内容，或许值得在社会形态研究中思考与重视，从而在探讨、研究文化对经济基础的反作用上有实实在在的深化。

第一，善恶之道。善恶不仅是其他文明中的重要思想，也是中国文化中的重要观念，在以儒释道为主体的传统文化，以及经史子集、地方志、戏剧、小说、野史、口碑中都有集中体现。这在史学研究中，集中体现为贯穿在二十四史中的“《春秋》笔法”。“孔子成《春秋》，而乱臣贼子惧。”① 善恶褒贬，惩恶扬善，是《春秋》笔法的主要内容。

第二，为人之道——“三才”论。“三才”论语出《周易》，“三才”指天、地、人。《周易·系辞下传》记言：“有天道焉，有人道焉，有地道焉。兼三才而两之，故六。六者非它也，三才之道也。道有变动，故曰爻；爻有等，故曰物；物相杂，故曰文；文不当，故吉凶生焉。”② 对“兼三才而两之”，《易·说卦》释曰：“立天之道，曰阴曰阳；立地之道，曰柔曰刚；立人之道，曰仁曰义，兼三才而两之，故《易》六画而成卦。”③

人身高不过数尺，寿命不过数十年，怎堪与高厚莫测之天地并称“三才”呢？这就是《易·说卦》所说“立人之道，曰仁曰义”，也就是“人可以继往圣、开来学，参天地之化育故也。”④ 由“三才”论及“立人之道，曰仁曰义”出发，在中国传统文化中能“参天地之化育”的人之道还体现为：四端、五伦、八德，等等。

---

① 《十三经注疏·孟子注疏·腾文公章句下》，中华书局1980年版，第2714、2715页。

② 周振甫译注：《周易译注·系辞下传》，中华书局2013年版，第289页。

③ 周振甫译注：《周易译注·说卦》，中华书局2013年版，第298页。

④ 释印光：《印光法师文钞全集·印光法师文钞续编卷上·复宁德恒、德复居士书》（全四册），团结出版社2013年版，第650页；《印光法师文钞续编卷上·复卓智立居士书》，第701页；《印光法师文钞续编卷上·复宗诚居士书》，第717页；《印光法师文钞续编卷下·人字发隐》，第986—987页。

第三，大德圣贤之道。这集中体现于《大学》中所说的格物、致知、正心、诚意、修身、齐家、治国、平天下。放眼往昔与当今的大德圣贤，及芸芸众生，他们的区别之处也恰恰表现在这几个方面，尽管程度深浅不同。由此，我们可以理解何则凡，何则圣，何则由凡而圣。对此，儒释道的解读与阐释各有所长。儒学重在世间，而释道则融合世间和出世间。它们合则三美，离则三伤。

这里尤其强调的是，以儒释道为主体的传统文化，及善恶之道、为人之道、圣贤之道等，不仅仅是口头上的唱言，也不仅仅是词章，或概念与学理上的探究；而重在修持，重在大节和细微处落实于自身行为，成为自己生命的一部分，乃至最为重要的一部分。进而，自利利人，“己欲达而达人”，从而在各个层面导致对社会和众人的不同程度的影响。因而，中国传统文化的这三个主要内容也就与具体历史时代的经济基础、生产力、生产资料、生产关系等有了联系和结合，而使得中国社会形态面相与西方不同，而具有中国自身独特的特点。比如，重农抑商的政治政策，士农工商的社会认知，以“宗族”为特征的基层社会治理，等等。而中国传统文化与当时具体的经济基础、生产力、生产资料、生产关系等相结合，究竟如何导致了中国本土的社会形态面相，还有待进一步深入探究。其中，“解”“行”“证”几个层面值得注意。

“解”：也就是将中国传统文化与经济基础、生产力、生产资料、社会关系相结合，来解释中国的社会形态问题，能够比较“彻底”“究竟”，令人信服。

“行”：也就是上述的“解”是否具有“可行性”。这种可行性在社会实践中能够见之于行，是中国本土历史的社会实际。

“证”，也就是说前述的“解”“行”，能够在“中国本土”社会形态的内容及面相上，“证得”是正确的、究竟的。这里，我们秉持“实践是检验真理的唯一标准”这一马克思主义原则。

当下，“诚信”“友善”等体现中国传统文化重要思想的核心概念成为我国社会主义核心价值观的主要内容，足见当下我们对传统文化重视，及继承和发扬。[①] 近几年来，习近平总书记多次强调中国传统文化的重要作

---

① 胡锦涛：《坚定不移沿着中国特色社会主义道路前进 为全面建成小康社会而奋斗——在中国共产党第十八次全国代表大会上的报告》，人民出版社 2012 年版，第 31—32 页。

用，他于2016年《在哲学社会科学工作座谈会上的讲话》中深刻指出："中华民族有着深厚文化传统，形成了富有特色的思想体系，……要推动中华文明创造性转化、创新性发展。"[①] 他于2017年《十九大报告》中再次提出，要"坚持创造性转化、创新性发展，不断铸就中华文化新辉煌"[②]。由此可见党中央和国家对中国传统文化"创造性转化、创新性发展"问题的高度重视。史学界诸多先生对此积极响应，瞿林东、陈其泰等先生在多次会议发言及大作中提出这一决策的重要意义。[③] 善恶之道、为人之道、大德圣贤之道，在中国传统文化和社会主义新文化中有着极其重要的价值和意义。将中国传统文化中的善恶之道、为人之道、大德圣贤之道的思想及行持理念，随缘运用于我们当下的现实生活、文化创造，乃至社会形态问题的研究，也是一种"创造性转化"，也是一种创新性发展。因而，深入分析中国传统文化及其核心观念思想的反作用，也是深化"中国本土"社会形态理论研究的重要生长点。

① 习近平：《在哲学社会科学工作座谈会上的讲话》，《人民日报》2016年5月19日。

② 习近平：《决胜全面建成小康社会 夺取新时代中国特色社会主义伟大胜利——在中国共产党第十九次全国代表大会上的报告》，人民出版社2017年版，第41页。

③ 瞿林东：《唯物史观与学科话语体系建构》，《中国史研究》2018年第2期；陈其泰：《唯物史观与创造性阐释传统学术精华》，《中国史研究》2018年第2期。

西方史学的自我反思赘述*

——与《中国史学上的五次反思》一文的对读

陈安民**

一　写作缘起

2015年底，瞿林东先生来电，因《中国史学上的五次反思》一文①英译需要，希望笔者能就文中所涉时间节点的西方史学的自我反思提供一个简明介绍。坦率地说，对此我感到非常惶恐，原因很明显：关于西方史学的自我反思这一论题，前辈学者和时贤已多有论述和卓见，以笔者学力勾勒其大概尚难，遑论出新。因特定的写作意图，难免需要有中西或明或暗的比较之处，其难度可想而知。虽然我硕士期间学习的是西方史学史，但只能说是浮光掠影、浅尝辄止，并未有系统而深入的研究基础，读博转学中国史学史，也根基尚浅。不过，我最终还是应承了下来，一则这一考验和挑战凝结着瞿先生的一份信任和期许，着实不应辜负；二则正如班固所录东汉贤者所讲“学之为言觉也，以觉悟所不知也”②，借此机会促使自己觉悟所不知者无疑于学有益。考虑到难度，瞿先生曾表示仅就“最值得注

---

* 本文系国家社科基金重大研究专项“新时代中国特色历史学基本理论问题研究”（项目号：18VXK006）、国家社科基金青年项目“王夫之与维柯史学思想研究”（项目号：14CZS046）的阶段性成果之一。

** 陈安民，西南大学历史文化学院。

① 瞿林东：《中国史学上的五次反思》，《史学史研究》2015年第1期。下引此文，不再注明出处。

② （清）陈立撰、吴则虞点校：《白虎通疏证》卷六《辟雍》，中华书局1994年版，第254页。

意者加以勾勒”即可。当然，我后来向他提供的文稿离这一最低要求也距离尚远，只能仅仅算作一些材料梳理而已。

瞿林东先生关注中国史学的自我反思，自20世纪80年代中期即已开始，有时代背景和特定的机缘，也有长期的思考，进而于《中国史学上的五次反思》一文加以系统阐述。在承认时代所激和史学发展长期积累的前提下，他着意强调了中国史学的如下五次反思：第一次系刘知幾及其《史通》，从历史编纂上就初唐以前的史学做了全面的总结；第二次出现于清前期，以章学诚《文史通义》为代表，主要从历史撰述思想上对以往史学作了批评，理论色彩鲜明；第三次反思出现在清代末年，以1902年梁启超所撰《新史学》标志，它以进化论为武器激烈批判了中国古代史学；第四次反思同第三次反思有时间上的交叉，但性质有别，以1924年李大钊《史学要论》的出版为代表，从理论和方法上初步奠定了中国马克思主义史学的发展基础；第五次反思出现于20世纪八九十年代，系对中国马克思主义史学的纠偏，具有广泛的社会性。瞿先生的相关论述，主要在中国历史文化传统内部而言。他嘱我撰文，正有了解他者而比较参照的考虑。

在文化结构的比较中阐释中西史学及其思维方式之异同，朱本源、何兆武、杜维运、刘家和、汪荣祖、王成军、李勇诸先生皆颇多宏论，自然包含了对西方史学自我反思的见解。有关西方史学反思的专门之作，则有张广智先生所撰《近代以来中国史学反省的历史考察》《浅说古代西方史学的反省精神》两文。他认为，西方古代史学的自我反思是“零碎的、片段的、偶然的、不自觉的”，严格说来，“西方历史学家对历史学科本身的反省活动是从近代开始的”。其中比较重大的有五次，即16世纪下半叶的文艺复兴时代、18世纪的启蒙时代、19世纪的二三十年代、20世纪初、20世纪的50年代。① 张先生对西方史学的自我反思之流和代表性成果的系统梳理，要言不烦、脉络清晰、评析精到，原本足以成为研究中国史学自我反思的参照。只是基于特定的写作意图，拙文需要有与之稍异的针对性和观照面，故题名“赘述”，以示不敢附骥。以下所言，仅系纵向考察的泛泛而谈，并无明确的问题指向和框架设计，所论不当之处必多有之，敬

---

① 张广智：《近代以来中国史学反省的历史考察》，见《史学理论丛书》编辑部编《当代西方史学思想的困惑》，中国社会科学出版社1991年版，第139—160页；张广智：《浅说古代西方史学的反省精神》，《北方论丛》2010年第2期。

请各位同人不吝指正。

理论上讲，史学的自我反思，有范型内部的总结，而其在根本点上的突破，则与其范型转变之际的史学批评密切相关。宏观地看，从希腊罗马史学到中世纪史学，进而到近代史学（人文主义史学、理性主义史学、兰克史学、马克思主义史学等）、20 世纪新史学（美德新史学、法国年鉴运动、美国经济社会史学等），直至后现实主义史学理论的诞生和发展，无一不以对已有史学成就和流派为分析批判的起点。这种分析批判往往是服务于史学新范式的建设，因而带有根本性的意义。

如果从这一角度来看，难以对瞿林东先生所讲中国史学的五次反思与西方史学反思作一一对照式的参照比较，需作具体分析。第一，刘知幾《史通》与章学诚《文史通义》系在中国古代史学传统的框架内剖析成就、揭示弊端、提出设想，不具有范式突破的根本性意义。从时间上讲，刘知幾的时代正值西方基督教思想在史学领域居于压倒性影响之际，章学诚身之所处已是西方史学人本主义史学传统确立、流派嬗递加速的时代。因此，可将这两次反思合而为一与西方古典史学（即希腊罗马史学）的相关自我反思略作论衡。不过，基于本文的特定写作意图，笔者将第一次反思与希腊罗马史学的相关反思对读，第二次反思的对比则置于 18、19 世纪，仍然是以时序为首。第二，梁启超“史界革命”论的提出具有否定中国古代史学，建设以进化论为指导的新史学的革命性意义，从其自觉的层面和实际的理论意义来看，类同于西方近代人文主义史学对于基督教史学的扬弃。唯其时间已在 20 世纪初，大略正值德国兰普勒希特、美国鲁滨逊等人对传统的兰克史学的反动。而其特别之处在于，自梁启超以降，中国史学的自我反思与批判与西方史学思想资源（很多系假道日本）密切相关，又颇类于鲁滨逊师法兰普勒希特。如对此二者作横向的比较，各自所面对的传统有其时间长短、话语环境差异之别。第三，中国史学的第四次和第五次反思，实与马克思主义史学的建立和重获生机密切相关。前者带有范型变革的意义，可以年鉴学派开宗立派之初的代表之作加以参照；后者属于范型内部的反思，可与后斯大林时代的苏俄与东欧的马克思主义史学加以对比。此外，承载“中国史学”的政治实体与文明载体具有独特的连续性，我们所言的“西方史学”却并不具备这样的条件，因而前者具有天然的连续性，后者则系后人构造的连续“谱系”。本文笼而统之言“西方史学”，不作空间上的特别界定。

二 希腊罗马史学的自我反思

刘知幾（621—721）《史通》一书既有史学史的梳理，又广泛涉及史书的内容范围、撰史原则、史书体裁体例、史文表述、作史的道德规范、史学的功用等问题。瞿先生指出："从整体上来看，刘知幾在史学理论发展上所达到的高度，的确是前无古人的。《史通》写成于唐中宗景龙四年（710），这在世界史学史上，也是无与伦比的。"

其时，可与中国史学并提的西方史学正处于基督教史学占绝对统治地位的局面，史著中神的地位压倒了人，史学的自我反思也具有其特定的色彩。甚至从某种意义上来说，他们是没有批评意识的，也就无从谈及反思。[①] 上溯至基督教史学范型取代希腊罗马古典史学的转化之际，也少有对后者集中而系统的分析、总结与批判。不过，具有浓厚人本主义色彩的希腊罗马史学在发展壮大、逐步积累、走向衰落的过程中，对自身成就与局限亦不乏自觉的反思，虽零星但也汇聚而成反思之流，进而有卢其安（Lucianus，约120—180）《论撰史》这样的宏文问世。笔者眼界所及，希腊罗马史学的自我反思，虽未有如《史通》这样部头的建立在充分总结累代史学基础上的系统专著，但也不乏深刻之见，而且基本涉及了后世史学批评反思的若干核心问题。

第一，对于史学保存人类的丰功伟绩、道德的鉴戒与垂训功用有明确的认识，进而意识到从事史学事业的崇高价值，希罗多德、修昔底德、李维、塔西佗等人皆有所言。尤具意味的是，罗马史家撒路斯提乌斯（Sallustius，前86—前35）不仅将撰史以"记述别人的功业"看作"用智慧的力量，而不是用肉体的暴力"寻求荣誉、名垂后世的途径，而且意识到了罗马人相较于雅典人在历史撰述方面的落后，并指出其社会和文化根源在于重武功而轻文教。[②] 中国古人亦知史学乃历史事业的记录，重史学对于政治和社会生活的指导作用、强调褒贬劝诫，不过，正如诸多学者所指出的，这种强调和重视是远甚于希腊罗马世界的。

---

① 赵立行：《西方史学通史第三卷：中世纪时期》，复旦大学出版社2011年版，第8页。

② ［古罗马］撒路斯提乌斯：《喀提林阴谋》（1－3，8），王以铸、崔妙因译，商务印书馆1994年版，第107—109、114—115页。

第二，对于史学之求真有高度的自觉。一则，证据意识明确，强调田野考察与口述资料的获取，注重史料的批判。但其史料的获取有其特定的时段局限，即是修昔底德（Thucydides，约前460—前396）所强调的："我所记载的，一部分是根据我亲身的经历，一部分是根据其他目睹其事的人向我提供的材料。"[①] 由于缺乏制度性的史料保存制度和史官制度，所见、所闻的严格限定，极大地制约了史著所能涵盖的时空范围，这与孔子也将"所传闻"之世入史是有所不同的。二则，提倡摒除外界因素和个人主观的价值情感，对史学的客观之真予以理论的阐述。如塔西佗（Tacitus，约55—120）声称："我下笔的时候既不会心存愤懑，也不会意存偏袒"；"自称始终不渝地忠于真理的人们，在写到任何人时都不应存个人爱憎之见"[②]。卢其安更是要求"历史家务使自己的头脑有如一面明镜，清光如洗，纤尘不染，照见人脸，丝毫不爽"。这些论述与刘知幾所言"明镜照物""虚空传响""爱而知其丑，憎而知其善"等语所传达的求真理念、主客关系论并无二致。三则，强调求真与致用的内在统一性："历史只有一个任务或目的，那就是实用，而实用只有一个根源，那就是真实。"[③] 当然，关于史学之真的深刻之见，还须注意哲学家从知识论视角的分析，尤其是柏拉图（Plato，约前427—前347）对于"知识"和"意见"的区分[④]、亚理士多德（Aristotle，前384—前322）关于诗歌与历史之差别的论述[⑤]，二者有关史学之性质和求真之限度的这类见解在后世有深远的影响和充分的发展，而这一角度的论述却正是中国古代史学和学术传统中所缺乏的。

第三，注重史家修养。波里比乌斯（Polybius，约前201—前120）指出史家应具备地理知识和实地考察经历，包括战争艺术在内的实际政治知识，搜集、分类并消化书面史料的能力，任缺其一则只能记述事实而无力

---

① ［古希腊］修昔底德：《伯罗奔尼撒战争史》（Ⅰ.22），徐松岩译注，上海人民出版社2012年版，第50页。

② ［古罗马］塔西佗：《编年史》（Ⅰ.1）、《历史》（Ⅰ.1），王以铸、崔妙因译，商务印书馆1981年版，第2页。

③ ［古罗马］卢其安：《论撰史——论现实主义的艺术》，见《缪灵珠美学译文集》第一卷，章安祺编订，中国人民大学出版社1998年版，第206、191页。

④ ［古希腊］柏拉图：《理想国》第五卷，郭斌和、张竹明译，商务印书馆1986年版，第221—223页。

⑤ ［古希腊］亚理士多德：《诗学》第九章，罗念生译，人民文学出版社1962年版，第28—29页。

解释历史。① 卢其安强调“理想历史家”必须具备“政治眼光”和“表现才能”，其具体分析承继了前者而又特别强调了史书架构与史文表述能力。而尤为其所重者，则在于史家“必须只对真理馨香顶礼”的独立自主的求真精神。② 这些要求，与《隋书·经籍志·史部大序》所言、刘知幾的才学识及直书曲笔论亦大同小异。

公元2世纪末，在希腊罗马史学因为深受修辞学影响、逐步走向衰落之际，出现了《论撰史》这一分析“撰史艺术”的代表之作。此文逻辑与结构谨严，所论涉及史学与时代、史料处理、史书结构安排、史文表述、史学求真与致用及二者之关系、史家职责与素养等诸多方面。相较《史通》，文虽短小，但观点颇多同调之处，甚至细微处如论叙事章法、题目与正文比例、褒贬与事实、序言撰写等也如出一辙。

三 伏尔泰、黑格尔与兰克的史学反思

章学诚（1738—1801）所撰《校雠通义》从历史和理论两个维度总结中国古代历史文献学，《文史通义》则从理论上全面总结了中国古代史学。瞿林东先生将其概括为九个方面：发展深化了“六经皆史”说，提出“史法”和“史意”的区别，区别“记注”与“撰述”、以“方智”与“圆神”定史学的两大宗门，提出史书体裁“臭腐”与“神奇”相互转化发展的辩证法则，发展了通史编撰理论，提出了“史德－心术”论，提出“临文必敬”“论古必恕”的文史批评方法论原则，总结了史书表述审美理论，提倡“别史心裁”“独断之学”的继承创新精神。他认为，“总的来看，章学诚在总结中国古代史学得失的过程中，继承、发展了前人的一些重要见解，其主旨多在于他说的‘史意’，极具启发性，是中国古代史学理论的高峰和终结的标志。”这一高度评价，立足于固有传统，是合乎实际的。不过，从世界范围横向来看，其地位已不如刘知幾。

章学诚生活的18世纪，西方史学正值理性主义史学盛行，它在承继和发展人文主义史学、继续批判神学史学体系的基础上，以理论和实践的

---

① ［古希腊］波里比阿：《罗马帝国的崛起》，翁嘉声译，社会科学文献出版社2013年版，第259、524、536、538页。

② ［古罗马］卢其安：《论撰史——论现实主义的艺术》，见《缪灵珠美学译文集》第一卷，章安祺编订，中国人民大学出版社1998年版，第201、203—204页。

努力构建了全新的史学体系。继起的19世纪，与客观主义史学并存的实证主义史学、历史主义史学、马克思主义史学等，学派论辩以探求史学发展趋势之外，也多有对前代史学的系统反思。从16世纪末法国史家波普利尼埃尔（Popeliniere，1540—1608）出版《史学史》、让·波丹（Jean Bodin，1530—1596）撰《易于理解历史的方法》以来，跨过博学时代的西方史学，其自我反思在“史意”层面的成就已蔚为大观。鉴于马克思（Karl Marx，1818—1883）的史学思想已众所周知，现仅择伏尔泰（Voltaire，1694—1778）、黑格尔（Hegel，1770—1831）、兰克（Leopold Von Ranke，1795—1886）等人的相关睿见，略述如下。

第一，对历史研究的内容范围有了极为明确的革新意识。伏尔泰批评先前的历史著作专注于帝王将相、教宗贵族时说：“似乎世界只是为几个君主和效力于君主欲念的那些人而存在，其余的全都被略而不提。在这一点上，历史学家就像他们所谈到的某些暴君，把人类作为献给一个人的牺牲品了。”[①] 他所企盼的宏伟目标则在于，“不为后代叙述某个个人的行动功业，而向他们描绘有史以来最开明的时代的人们的精神面貌”，“致力于叙述值得各个时代注意、能描绘人类天才和风尚、能起教育作用、能劝人热爱道德、文化技艺和祖国的事件”[②]。由此自觉地摒弃了政治军事史传统，复活了西方古典史学的社会文化史传统、光大了波丹的倡议，此其一。再则，从横向视野来看，伏尔泰则将考察对象扩及了犹太、希腊罗马文明以外的所有文明，世界眼光极大扩展。后来，马克思等人进一步将研究对象从精英扩及普通群众，将世界的普遍联系及其发展过程纳入历史学的研究范围。全史观念，自司马迁以来已经成为中国史学的传统，历代史学虽然以政治军政大事为主，但社会文化并未被湮灭，因而一般不会成为史学反思的特意着重点，对于内容与体裁之关系的探究不亚于内容本身；而从全球联系的世界意识来看，即使最敏锐的中国史家，在鸦片战争之前也鲜有表现。

第二，思辨的“历史哲学”蓬勃发展。稍晚于维柯的伏尔泰提倡把哲学或理性精神运用到历史研究中去，提出“历史哲学”一词。其主要

---

① ［法］伏尔泰：《科尔玛公证文书》，转引自《风俗论》（上）“译者前言”，梁守锵译，商务印书馆1994年版，第1页。

② ［法］伏尔泰：《路易十四时代》第一章“导言”，吴模信等译，商务印书馆1982年版，第1、7页。

背景在于进一步清理基督教史学体系，以及17世纪至18世纪上半叶博学派史家面对史料时批判精神的欠缺。通过宏观比较考察各文明，他构建了不同于教会史学的世界史体系。故柯林武德指出对于伏尔泰而言，“哲学意味着独立的和批判的思想”[①]。其后，实证主义史学家、黑格尔学派和马克思主义史学家等，在批判继承、反思驳难中，就历史发展的意义、目的、进程、动因、模式、规律等提出了概念明确、论证精密而系统的、影响至深至远的学说。除文化形态史观尚未提出外，大部分今日人们所熟知的思辨历史哲学模式的最初原型已经问世。这是由史学反思而促使历史反思、历史理论构架发展更新的例证，可谓章学诚“撰述知来拟神”的新境界。

第三，对历史学的性质及其特性有了更加深刻的认识。历史知识及其地位，波丹、培根、笛卡尔、维柯、实证主义者等皆有自己的看法，甚多大相径庭之见。今日来看，维柯在自然与哲学之“今”与文学艺术之“古”的争论中力求探索一条新路，针对笛卡尔的“理性至上”而否定史学，意图将历史学等处理非完全理性事物的人文学科提升到同自然科学同等地位的努力，具有超越时代的眼光。被视为历史科学化功臣的兰克对此亦有独到分析。他在1830年代即已指出，“历史学是有关收集、查询、洞悉的一门科学”，“区别于其他所有科学的地方在于它同时又是一门艺术”。在对哲学、史学、艺术之关系加以分析的基础上，他提出历史学实践所应遵循如下要求：“对于真实的纯粹热爱”、“以文献为基础的深入、深刻研究”“普遍的兴趣”“对于因果关系的理解”“不偏不倚”“总体概念”。[②] 这些观念在其1854年为马克斯国王主讲的历史讲座（后整理成《历史上的各个时代》一书）、1880年后所撰《世界史》相应部分（结合对启蒙历史观的直线进步观、费希特的持续进步观念、黑格尔学派以理念解释历史予以批判的基础上），又有了进一步的深化和完善，有关历史之变与常（时代精神—联系）、整体与个别的论述尤具启发性。[③] 需要说明的

---

① ［英］柯林武德：《历史的观念》（增补版），何兆武等译，北京大学出版社2010年版，第3页。

② ［德］兰克：《论历史科学的特征》（1830年代手稿），于文译，见《史学理论读本》，刘北成、陈新编，北京大学出版社2006年版，第4—13页。

③ ［德］兰克：《历史上的各个时代》，杨培英译，北京大学出版社2010年版，第7—8页；《论十九世纪》，柳卸林译，见《历史理论与史学理论：近现代西方史学著作选》，何兆武主编，商务印书馆1999年版，第226—229页。

是，兰克在其早年出版的《1494—1514的拉丁和日耳曼民族史》“前言”（1824）中，明确指出：“历史学被认为有判断过去、为未来指导现在的职能，对这样的重任，本书不敢企望。它只想说明：什么确确实实地发生了……作为本书基础的资料是回忆录、日记、信函、外交报告、见证者的叙述。他种材料只在下述情况下方可引用：它们是可以从上述材料直接推衍出的、或是材料具有某种第一手的性质。这些材料必须页页核定过。”[①]进而逐步建立起比较系统的“外证”与“内证”为核心的历史考据之法。由于高扬“如实直书”的治史理念，将史料批判技术及其理论推进到相当的高度，以致兰克及其学派在很长一段时间内被一些国家的后学简化为“客观主义史学”，或成为学习的榜样，或成为“新史学”批判的正统。从主客关系而言，兰克（尤其是某些后学所刻意强调的）想排除史家主观因素的干扰而专注于求真的见解是难免简单化了，章学诚所谓“尽其天而不益以人，虽未能至，苟允知之，亦足以称著述者之心术”[②] 的认识可能更合乎实际；就治史方法而言，乾嘉史家的实践和论述与兰克治史的内核自然颇多共鸣；而从学科性质讨论的视角来讲，朱熹“荣经陋史”观、章学诚“六经皆史”说或有些许这一层面的意味，但其观照点与论述体系和维柯、兰克等人并不在同一层面。中国史家初步关注到这类问题并加以集中阐述，已是梁启超《新史学》问世之日了。

第四，对于古今史家史著之精神与性质予以高屋建瓴的系统审视。“人们惯以历史上的经验教训，特别介绍给各君主、各政治家、各民族国家。但是经验和历史给了我们的教训却是，各民族和各政府从来就没有从历史学到任何东西，而且也没有依照那就算是从其（历史）中抽绎出来的教训行事。”[③] 黑格尔这一广为人知的否定以史为鉴的论断，语出《历史哲学》的“绪论”。为了构建其“历史哲学”，他首先于“绪论”开篇系统反思西方学者“观察历史的方法”，将之分为三种：原始的历史，即当时之人记录其所见所闻或所亲历之事，举例希罗多德、修昔底德；反省的历

---

① ［德］兰克：《1494—1514的拉丁和日耳曼民族史·前言》，见《历史理论与史学理论：近现代西方史学著作选》，第223页。张广智先生视兰克此书为西方史学第三次反思的标志。

② （清）章学诚著、叶瑛校注：《文史通义校注》卷三《史德》，中华书局1985年版，第220页。

③ ［德］黑格尔：《历史哲学》，王造时译，上海书店出版社2006年版，第6页。此句引文系刘家和先生在《关于“以史为鉴”的对话》（《北京师范大学学报》2010年第1期）一文中修正后所言。

史，即所述时空范围超越当代与本地区，需要史家以自身精神加以反省方能把握所属对象的历史，具体细分为普遍的历史（举例李维等）、实验的历史（前论以史为鉴之语即出于此，举例孟德斯鸠等）、批评史和各类专门史；哲学的历史，即精神或理性主导的历史。结合其所举实例来看，黑格尔的批评视角，相比刘知幾以“当时之简”与“后来之笔”、章学诚以“记注方智”与“撰述圆神”、通史与断代之分把握中国史家史著之精神与方法的方式，其广度和严密性已不可同日而语。

值得一提的是，章学诚的史学反思在乾嘉朴学的环境中和继起的19世纪，并未产生显著的实际影响，这点颇有类于学术思想长期不彰的维柯。学术评价上“尽其天而不益以人”的理想，在时代学术风尚面前是无力的，公允的评价还有待时间的呈现。及至此时，中国史学的自我反思依然循着自身的理路和概念体系，并未受到西方史学的影响，这与以后的反思有着根本的不同。

四 19世纪末20世纪初西方史学的反思

世事巨变，愈益卷入世界大势的中国面临何去何从的问题，素有以史经世的中国史学能否再固守家法也成为紧迫而严肃的反思话题。凭借深厚的传统经史之学素养，益以日人初步吸纳的西方学术资源①，梁启超（1873—1929）在20世纪伊始所刊《中国史叙论》《新史学》等论著中，“倡言‘史界革命’，意在创立‘新史学’”。除对旧史学加以革命性的批判外，所论还涉及历史撰述的性质与范围、历史哲学和史学的社会功用、史学与他学的关系等，其进化论的立论基点和话语系统已具有明显的西学色彩。李大钊（1889—1927）对西方史学理论的借鉴一如梁启超敏锐，所撰《史学要论》凡六章，一论“什么是历史”，二论“什么是历史学”，三论“历史学的系统”，四论“史学在科学中的位置”，五论“史学与其相关学问的关系”，六论“现代史学的研究及于人生态度的影响”。瞿先生认为此书“结构严谨，言简意赅，具有理论上的深刻与实践上的激情相结

---

① 陆胤：《梁启超“新史学”的外来资源与经学背景》，见梁启超著，夏晓虹、陆胤校：《新史学》，商务印书馆2004年版。此书收录梁启超著作四种：《中国史叙论》《新史学》《论中国学术思想变迁之大势》《中国地理大势论》。

合的特点”，是“中国史学上最早面世的史学理论著作之一……成为中国马克思主义史学在理论上的奠基石之一”。梁启超与李大钊所处的时代，中西激荡，如何看待固有史学传统，如何对待西方资源，不同学者的取向差异明显。应该说，李大钊在借鉴西方史学的概念和话语体系方面，比梁启超走得更远。此后，从中国文化和中国史学之内在理路提炼概念范畴加以反思和总结的典范，乃柳诒徵于1942年所发表的《国史要义》（史原、史权、史统、史联、史德、史识、史义、史例、史术、史化，凡十篇），代表了一种不同于学科体系下的西方现代史学的反思方式。瞿先生曾指出，二者一乃现代和西方的，一乃中国传统的，如能璧合方臻完美。此后与今日学界的史学理论发展路径，无疑大致如此。

梁启超与李大钊所生活的时代及稍后的20世纪三四十年代，西方史学的反思加速发展，对于历史研究对象、研究方法、学科关系、主客关系、史学功用、史学与时代的应有关系等方面的认知都更加系统、深刻了。尤为突出的是，史学史与批判的历史哲学渐渐成为一个受到众多关注的领域。

第一，各种类型的史学史著作大量涌现。断代者如弗特的《近代史学史》（1911）、古奇的《十九世纪的历史与历史学家》（1913）；断代兼有专题性质者，如安托万·基扬（Antoine Guilland，1861—1938）所撰《近代德国及其历史学家》（1889）；通论者有班兹的《历史著作史》（1937）、勺特威尔的《史学史》（1939）、汤普森的《历史著作史》（1942）等，从历史编纂学的角度，大多对自希腊罗马以降的史家史著之得失及其与时代的关系，予以了各有特色的评析。尤须一提的是，法国学者基扬以其超越狭隘民主主义的立场，对德意志民族统一运动如何影响史家写作的精神、立场与方法，史家（重点分析尼布尔、兰克、蒙森、聚贝尔、特赖奇克）又如何以其历史写作重塑德意志民族精神以服务于民族的统一，予以了深刻的分析和批判，可谓时代与史学之关系分析的经典。除历史编纂学意义上的分析外，他指出：萨多瓦大捷后，“自由主义者与绝对主义者调和，成了‘大军事帝国’的拥护者。此后，兰克的理论、同时也是斯坦因的理论居于支配地位。一些崭露头角的新学者开始援引达尔文的理论来支持他们的绝对主义学说……实际上都倒向了最为反动的政策。他们运用历史法学派的理论，即以源自诸帝国历史的‘国家权利’来反对来自人类理性的‘人的权利’”；对俾斯麦的崇拜的本质是“对强权的赤裸裸的辩护”；最近的普鲁士历史学家虽然“为自己的理论涂上了一层道德的光泽，但由于公然为武力和诡计喝彩，他们对扭曲公众的思想起了推波助澜的作用……因为他们的历史理论，他们成了最恶劣的政治信条的宣扬者，虽然人类曾为反对这些信条而血流成河”；“靠欺骗和谎言维系的东西绝不会长久——自食其果是早晚的事。”① 对于德国历史主义史学的上述观察和论断，作于事态正在发展演变之际，后来的事实发展无疑证明了作者以良史之忧、疏通知远以观察当前历史动向，进行史学批判的史识。

第二，史学方法论的总结之作辈出，史学理论的反思成果丰硕及至有“批判的历史哲学”这一专门术语的出现。德罗伊森《历史知识理论》(1868)、伯伦汉《历史方法教程》(1894)、朗格诺瓦与瑟诺博司合撰的《史学原论》(1897) 等对19世纪西方史学尤其是客观主义史学的治史理念、程序与方法予以了系统总结，尤其是《史学原论》被誉为无出其右的“编排有序更兼实际有用的指导汇编”②。《史学原论》等书对于傅斯年等人的史学观念产生了明显的影响，在中国史学科学化、实证化的历程中有一定的作用。梁启超诞生的翌年 (1874)，布莱德雷的《批判历史学的前提假设》一书问世，标志着西方批判的历史哲学的兴起。该书讨论的主要问题如下：历史的模棱性、什么是历史事实、历史学中的推论的性质、批判历史学的前提假设、历史的推论与自然界的一致性、非类比验证的问题、历史证据的特点和历史学的限度、历史与进步等。其要义可概述如下：“在布莱德雷看来，历史知识并不仅只取决于证据是否符合自然界的客观规律或思维的逻辑规律，同时它还是历史学家本人对历史的一种理解。因此，其中就包含有历史学家以其自身的思想和价值观而对史实或史料所做出的估计和评价。每一种历史判断，其实都是从历史学家的哲学的或形而上学的前提假设出发的。”③ 同时稍后，此类著作如尼采《历史的用途与滥用》(1874)、文德尔班《历史

① ［法］安托万·基扬：《近代德国及其历史学家》，黄艳红译，北京大学出版社2010年版，第13、253、254页。

② ［英］F. 约克·鲍威尔为《史学原论》英译本所作“致读者”(1898年7月)，余伟译，大象出版社2010年版，第4页。

③ 何兆武主编：《历史理论与史学理论：近现代西方史学著作选》，商务印书馆1999年版，第368页。

与自然科学》(1894)、克罗齐《历史学的理论与实际》(1912—1913)、柯林武德《历史的观念》(1926—1939)、雷蒙·阿隆《历史哲学导论》(1938)、曼德尔鲍姆《历史知识的问题》(1938)等相继问世。这些今日已广为中国史学界所熟悉的论著所讨论的问题，概而言之，可借用“批判的历史哲学”概念的提出者沃尔什的归纳：历史学与知识的其他形式、历史中的真理与事实、历史的客观性、历史学中的解释。[①] 在亲自然主义的同一论者与反自然主义的特殊论者辩论日深之际，对于历史研究对象的特殊性与历史研究主体的价值色彩之认识有了质的飞跃。20世纪上半叶中国大量的史学概论性著作，对西方史学反思的这类理论成果的袭用、借鉴痕迹是相当明显的。

第三，提倡、推动对于历史的全面研究与跨学科研究。批判的历史哲学因其浓厚的哲学色彩而在史学界影响有限且缓慢[②]，实践的历史学家的反思批判与革新规划也有其逐步推进的过程。众多学者的矛头所向主要集中于兰克及其后学在研究实践中形成的偏重政治史、外交史、军事史的传统和学科专门化所带来的封闭性等问题。布克哈特(Jacob Burckhard，1818—1897)作为兰克的学生，以其《意大利文艺复兴时期的文化》(1860)导夫先路。兰普勒希特(Karl Lamprecht，1856—1915)继起，撰《德意志史》(1891年第一卷问世)、《文化史的方法论》(1900)，引起了激烈的争论。其核心观点在于，一则批判兰克学派只是事实尤其是政治事实的搜集者，没有深入分析事件的原因及其联系和统一，忽视了社会心理和群体(群众)的力量；二则提倡以“事情是怎样变成这样的”研究方法(把社会作为一个整体来研究其发生和发展，以确定其精神意识、行为模式)取代“事情是怎样发生的”(叙事)。[③] 1900年，亨利·贝尔(Henri Berr，1863—1954)创办《历史综合评论》杂志、1911年出版《历史综合》一书，意在倡导把历史学与其他学科统一起来以综合地解释历史，年鉴派的“总体史”理念也由此孕育。1929年，吕西安·费弗尔与马克·布洛赫创办《经济与社会史年鉴》、20世纪40年代早期布洛赫撰《为历

---

① ［英］W. H. 沃尔什：《历史哲学导论》，何兆武、张文杰译，北京大学出版社2008年版，第8—17页。

② 张耕华：《历史哲学引论》，复旦大学出版社2009年第2版，第3—4页。

③ ［美］J. W. 汤普森：《历史著作史》(下卷)，孙秉莹、谢德风译，商务印书馆1992年版，第583页。又，参阅柏悦《“兰普莱希特争论”初探》，《史学史研究》2015年第4期。

史学辩护》，分别标志着成果发表平台的建立和学派理念的进一步理论阐释。美国学者鲁滨逊（James Harvey Robinson，1863—1936）于1912年发表《新史学》，批评“目前史学界的通病”有三，意欲“摆脱从前对研究过去的历史所加的种种限制”，指出新史学“早晚会有意识地满足我们日常的需要”，“要利用人类学者、经济学者、心理学者一切有关人类的发现……必须随着社会和各种社会科学的普遍进步而改变它的观念和目的”①。鲁滨逊的相关论述和时代背景，与梁启超颇多共振。②

第四，在历史观上的最深刻反省，当属因应于第一次世界大战的惨痛教训，德国史家斯宾格勒撰《西方的没落》（1918、1922）所开创的文化形态史观。英国史家汤因比后来加以改造、发扬，不过也几乎成为20世纪思辨的历史哲学的最后绝响。它既是对近代逐步建立起来的西欧中心论和西方文明优越论的痛彻反省，同时也是对于欧洲文明与人类命运和世界文化前途的深刻思考。

也正是在这一时期，上述所言西方史学反思的一些成果，或通过留学交流，或转手日本，或直接译介，已参与到中国史学的自我反思和新陈代谢之中，逐步渗入甚至改变了中国史学的理论话语系统。

五　20世纪七八十年代西方史学的反思

瞿林东先生指出中国史学第五次反思有着广泛的社会性，呈现为群体形式的反思。进而以侯外庐、尹达、刘大年、白寿彝、尚钺诸先生的论述为例，考察了此次反思所回答的一些重大问题：一是如何全面看待中国马克思主义史学的经验教训？二是如何坚持唯物史观？三是怎样进一步发展中国史学？随着讨论的深入，逐步清理了已有的教条化倾向，认识到史学的理论不等同于唯物主义，也摒弃了“回到乾嘉去”的理念，逐步取得坚持唯物史观、汲取史学遗产的优秀传统、开放借鉴西学资源以“建设具有中国特点的马克思主义史学”的共识，中国史学的自我反思开启了一个新的阶段。

---

① ［美］詹姆斯·哈威·鲁滨逊：《新史学》，齐思和等译，商务印书馆1964年版，第13、19—20页。

② 参阅宋学勤：《梁启超、鲁滨逊“新史学”思想比较研究》，《中州学刊》2003年第1期。

在中国结束“文化大革命”走向改革开放之际，世界范围内的史学反思也颇有值得叙述之处。除学术批评本身的演进外，第二次世界大战结束以后世界经济和政治形势的全球化、科技革命的加速，反殖民运动的如火如荼，皆有其影响。在一种最广泛意义上反思学术霸权与意识形态、文化霸权之关系的深刻之作，当属萨义德（Edward Wadie Said，1935—2003）的《东方学》（1978）。其主旨和核心内容，当如作者作于1994年的“后记”中所说：“像‘东方’和‘西方’这样的词没有与其相对应的作为自然事实而存在的稳定本质。况且，所有这类地域划分都是经验和想象的奇怪混合物。就英国、法国和美国通行的东方概念而言，它在很大程度上来自于这样一种冲动：不仅对东方进行描述，而且对其加以控制并且在某种程度上与其相对抗。”[①] 深刻揭示了“东方学”这一意识形态为霸权主义张目的本质。1982年沃勒斯坦在《激进历史评论》刊文，将布罗代尔置于英法美俄争霸的历史和发展大势中加以分析，进一步剖析了“欧洲中心论”的来龙去脉和本质。[②] 后来，他又撰文全面剖析“欧洲中心论”在哲学社会科学中的表现，分析已有对策的逻辑和理论谬误，试图找寻解决的办法。[③] 从某种意义上说，反欧洲中心论这一宏观学术背景正是中国史学第五次反思意欲走出的迷障。时至今日，包括史学在内的中国哲学社会科学依然在这一有形无形的罗网中挣扎寻求突破。

在此就西方史学的自我反思勾勒如下几点：第一，后现代主义深刻地影响到史学理论的话语模式，分析的历史哲学发生语言学转向，对于历史之真、历史认识的主体因素之评估产生了颠覆性的认识，对启蒙色彩的历史进步观和宏大叙事予以了彻底的批判，强调史文界限的模糊，引起了极大的争论。海登·怀特（Hayden White，1928—2018）1973年出版的《元史学：19世纪欧洲的历史想象》为其杰出代表。虽然这些理念并未深入贯彻到史学实践的层面，但其反思对于研究者认识自身的局限是有所助益的。

第二，具有世界性影响的各史学流派也及时推出了具有批判性的学派

---

① ［美］萨义德：《东方学》，王宇根译，生活·读书·新知三联书店2007年版，第426页。

② ［美］沃勒斯坦：《布罗代尔：历史学家，“局势中的人”》，刘北成、周立红译，见《布罗代尔论历史》附录，北京大学出版社2008年版，第244—257页。

③ ［美］沃勒斯坦：《“欧洲中心论”及其表现：社会科学的困境》，马万利译，见瞿林东主编《史学理论与史学史学刊》2002年卷，社会科学文献出版社2003年版，第63—76页。

理念总结之作。如随着年鉴范式成为一种新的“史学正统”，以勒高夫等人为代表的年鉴学派第三代，出版了集体之作《研究历史》（1974）与《新史学》（1978）两书，全面总结了学派发展的历程，评估了新兴的研究领域与方法，对于历史学学科分化发展之际如何进一步发展提出了相应的思考。至于苏联和东欧的马克思主义史学，茹科夫的《历史方法论大纲》（1980）一书构建起苏联马克思主义史学的“学科模式”，不仅是作者多年思索的总结，也可谓20世纪80年代以苏联史学界历史认识论和方法论研究的纲领性、总结性之作。① 作者旗帜鲜明地指出：“承认还是否认社会发展的规律性，是马克思主义历史学和非马克思主义历史学的最重要分水岭。”② 此前，波兰历史学家托波尔斯基出版《历史学方法论》（1966），代表不同于苏联模式的一种构建。随着“新史学”家所倡导的跨学科研究的日益成熟，也带来了史学著作不见活生生的历史人物、数理图表充斥的弊端，从而读者难觅的消极情形。面对跨学科史学研究范型的缺陷，英国学者斯通曾于1979年撰文，呼吁正视分析模式的弊端而复兴古老的叙事史传统。③ 它的观察虽然引起了争论，但也获得了不少支持，代表了对第二次世界大战后史学社会科学化发展过头的一种纠偏。

第三，全面反思当代世界史学发展趋势之作面世。巴勒克拉夫（Geoffrey Barraclough，1908—1984）1976年受联合国教科文组织的委托，在各国委员会和众多学者提供报告文本等协助下，历时两年完成的《当代史学主要趋势》（1978）一书即其代表。该书认为“今天历史学著作的本质特征就在于它的全球性”，意在分析“对一切地区和国家的所有历史学家的研究工作产生了影响的总趋势”④。全书正文凡七章，第一章回顾19世纪末至第二次世界大战的历史学，说明了历史学在这一时期走向专业化、扩大研究范围、将重心转移到经济社会和文化方面的过程，重点分析了历史主义的危机、肯定了马克思主义和马克思主义史学的积极影响；第二章解释了20世纪50年代以来历史学家对于新的历史

① 朱本源：《历史学理论与方法》，人民出版社2012年版，第53页。

② ［苏］茹科夫：《历史方法论大纲》，王瓘译，上海译文出版社1988年版，第75页。

③ Lawrence Stone, *The Revival of Narrative: Reflections on a New Old History*, *Past & Present*, No. 85 (Nov., 1979), pp. 3-24.

④ ［英］杰弗里·巴勒克拉夫：《当代史学主要趋势》前言，杨豫译，上海译文出版社1987年版，第1页。

理论和新方法的探索，指出了社会科学与行为科学对于史学的广泛影响，高度评价了年鉴学派的贡献；第三章着重分析社会学、人类学、心理学、经济学、人口学、计量统计等社会科学的理论与方法对于历史学的贡献；第四章指出欧美历史学界对于史前史、非洲史等此前被较多忽略对象的研究，描绘了亚洲、拉美、第三世界诸国的历史研究，指出其同西方史学界一样、优先关注经济与社会的特征。第五章引导历史学家从优先考虑民族国家的历史转向对区域的历史、世界的历史和比较研究，以使历史研究更有意义。第六章考察了历史研究工作的组织机制，涉及史家、档案馆、刊物、历史系等；末章分析最新趋势及其问题。虽然作者有崇尚计量史学，忽视文化史和思想史尤其是民众精神的历史等倾向，但此书的全面性、公允性、世界性依然是相当杰出的。身在西方，而反思的对象却是世界史学。尤为值得一提的是，作者对于马克思主义史学有着高度的评价、清醒的开放性态度："今天仍保留着生命力和内在潜力的唯一的'历史哲学'，当然是马克思主义。当代著名历史学家，甚至包括对对马克思的分析抱有不同见解的历史学家，无一例外地交口称誉马克思主义哲学家们对他们产生的巨大影响，启发了他们的创造力……虽然非马克思主义者不愿意承认这一事实，但是，要否认马克思主义是有关人类社会进化的能够自圆其说的唯一理论，是很难办到的。也就是说，马克思主义是唯一的历史哲学，它对历史学家的思想产生了明显的影响。这并不是说马克思主义是教条，更不应当将马克思主义当作教条来使用"；"随着历史知识的增长、社会学分析能力和心理学的认识能力增长"，有必要"检验原理，而且在必要时修改原理"①。相较于之前由非马克思主义史学家执笔的各类史学史著作，这一评价是极其少有的，检验和修正的态度也是合乎理性的，是对 20 世纪马克思主义史学及其与年鉴学派等流派间互相交流成果的正面肯定。

改革开放以来，从中西史家的直接交流、译介域外经典、助力理论深化的态势来看，远远超过了 20 世纪上半叶。西方史学成果和理论资源，极大地促进了中国史学的第五次反思。这次反思成果丰硕，而其最直接表现，当属"史学理论与史学史"这一二级学科的确立；其尴尬之处则在

---

① ［英］杰弗里·巴勒克拉夫：《当代史学主要趋势》，杨豫译，上海译文出版社 1987 年版，第 260—261、262 页。

于，反思的理论成果，目前尚无真正有世界性影响的典范之作。我们在概念明确、论证方式、体系化理论构建方面，尚需时日。

六 文末赘语

通过此文的撰写，除增进了自己对于西方史学的自我反思之认识外，也促使笔者产生了几点粗浅的想法：其一，史学反思的本质和目的，不外乎总结成功的经验、揭示失败的教训，与史学批评实为一体，皆意在求得史学发展的正途。是否可从反思的目的、形式、内容（史著得失、史学的性质、功用、研究对象、研究方法、主客关系、史文表述、史家修养等，这是重点）、作用与影响、模式与规律等方面构建体系。倘如此，史学反思与史学史、史学理论又当是何种关系？已有研究和拙文大都笼而统之处理，未加清晰界定，尚有待说明。其二，反思的前提，在于有可供比较的史书和史学活动，换言之，有撰述即有反思。在理论著作成熟以前，中西史学反思的形式和表现形态是灵活的，这突出地体现在序、跋对于自己缘何撰述的交代。虽详尽者可如《太史公自序》、班固《叙传》《文献通考自序》，寥寥数语者如《通典大序》《通鉴纪事本末序》，但我们不宜因其零散而否定其明确的指向与动机，其史学批评和反思的自觉意识是极其明确的。这些不够系统的反思，足以汇成一股史学批评之流，为大规模、成体系、总结性的专门反思之作奠定基础。其三，中西史学反思有着内容和深度的差异。中国史学很早便确立了人文主义与人本主义传统，主要思考的是怎样更好地反映人类社会生活的全貌和丰富层次，而西方史学的发展反复，则使它曾经面临着解决神与人的问题，这是二者反思内容的一个特别不同之处。史书的数量种类往往在很大程度上决定了反思的广度与深度。就同一体裁而言，有其二即有比较反思之得，《春秋》与《左传》、《史记》与《汉书》、《通典》与《文献通考》，等等比属此类。当然，累积愈厚、数量愈多，能讨论的论题自然也就越丰富。就不同体裁而言，其比较所得不唯在视野上较同一体裁内的比较要辽阔，更重要的是能在内容与形式之关系的层面，反思史家的主观构造对于反映复杂丰富的社会生活之得失。中国史学史上的“编年纪传优劣论”、马端临论《通典》与《资治通鉴》“撰述自有体要”、章学诚论“神奇”与“腐臭”的化变，这类论题绵延不绝。西方史学亦有年代纪、大事记、传记、叙述体等差别，也有当今学者认为撒路斯特、李维、塔西佗的作品恰好代表了“三种重要的体裁（编年体、纪事本末体和断代体）”[①]。古代西方史学有无体裁方面的专门讨论，尚需进一步梳理。有中国学者如钱穆、陈其泰诸先生认为，中国历史编纂学明显优于西方，似乎亦有待进一步检验。当然，体裁、史书的数量和种类并非影响史学反思之深度的唯一因素。古代西方即已在知识论层面对史学之真的限度加以思考，后来蔚为大观，又为中国史学的自我反思所特别欠缺，这显然与各自的文化学术传统紧密相关。其四，要加强中国史学反思和理论方法借鉴的成效考察，分析西方史学理论成果对于中国史学反思的作用。尽管国内学者大多对师法西方持总体肯定态度，主张挖掘传统的同时也借鉴西方，强调只能在会通的前提下超胜，但也不乏一些质疑者。甚至有域外学者认为，对西学有限接受的民国初年的一些研究者，主要基于传统历史研究方法所取得的成果，远比运用“科学方法”更加熟练的后来者要优越，甚至断言，五四以后“中国人的历史思维逐渐背弃传统，怀着日渐增长的崇拜之情把西方史学的理论和实践当作指导，中国历史研究和史学著作的质量开始显著下降”[②]。事实是否如此呢？这涉及学习西方史学理论方法的成效分析，传统史学方法与西方现代史学方法的比较，20 世纪史家成就评估，上下半叶史学成就的全面对比分析。倘如其所言，则意味着我们要考虑是否能够以西方史学理论的概念术语和方法反思中国传统史学，是否有必要学习西方史学了。其五，正视中国史学自我反思的短板。近代以来西方史学反思的全球性愈益明显而主动，其文明比较与世界眼光愈益突出；而中国史学的反思则多有师法西方之处，第五次反思主要针对新中国成立以后中国大陆史学孤立发展及其僵化而发，相较而言也视野有限，亦无成体系的、具有世界性影响的、反思之结晶的理论典范之作。在全学界倡言构建“立足中国、借鉴国外，挖掘历史、把握当代，关怀人类、面向未来”的中国特色哲学社会科学学术话语体系的当下，严肃辩难与包容开放的史学反思依然必要而紧迫，而对这一任务的艰巨性和长期性要做充分的估计。

---

① ［德］穆启乐：《古代希腊罗马和古代中国史学：比较视野下的探究》，黄洋编校，北京大学出版社 2018 年版，第 5 页。

② ［美］余英时：《中国史学思想反思》，程金华译，见［德］约恩·吕森主编《跨文化的争论：东西方名家论西方历史思想》，陈恒等译，山东大学出版社 2009 年版，第 151—152 页。

瞿林东先生指出："中国史学有自我反思的优良传统，这是中国史学之树能够长青不衰的重要原因之一。"他所言中国史学的五次反思，系在中国历史文化传统中思考相关问题。嘱我提供信息，正有比较参照的考虑。因为要进一步认清中国史学反思的成就、局限及其特点，中外史学尤其是中西史学反思的比较研究必不可少。扬弃自身的批评和反思传统，益以他者史学反思的精髓，中国史学方能发扬光大。

农历2015年岁末初稿撰讫

公元2019年6月30日增补毕

大西洋史学与美国早期史的区域整合

魏　涛*

自20世纪50年代以来，受法国年鉴学派代表人物费尔南·布罗代尔（Fernand Braudel）整体史（total history）研究方法的启示，欧美历史学家开始尝试着把大西洋世界内部的岛屿、民族国家和区域等当作一个整体来研究。① 大西洋史主要研究的是南美洲、北美洲、非洲和欧洲这四个区域以及大西洋世界内部的岛屿之间在人口、物种、商品、政治、宗教、贸易和科学知识等的相互交流。研究大西洋的历史学家不仅考察地方层面的历史，还研究民族国家和跨国层面（transnational）的历史。在这种史学思潮转变过程中，哈佛大学历史系的伯纳德·贝林（Bernard Bailyn）、约翰·霍普金斯大学历史系的杰克·格林（Jack P. Greene）、纽约大学历史系的卡伦·库珀曼（Karen Ordahl Kupperman）、纽约州立大学石溪分校历史系的赖德·兰斯曼（Ned C. Landsman）和宾夕法尼亚大学的理查德·邓恩

---

* 魏涛，中国社会科学院世界历史研究所。

① ［法］费尔南·布罗代尔：《菲利普二世时代的地中海和地中海世界》（上、下卷），商务印书馆1996年版；彼得·伯克：《法国史学革命：年鉴学派，1929—1989》，北京大学出版社2006年版；［法］弗朗索瓦·多斯：《碎片化的历史学：从〈年鉴〉到“新史学”》，北京大学出版社2008年版。有关大西洋史的简介，见 Alison Games, “Atlantic History: Definitions, Challenges, and Opportunities,” *The American Historical Review*, Vol. 111, No. 3 (June 2006), pp. 741 - 757 and David Armitage, “Three Concepts of Atlantic History,” in David Armitage and Michael J. Braddick eds., *The British Atlantic World*, 1500 - 1800, Basingstoke and New York: Palgrave Macmillan, 2002, pp. 11 - 27.

(Richard S. Dunn) 等都是大西洋史的重要代表人物。[①]

大西洋史一直是欧美史学界的显学，但国内学者对此却并未引起足够重视。[②] 尽管国内研究英帝国史的历史学家与研究美国早期史的学者之间经常有对话和交流，但是国内的美国早期史要么以美国作为一个民族国家为主要分析单位，要么以大英帝国为基本分析框架，这限制了我们对美国早期史的深入理解。另外，国内历史学学科设置一直以民族国家为单位，这造成很少有历史学家从跨国视角来从事科研课题。[③] 自 20 世纪后期和 21 世纪以来，当全球史成为国内史学研究热潮的时候，国内历史学家对大西洋史的兴起和发展并没有欧美历史学家那么浓厚的研究兴趣。虽然大西洋史在欧美已盛行长达半个多世纪，但是国内历史学家很少有人专门从事大西洋史的研究。

本文从学术史的视角重点考察了 20 世纪 50 年代以来美国历史学领域的大西洋史学及其对殖民时期的美国历史（American colonial history）的影响。本文指出，大西洋史学兴起后，传统的以国家为主导的美国早期史逐

---

① Bernard Bailyn, *Atlantic History: Concepts and Contours*, Cambridge: Harvard University Press, 2005; Bernard Bailyn and Patricia L. Denault, eds., *Soundings in Atlantic History: Latent Structures and Intellectual Currents 1500 – 1830*, Cambridge: Harvard University Press, 2009; Jack P. Greene and Philip D. Morgan eds., *Atlantic History*: A Critical Appraisal, Oxford: Oxford University Press, *2009; Jack P. Greene*, *Creating the British Atlantic*: Essays on Transplantation, Adaptation, and Continuity, Charlottesville: University of Virginia Press, *2013*, *Evaluating Empire and Confronting Colonialism in Eighteenth – Century Britain*, Cambridge: Harvard university Press, 2013; Karen Ordahl Kupperman, The Atlantic in World History, Oxford: Oxford University Press, 2012; Ned C. Landsman, *Scotland and Its First American Colony.* 1683 – 1765, Princeton: Princeton University Press, 1985; Richard S. *Dunn*, *Sugar and Slaves: The Rise of the Planter Class in the English West Indies*, *1624 – 1713*, Chapel Hill: University of North Carolina Press, 1972 and *A Tale of Two Plantations: Slave Life and Labor in Jamaica and Virginia*, Cambridge: Harvard university Press, 2014.

② 有关中国美国早期史的研究现状，见何顺果《美利坚文明论：美国文明与历史研究》，北京大学出版社 2008 年版；齐文颖：《美国史探研》，中国社会科学出版社 2001 年版；叶凡美：《全球视野下的美国早期史研究国际学术研讨会述评》，《史学月刊》2007 年第 11 期；张孟媛：《美国清教研究百年述评》，《美国研究》2006 年第 1 期；李剑鸣：《中国的美国早期史研究：回顾与前瞻》，《美国研究》2007 年第 2 期；阿伦・库利科夫：《中国学者在美国早期史研究中即将做出的贡献》，《史学月刊》2008 年第 2 期；迈克尔・朱克曼：《美国早期史在中国：现实中的往昔》，《史学月刊》2008 年第 2 期；雷芳：《试论邦联国会在美国早期国家构建中的作用》，《历史教学》2008 年第 5 期。

③ 有关美国历史研究的国际化和跨国史的兴起，见王立新：《在国家之外发现历史：美国史研究的国际化与跨国史的兴起》，《历史研究》2014 年第 1 期；《跨国史的兴起与 20 世纪世界史的重新书写》，《世界历史》2016 年第 2 期。

渐为以区域整合为基础的美洲早期史（early American history）所取代。与此同时，美洲早期史已成为一门跨学科、跨区域且跨时段的研究领域。作为美国历史学领域的两个重要分支，大西洋史和美洲早期史的兴起和发展有助于加深我们对当代美国史学发展的认识。

一 美国早期史作为美国历史学一个重要分支的形成过程

在中国的美国史研究领域，美国早期史的研究范围一直很难界定。通常，国内历史学家习惯上把殖民时期的美国历史称为美国早期史。这段时期的历史大部分指的是1492年到1776年的美国历史。在《美国早期发展史》这本著作里，黄绍湘就把1492年至1776年的美国历史称之为美国早期史。[①] 跟黄绍湘不一样的是，李剑鸣认为美国早期史主要指的是1815年以前的美国历史。[②] 大体而言，国内学者对美国早期史的理解主要是以美国作为一个民族国家的诞生为依据的。对国内学者来说，探求殖民时期的美国历史既有利于深化我们对美国作为一个民族国家的形成历程的认识，也有利于中国在现代化的发展进程中吸取一些历史经验和教训。

但是，在美国的学术发展脉络中，美国早期史的研究领域与国内学者的理解并不完全一样。美国历史学家们广泛使用colonial American history、colonial period of American history和American colonial history等术语来指代殖民时期的美国历史。大体而言，美国早期史主要指的是1776年以前的北美历史。美国历史学家们通常使用early American history来指代中国历史学者通常所说的美国早期史。但是，early American history不仅包括殖民时期的美国历史，而且还涵盖1776年到1850年间的美国历史。

在18世纪后期和19世纪初，美国历史学家并没有把美国早期史当作一个特定的研究领域。在莫西·沃伦（Mercy Otis Warren）的《美国革命的兴起、发展和结束的历史》这本著作里，她既没有使用殖民时期的美国

---

① 黄绍湘：《美国早期发展史，1492—1823》，人民出版社1957年版。后来，黄绍湘对此书进行了修改和扩展，见《美国史纲（1492—1823）》，重庆出版社1987年版。

② 李剑鸣：《中国的美国早期史研究：回顾与前瞻》，《美国研究》2007年第2期。

历史，也没有使用美国早期史。[①] 在研究美国革命史的时候，南卡罗莱纳州历史学家大卫·拉姆齐（David Ramsay）介绍了美国革命时期的众多故事，但他也没有采用美国早期史的表述。[②] 在研究南卡罗莱纳从英国殖民地转变为美利坚合众国的一个州的时候，拉姆齐也没有提到美国早期史这个概念。[③] 与拉姆齐同时代的南卡罗莱纳将军威廉·莫尔特里（William Moultrie）在其回忆录里详细记载了他是怎么参与美国革命的故事，但他没使用美国早期史这个术语。[④] 同样，南卡罗莱纳政治家约翰·德雷顿（John Drayton）在他的回忆录里也没有采用美国早期史的称谓。[⑤] 到19世纪20年代初期，美国早期史的论述也不曾出现在历史学家保罗·艾伦（Paul Allen）的《美国革命史》里。[⑥] 在美国革命前夕或建国初期，美国革命在美国人民心中是一个大事件。于是，革命时期的政治家们和历史学家们纷纷研究美国人民在那段时期的逸闻趣事。他们不仅详细描述美国人民在革命时期的所见所闻，而且讴歌美国革命先辈们的丰功伟绩。虽然美国已成为一个独立的民族国家，但由于历史学在美国尚未成为一门独立的学科，美国早期史并未成为历史学家们所潜心研究的一个领域。

到19世纪中后期，当民族主义思潮占据美国历史编撰的时候，美国历史学家对美国早期史的学科界定是与他们在寻求自己的民族认同和国家优越性密切相关。“美国史学之父”乔治·班克罗夫特（George Bancroft）的史学著作就深受这种民族主义情结的影响。班克罗夫特先后担任过美国海军秘书（1845—1846）和驻英国大使（1846—1849）。另外，他还是美国驻普鲁士的外交大使（1867—1871）。德意志帝国于1871年实现统一后，他成为美国驻德意志帝国的大使（1871—1874）。在访德期间，他与德国史学界建立了亲密的友谊。在1834年至1874年长达40年的时间里，

---

① Mercy Otis Warren, *History of the Rise, Progress and Termination of the American Revolution*, vols. 3, Boston: 1805. Also see Mercy Otis Warren, *History of the Rise, Progress and Termination of the American Revolution*, ed. Lester H. Cohen, vols. 2, Indianapolis, IN: Liberty Classics, 1988.

② David Ramsay, *The History of the American Revolution*, vols. 2, London, 1790; Also see David Ramsay, *The History of the American Revolution*, vols. 2, Indianapolis: Liberty Fund, 1990.

③ David Ramsay, *History of the Revolution of South Carolina*, vols. 2, 1785.

④ William Moultrie, *Memoirs of the American Revolution*, vols. 2, New York, 1802.

⑤ John Drayton, *Memoirs of the American Revolution Relating to South Carolina*, vols. 2, Charleston, S. C.: A. E. Miller, 1821.

⑥ Paul Allen, *A History of the American Revolution*, vols. 2, Baltimore: 1822.

他编撰了十卷本的《美国史》，这奠定了他作为“美国史学之父”的声誉。[①] 在此之前，研究美国历史的历史学家们大部分是编年史学家或者历史爱好者，他们主要关注的是美国革命时期的奇闻轶事。在欧洲大陆接受职业史学训练后，班克罗夫特详细考察了美国从殖民地时期到独立运动的历史。他非常重视使用原始档案，搜集大量文献，并聘用抄写员翻译馆藏在欧洲档案馆的历史资料。需要指出的是，他的史学成果与他的政治活动密切相连。受德国历史学派民族主义的影响，班克罗夫特在编撰《美国史》的过程中高呼美国的政治和社会制度代表着人类社会寻求完美国家的制高点。他热情讴歌美国社会的独特性。对他来说，美国革命就是一群热爱自由的人民反抗乔治三世专制的胜利。[②]

跟班克罗夫特类似，“边疆学派”代表人物弗雷德里克·特纳（Frederick Jackson Turner）的历史观也深受其内心的爱国主义情结所驱使。大多数民族史学家认为美国的伟大之处在于东部 13 个殖民地的特殊性、美国国父们的丰功伟绩和雄才大略以及 17 世纪英国新教徒的清教思想和伦理。跟这些民族史学家不一样，特纳认为美国的伟大之处在于美国人民的边疆经历。1893 年 7 月 12 日，特纳在芝加哥举行的美国历史协会年会上提出了他的“边疆假说”并强调边疆理念塑造了美国的存在和特性。他认为自由土地的存在以及它的持续衰退与美国西进运动是美国历史的重要组成部分。在美国向西部扩张的过程中，美国人把一片片荒凉之地带进了现代文明。这种扩展不仅加深了美国人民对自由、平等、民主和个人主义的理解，而且塑造了西部和整个国家的经济和社会发展。[③] 特纳的“边疆假说”也深受当时的民族主义思潮的影响，但他的历史观影响了 19 世纪后期的众多历史学家。

直到 19 世纪末和 20 世纪初，在“帝国学派”历史学家诸如查尔斯·安德鲁斯（Charles Andrews）和赫伯特·奥斯古德（Herbert Osgood）的共同

---

① George Bancroft, *History of* the *United States from the Discovery of the American Continent to the Present Time*, *10 vols.*, *Boston*: *C. Bowen*, *1834 – 1875*.

② David W. *Noble*, *Historians Against History*: *The Frontier Thesis and the National Covenant in American Historical Writing Since* 1830, Minneapolis: University of Minnesota Press, 1965, p. 3; Lloyd Kramer and Sarah Maza eds., A Companion to Western Historical Thought, Malden, MA: Blackwell, 2002, p. 201.

③ Frederick Jackson Turner, “The Significance of the Frontier in American History,” in Frederick Jackson Turner, *The Frontier in American History*, New York: Dover, 1996 [1920], p. 1, pp. 37 – 38.

努力下，美国早期史才真正成为美国历史学的一个重要分支。安德鲁斯的祖先们是从英国移民到北美的清教徒，并一直居住在康涅狄格州。由于他的七代祖先先后生活在康涅狄格州，他对殖民时期的美国历史，尤其是康涅狄格州在殖民时期的历史，一直保持着浓厚的兴趣。[①] 1899 年，他出版了第一本著作《康涅狄格的河边村镇》，并重点讨论了英国清教徒在康涅狄格殖民地维特斯菲尔德、哈特福德和温萨镇定居的历史。[②] 1893 年后，他开始探索"更全面也更准确的美国早期政治和制度史"[③]。六年后，在美国历史协会的年会上，他做了"殖民时期的美国历史，1690—1750"的年度报告。他不仅鼓励学者们使用馆藏在大英帝国图书馆和伦敦市各大档案馆的档案，而且指出殖民时期的美国历史要从更广阔的政治单元中去理解。他还指出 1690 年至 1750 年间的历史值得历史学家们进一步探索。[④] 在同一届美国历史协会年会上，奥斯古德做了"殖民时期的美国历史研究"的会议报告，并指出了殖民时期的美国历史的一些重要研究主题。[⑤] 到 20 世纪初，奥斯古德出版了他的 3 卷本巨著《17 世纪的美国殖民地（American colonies）》。[⑥] 1908 年，通过出版《殖民时期的自治，1652—1689》，安德鲁斯重点考察了 17 世纪后期英国贸易委员会及其他政府部门对殖民地历史的影响。四年后，他出版了一本介绍殖民时期美国历史的著作。[⑦]

奥斯古德和安德鲁斯都试图通过大英帝国的视角来解释美国早期史。[⑧] 他们强调 13 个殖民地与大英帝国之间的帝国联系，但他们并不认

---

① Leonard W. Labaree, "Charles McLean Andrews: Historian, 1863 – 1943," *The William and Mary Quarterly*, Vol. 1, No. 1 (Jan., 1944), pp. 3 – 14.

② Charles McLean Andrews, *The River Towns of Connecticut*, Baltimore: 1889.

③ Richard R. Johnson, "Charles McLean Andrews and the Invention of American Colonial History, "*The William and Mary Quarterly*, Vol. 43, No. 4 (Oct., 1986), p. 519.

④ Charles M. Andrews, "American Colonial History, 1690 – 1750," *Annual Report of the American Historical Association for the Year* 1898 (1899), pp. 47 – 60.

⑤ Herbert L. Osgood, "Study of American Colonial History," *Annual Report of the American Historical Association for the Year* 1898 (1899), pp. 61 – 76.

⑥ Herbert L. Osgood, *The American Colonies in the Seventeenth Century*, vols. 3, New York: The Macmillan Company, 1904 – 1907.

⑦ Charles McLean Andrews, *Colonial Self – Government: British Committees, Commissions, and Councils of Trade and Plantations*, 1622 – 1675, Baltimore: 1908 and *The Colonial Period*, New York, 1912.

⑧ Lawrence Henry Gipson, "The Imperial Approach to Early American History," in Ray Allen Billington ed., *The Reinterpretation of Early American History*, San Marino, California: The Huntington Library, 1966, pp. 185 – 199.

为大英帝国的专制和压迫造成了美国革命。大英帝国中心与北美 13 个殖民地之间的冲突之所以不可避免，他们认为是因为大英帝国的政治家们无法理解殖民地的政治、社会和经济发展所造成的。正如安德鲁斯所指出的："如果可以这么说的话，我研究美国早期史的研究方法是由我内心想要从更广阔的世界历史情境中来发现美国早期史所决定的。"① 1924 年，安德鲁斯出版了《美国革命的殖民背景》。② 在 1934—1938 年之间，安德鲁斯先后出版了 4 卷本的《美国革命的殖民时期》③。确切地说，安德鲁斯的《美国革命的殖民时期》的第一卷的问世是"美国史学史领域的一个重要事件"，它是美国早期史在方法上重新定向（gradual re - orientation）的一项阶段性成果。④ 安德鲁斯鄙视民族主义历史学家们把政治情感带入史学研究中来。于是，安德鲁斯和他的学生开创了一种研究历史的新方法，也就是把美国早期历史从民族国家主导的叙事范围中解放出来。取而代之的是，他们把美国早期史视为大英帝国在北美扩张的一段历史，并重点从政治和法律视角考察了英属北美殖民地和大英帝国中心之间联系。⑤

从某种意义上来说，正如历史学家理查德·约翰逊（Richard Johnson）所指出的："安德鲁斯发明了殖民时期的美国历史。"一方面，安德鲁斯挖掘了美国早期史领域的众多史料和档案；另一方面，安德鲁斯把"美国早期史当作是欧洲，尤其是英国海外扩展这幅宏伟蓝图的一部分"⑥。于是，安德鲁斯成为"帝国学派"历史学家的重要先驱人物之

---

① Charles McLean Andrews, "On the Writing of Colonial History," *The William and Mary Quarterly*, Vol. 1, No. 1 (Jan., 1944), pp. 27 – 28.

② Charles McLean Andrews, *The Colonial Background of the American Revolution*, New Haven: Yale University Press, 1924.

③ Charles McLean Andrews, *The Colonial Period of American History*, vols. 4, New Haven: Yale University Press, 1934 – 1938.

④ Lawrence H. Gipson, "Charles McLean Andrews and the Re – Orientation of the Study of American Colonial History, "*The Pennsylvania Magazine of History and Biography*," Vol. 59, No. 3 (Jul., 1935), p. 209.

⑤ Richard Johnson, "Charles McLean Andrews and the Invention of American Colonial History," *William and Mary Quarterly* 3rd ser., 43 (1986), pp. 519 – 541.

⑥ Richard R. Johnson, "Charles McLean Andrews and the Invention of American Colonial History," *William and Mary Quarterly*, Vol. 43, No. 4 (Oct., 1986), p. 528.

一。[①] 跟安德鲁斯一样，奥斯古德和著名历史学家乔治·比尔（George Louis Beer）也使用同样的研究方法来研究同一时期的美国历史。[②] 自此之后，美国早期史（American colonial history/early American history）作为美国历史学领域的一个重要分支逐渐为历史学家所接受。[③]

“帝国学派”历史学家们所倡导的美国早期史深深地烙上了美国例外论的基调。[④] 在19世纪末和20世纪初，德国历史学家兰克创建了科学的历史学并奠定了历史学作为一门学科的地位。兰克倡导民族国家史学的写作。[⑤] 美国历史学专业化初期，历史学家们对兰克非常崇拜。美国历史学家对兰克的认知框架借助在德学习的美国留学生被带回来新大陆。受兰克史学的影响，历史学在美国逐渐成为一门独立的学科。[⑥] 那时候，美国加快了在亚洲和中美洲进行殖民扩张的步伐，这标志着美国开始在世界舞台上扮演起越来越重要的角色。由于美国一跃成为殖民帝国，历史学家们诸如安德鲁斯和奥斯古德等人开始探索美国历史的独特性。于是，他们把研究兴趣转向了殖民时期的美国历史，并把它当作美国历史的一个重要分支。在他们看来，美国早期史是美国历史的一部分。理解殖民时期的美国历史就是为了更好地理解美利坚合众国作为一个民族国家的兴起和发展过程，以及这种历史进程背后所暗含的美国例外主义。[⑦] 换句话说，美国例外主义的论调塑造了“帝国学派”历史学家对美国早期史的认识。虽然“帝国学派”历史学家们重点探讨了殖民地与殖民地母国之间的政治、经济、军事和其他联系，但他们对美国早期史的认识未能突破以美国作为一

---

① Johnson, “Charles McLean Andrews and the Invention of American Colonial History,” *William and Mary Quarterly*, Vol. 43, No. 4 (Oct., 1986), 528 – 529.

② 安德鲁斯非常赞赏比尔的研究方法，见 Charles McLean Andrews, “The Historian,” in *George Louis Beer: A Tribute to His Life and Work in the Making of History and the Moulding of Public Opinion*, New York: Macmillan, 1924, pp. 7 – 43.

③ 见 Lawrence H. Gipson, “Charles McLean Andrews and the Re – Orientation of the Study of American Colonial History,” *The Pennsylvania Magazine of History and Biography*, Vol. 59, No. 3 (Jul., 1935), pp. 209 – 222.

④ Joyce E. Chaplin, “Expansion and Exceptionalism in Early American History,” *The Journal of American History*,” Vol. 89, No. 4, p. 1454.

⑤ Georg G. Iggers, *The German Conception of History: The National Tradition of Historical Thought from Herder to the Present*, Hanover, New Hampshire: Wesleyan University, 1968, pp. 63 – 89.

⑥ Peter Novick, *That Noble Dream: The “Objectivity Question” and the American Historical Profession*, Cambridge: Cambridge University Press, 1988, pp. 44 – 46.

⑦ Chaplin, “Expansion and Exceptionalism in Early American History,” p. 1454.

个民族国家以及以大英帝国作为一个帝国和的解释框架。另外，由于时代的局限性，他们并没有把殖民时期的美国历史置放在更广阔的大西洋世界情境中去。

二　大西洋视野下的美国早期史

美国例外主义的基调在美国学术界流传甚广。早在 1831 年，法国政治思想家托克维尔曾指出“美国人的情况是完全例外的（entirely exceptional)”①。到 20 世纪 50 和 60 年代，美国学者、历史学家、文学评论人以及政治思想家们都尝试着解释美国例外主义。美国例外主义认为美国因其清教起源、政教分离体制、美国独立革命、联邦宪法、源源不断的欧亚移民、地方与中央之间相互分权的联邦主义体系，以及立法、行政和司法部门之间的分权与制衡等使得美国与世界上其他国家截然不同。他们认为，“美国例外主义”自殖民地时期就已经产生，它与清教传统有着不可分割的联系。他们还认为，美洲是上帝赋予的圣土，北美殖民地的人民是上帝的选民。于是，美国人民内心的“优越感”“使命感”“天定命运”成为“美国例外主义”的重要思想来源。② 受美国例外主义思潮的影响，许多学者在学术著作中都强调美国历史的特殊性。

在历史学领域，美国例外主义深刻影响了“和谐派”（consensus school）史学家们的学术研究。“和谐派”是 20 世纪 50 年代美国的一股历史思潮，它强调美国文化中的核心价值观如自由、平等原则及其所包含的个人主义精神等。它宣扬美国主流文化和核心价值观的连续性和一致性，并探讨它们在美国社会中所发挥的作用。在 20 世纪 50 年代成名的丹尼

---

① Alexis de Tocqueville, *Democracy in America*, trans. Arthur Goldhammer, New York Library of America, 2004, pp. 517 – 518.

② Jack P. Greene, *The Intellectual Construction of America: Exceptionalism and Identity from* 1492 *to* 1800, Chapel Hill: University of North Carolina Press, 1993. 关于美国例外主义，见 Michael Kammen, “*The Problem of American Exceptionalism*: A Reconsideration,” *American Quarterly*, Volume 45, Issue 1 (Mar., 1993), pp. 1 – 43; Ian Tyrrell, “American Exceptionalism in an Age of International History,” *American Historical Review*, 96, No. 4 (October 1991), pp. 1031 – 1055. See Ian Tyrell, “*Ian Tyrell* Responds,” *American Historical Review* 96, No. 4 (October 1991), pp. 1068 – 1072; Byron E. Shafer, ed., *Is America Different: A New Look at American Exceptionalism*, Oxford: Clarendon Press, 1991 and Seymour Martin Lipsett, *American Exceptionalism: A Double – Edged Sword*, New York: W. W. Norton and Co., 1996。

尔·布尔斯廷（Daniel J. Boorstin）、路易斯·哈茨（Louis Hartz）和理查德·霍夫施塔特（Richard Hofstadter）等都是“和谐”思潮的代表人物。①这种思潮否认美国社会存在的各种冲突，并轻视少数族群在美国历史上的巨大贡献。②

为了剔除美国例外论对美国历史学的影响，大西洋史开始在欧美史学界兴起。伴随着欧洲人在15世纪末的海外扩展，大西洋世界范围内的南、北美洲、欧洲和非洲构成了一个经济和文化相互交流的场所，而这可以作为一个整体来研究。从字面意义上讲，大西洋史研究的是这么一个地理区域：环绕大西洋的四个大陆以及大西洋世界内部的众多岛屿。在20世纪50年代，研究法国大革命的美国历史学家罗伯特·R. 帕尔默最早开始使用大西洋史这个术语，并广泛使用比较研究方法来讨论大西洋两岸各民族国家在“民主革命的时代”的经历。③ 在20世纪60年代后期和70年代初期，尽管大多数欧美历史学家们广泛使用殖民时期的美国历史来指代美国早期史，理查德·邓恩开始从大西洋视角来研究殖民时期的英属北美殖民地与英属西印度群岛殖民地之间在经济发展、政治制度，以及社会文化等诸多方面的异同点。④ 跟邓恩类似，杰克·格林也使用了大西洋视角，并重点分析了大英帝国政治和宪法传统、思想观念以及政治体制和实践等从大英帝国中心传播到英属北美殖民地的历程。格林还重点考察了弗吉尼亚殖民地、北卡罗来纳殖民地、南卡罗莱纳殖民地和佐治亚殖民地平民委员

---

① Daniel J. Boorstin, *The Americans: The Colonial Experience*, New York: Random House, 1958, *The Americans, The National Experience*, New York: Random House, 1965 and *The Americans: The Democratic Experience*, New York: Vintage Press, 1974; Louis Hartz, *The Liberal Tradition in America: An Interpretation of American Political Thought since the Revolution* , New York: Harcourt, Brace and World, 1955); Richard Hofstadter, *The American Political Tradition and the Men Who Made It*, New York: Vintage Books, 1956); 张涛:《解读丹尼尔·J. 布尔斯廷的文化思想》,《史学理论研究》2000年第2期和他的专著《美国战后“和谐”思潮研究》, 人民出版社2002年版。

② 美国思想史学家约翰·海厄姆一直是“和谐史”观的批评者, 见 John Higham, “Changing Paradigms: The Collapse of Consensus History,” *Journal of American History* (1989), pp. 460 - 466, “Beyond Consensus: The Historian as Moral Critic,” *American Historical Review* (1962), pp. 609 - 625 and “The Cult of the ‘American Consensus’: Homogenizing Our History,” *Commentary*, 27 (Feb. 1959), pp. 93 - 100。

③ Robert R. Palmer, *The Age of the Democratic Revolution: A Political History of Europe and America, 1760 - 1800*, Princeton: Princeton University Press, 1959 - 1964.

④ Dunn, *Sugar and Slaves.*

会立法权力的兴起和发展过程。[①] 美国早期史领域的这场“大西洋转向”推动了一场史学思潮的变革。受这种史学思潮的影响，研究殖民时期的美国历史学家们开始尝试着突破民族国家的历史叙事框架，并着重从更广阔的区域视角来解释美国早期史。[②]

作为美国历史学领域中的一个重要分支，大西洋史的研究主题非常广泛。大西洋史尝试着从一个更广阔、更多元，且相互关联的视角上来解释一个地方的事件及历史进程。它的研究主题主要指的是欧洲大陆与美洲新大陆殖民地之间的相互联系。这包括人口、社会、经济、政治、法律、军事、知识和宗教传播等诸多方面的相互关联。譬如，在讨论英国光荣革命时，它不仅考察英国国内的光荣革命运动对英属北美 13 个殖民地政治活动的影响，而且分析北美 13 个殖民地的政治运动对大英帝国中心的政治事件的影响。资本主义史、商品交流、宗教思想的传播、交流网络、移民、种族、奴隶制和奴隶贸易也是大西洋史研究的重要主题。大体而言，大西洋史研究的先驱者认为，以民族国家为中心的历史叙述方式界定了传统史学的研究范围，但这种叙事方式并不适用于诸如奴隶贸易、移民、殖民主义、环境、疾病等跨国界或跨大西洋层面的诸多历史事件。

在大西洋史学兴起的过程中，哈佛大学历史系荣休教授伯纳德·贝林扮演着举足轻重的作用。从 20 世纪 50 年代开始，贝林的研究领域主要集中在殖民时期和革命时期的美国历史，并着重探讨大西洋世界范围内的商业活动、人口迁移、效忠派以及联系纽带。[③] 通过采用大西洋视角，贝林修正了进步史学家对美国革命的解释。1967 年，贝林出版了他颇具开创性的代表作《美国革命的思想意识渊源》，这代表着美国早期史领域的一种学术范式的转变。[④] 在这本书出版之前，进步史学家查尔斯·比尔德

---

① Jack P. Greene, *The Quest for Power*: *The Lower Houses of Assembly in the Southern Royal Colonies*, 1689 - 1776, Chapel Hill: University of North Carolina Press, 1963.

② Alison Games, “Atlantic History: Definitions, Challenges, and Opportunities,” *American Historical Review*, Vol. 111, No. 3 (June 2006), pp. 741 - 757.

③ Bernard Bailyn, *The New England Merchants in the Seventeenth Century*, Cambridge: Harvard University Press, 1955, *The Ordeal of Thomas Hutchinson*, Cambridge: Harvard University Press, 1974. Bernard and Lotte Bailyn, *Massachusetts Shipping*, *1697 - 1714*: *A Statistical Study*, Cambridge: Harvard University Press, 1959.

④ ［美］伯纳德·贝林：《美国革命的思想意识渊源》，涂永前译，中国政法大学出版社 2007 年版。另见 Bernard Bailyn, *The Ideological Origins of the American Revolution*, Cambridge: Harvard University Press, 1967.

(Charles Beard) 的经济解释观一直占据着美国革命史的范式优先性，并认为思想在美国革命中扮演着微不足道的作用。[①] 与进步史学家比尔德相比，贝林认为殖民地人民的思想觉悟总出现在政治变革的前端。在贝林看来，在美国革命前夕，殖民地人民广泛接触并吸收欧洲大陆的自由、主权、奴役、专制和代表制思想。与此同时，英属 13 个殖民地的人民已逐渐认识到他们在大西洋世界中的地位。正因如此，贝林指出："从根本上讲，美国革命并不是与恐惧、绝望和仇恨所相关的社会叛乱所造成的，而是由殖民地人民对自由的继承以及对殖民地在世界历史情境中的认识、理解和满足感所决定的。"[②] 贝林的作品影响了许多历史学家，这包括他的学生戈登·伍德（Gordon S. Wood）和大卫·汉考克（David Hancock）等人。通过吸收贝林的大西洋史研究方法，他们继续探索着大西洋史的研究主题。[③]

需要指出的是，贝林和伍德等美国早期史学者的研究成果也间接推动了美国早期史的"大西洋转向"。贝林和伍德都是第二次世界大战后美国早期政治史研究的重要代表人物。他们两人的研究成果与大西洋彼岸的英国学者如卡罗琳·罗宾斯（Caroline Robbins）和约翰·波考克（John G. A. Pocock）的研究主题和研究方法不谋而合，并推动了英美史学界的共和修正主义思潮（republican revisionism）的兴起。[④] 更重要的是，在《马基雅维里时刻：佛罗伦萨政治思想和大西洋共和主义传统》这本书里，波考克考察了意大利文艺复兴时期的公民人文主义（civic humanism）是如何上承古希腊和罗马的共和思想，并在英国光荣革命和美国革命时期复兴。他还指出，美国革命是文艺复兴时期的公民人文主义的最后一次伟大行动。[⑤] 经过贝林、伍德、波考克和罗宾斯的一番共同努力，共和修正主义思潮开

---

① Charles A. Beard, *An Economic Interpretation of the American Constitution*, New York: the Macmillan Company, 1913.

② Bailyn, *The Ideological Origins of the American Revolution*, p. 19.

③ David Hancock, *Oceans of Wine: Madeira and the Emergence of American Trade and Taste*, New Haven: Yale University Press, 2009 and *Citizens of the World: London Merchants and the Integration of the British Atlantic Community*, 1735 – 1785, Cambridge: Cambridge University Press, 1995.

④ Gordon S. Wood, *The Creation of the American Republic*, 1776 – 1787, Chapel Hill: University of North Carolina *Press*, 1969; Caroline Robbins, *The Eighteenth Century Commonwealth Man*, Cambridge: Harvard University Press, 1959. ,

⑤ J. G. A. Pocock, *The Machiavellian Moment: Florentine Political Thought and the Atlantic Republican Tradition*, Princeton: Princeton University Press, 1975; [英] 约翰·波考克：《马基雅维里时刻：佛罗伦萨政治思想和大西洋共和主义传统》，冯克利、傅乾译，译林出版社 2013 年版。

始在英美史学界复兴。自此之后，英、美两国历史学家和政治思想史学家对共和主义思潮密切关注，并采用共和思想意识（republican ideology）来研究17世纪和18世纪的英美政治史。[①] 由于共和修正主义思潮的兴起从一开始就是跨国界的，它的兴起和发展推动了英、美两国历史学家从跨民族国家的视角来审视共和思想在大西洋世界的传播和交流。

在大西洋移民史领域，贝林建树颇丰。[②] 1986年，他发表了《英属北美的人口化：导论》，这标志着他开始对大西洋世界移民史的探索。之后，通过分析美国革命前夕一万多名英国移民前往北美新大陆的历史，他发表了他的开创性的专著《渡海西行的人们：革命前夕北美人口化的一段航程》。在《蛮族年代：英属北美的人口化》这本新著里，他重点讨论了17世纪英国、荷兰、德国、法国、瑞典、芬兰和非洲等国家和区域的人民迁移到北美13个殖民地之后的故事。[③] 2009年，贝林与帕特里夏·德劳特一起合编了《大西洋史的回响》，并重点探讨了大西洋史研究的新主题、新趋势和新方法。这本书不仅讨论大西洋奴隶贸易背后所暗含的生态和气候变化，也研究宗教、商业、法律、医疗、种族和科学等在大西洋世界范围内的交流和传播。这是大西洋史研究的一个重要代表性成果。[④] 通过出版这些代表性的专著，贝林奠定了他在大西洋史这个研究领域的重要地位。

作为大西洋史的重要开拓者之一，贝林一直在哈佛大学组织"大西洋世界的历史"（history of the Atlantic world）的研讨班。自20世纪80年代中期以来，他的研讨班推动了社会和人口研究，尤其是移居英属北美殖民地的人口史的研究。1995年，在安德烈·梅隆基金会（Andrew Mellon Foundation）的赞助下，他在哈佛大学创办了"大西洋史国际研讨会"（International Seminar of the History of the Atlantic World）。这个研究机构的

---

① Robert E. Shalhope, "*Toward a Republican Synthesis*: The Emergence of an Understanding of Republicanism in American Historiography," *William and Mary Quarterly* 29, No. 1 (1972), pp. 49 – 80; *Daniel Rodgers*, "*Republicanism*: The Career of a Concept," *Journal of American History* Vol. 79, No. 1 (June 1992), pp. 11 – 38.

② Bernard Bailyn, *The Peopling of British North America*: *An Introduction*, New York: Alfred A. Knopf, 1986, *Voyagers to the West*: *A Passage in the Peopling of America on the Eve of the Revolution*, New York: Alfred A. Knopf, 1986.

③ Bernard Bailyn, *The Barbarous Years*: *The Peopling of British North America*: *The Conflict of Civilizations*, 1600 – 1675, New York: Alfred A. Knopf, 2012.

④ Bernard Bailyn and Patricia L. Denault eds., *Soundings in Atlantic History*: *Latent Structures and Intellectual Currents*, 1500 – 1830, Cambridge: Harvard University Press, 2009.

宗旨主要有：资助世界各地的青年学者从事对大西洋世界范围内人口迁移的研究；推进更大范围内的跨国家历史主题的研究；并帮助青年学者们建立一个国际学术共同体，尽管他们彼此之间在研究方法、文献档案和思想传统上背景各不相同。贝林的《大西洋史：概念与蓝图》讨论了大西洋史这个新兴研究领域的边界和内容。一直以来，在传统的英国帝国史或者以民族国家为中心的美国历史学领域里，历史学家们对大西洋世界范围内的人口、商品和物种等的交流并不怎么感兴趣。于是，贝林强调要从多文化、多族裔、且世界性的（cosmopolitan）视角来研究这个新兴的历史学分支。[①] 从某种意义上来说，自 20 世纪 80 年代中期以来他对传统史学编撰的反思和批判以及对大西洋史的兴起和发展的思考都来自这个历史研讨班。

在组织“大西洋世界的历史”研讨班的同时，贝林培养了众多才华横溢的大西洋史学家。在 1995 年到 2010 年这段时间里，哈佛大学的“大西洋史国际研讨班”极大地推动了欧美学术界的大西洋史研究。这个研讨班不仅每年都为青年学者举办一次大西洋史学年会，而且为博士生和青年学者提供研究经费，以赞助他们从事大西洋史的创造性研究。总体而言，有 366 名青年学者先后参加了这个研讨班。在这些学者中，有 202 名是来自美国高校，164 名来自美国以外的其他高校。[②] 对于那些无法因经费不足而无法前往目的地从事档案研究的青年学者，这个研讨班还向他们提供短期研究经费，以资助他们完成科研课题。

跟贝林类似，约翰·霍普金斯大学历史系的杰克·格林也是大西洋史的开拓者之一。早在 20 世纪 60 年代后期，当格林在约翰·霍普金斯大学创办了大西洋历史和文化的研究项目的时候，他就倡导历史学家们从跨国界和比较性的视角来研究殖民地的历史。在 1972—1992 年间，格林一直在约翰·霍普金斯大学主持大西洋历史和文化的科研项目和研讨班。换句话说，在大西洋史还没成为历史学这门学科的一个重要分支的时候，格林就颇具远见地建议历史学家们从事大西洋史的研究。格林认识到以民族国家为中心的美国早期史存在着其不可克服的局限性。于是，他尝试着从近

---

① Bernard Bailyn, *Atlantic History*: *Concepts and Contours*, Cambridge: Harvard University Press, 2005.

② http: //www. fas. harvard. edu/ ~ atlantic/, accessed to November 24, 2016.

代英国、爱尔兰、欧洲大陆国家以及西印度群岛的视角来研究英属北美的殖民地。1986 年，他出版了《边缘与中心：大英帝国和美国扩展性政体的宪法发展，1607—1788》，并着重考察大英帝国中心与英属北美 13 个殖民地，以及后来成立的美利坚合众国之间在宪法思想上的跨大西洋交流。[①] 1994 年，为了进一步探索大英帝国与英属北美 13 个殖民地之间的政治联系，他从大西洋视角重点探讨了大英帝国的政治权威问题。[②] 2009 年，通过与菲利普·摩根合编《大西洋史：一种批判性的评价》，格林重新评价了大西洋史在美国历史学领域所面临的挑战和前景。[③] 2010 年，通过编辑《排他性的帝国：英国自由在海外，1600—1900》，格林和其他历史学家共同讨论了身处英国海外殖民地的英国人是怎么追寻他们作为英国人的身份认同的故事。[④] 2013 年，通过出版两本史学论文集，格林把他对大西洋史的探索和反思等一一展示给读者。[⑤]

在贝林、格林和其他大西洋史学家的共同努力下，大西洋史逐渐成为欧美史学界的一门显学。大西洋史不仅重新审视大西洋世界范围内近代欧洲国家与美洲之间在人口、商品、疾病、科学和医疗等方面的互动，而且开始替代传统的英国帝国史和美国早期史。[⑥] 跟贝林和格林类似，其他知名的大西洋史学家还有安东尼·格拉夫顿（Anthony Grafton）、尼古拉斯·坎宁、卡伦·库伯曼、约翰·埃利奥特（John H. Eliott）、卡拉·佩斯塔纳（Carla Pestana）、大卫·汉考克、莱德·兰斯曼、詹妮弗·安德森（Jeniffer L. Anderson）、马库斯·瑞迪克（Marcus Rediker）和豪尔赫·卡

---

① Jack P. Greene, *Peripheries and Center: Constitutional Development in the Extended Polities of the British Empire and the United States* 1607 – 1788, Athens: University of Georgia Press, 1986.

② Jack P. Greene, *Negotiated Authorities: Essays in Colonial and Constitutional History*, harlottesville: University Press of Virginia, 1994.

③ Jack P. Greene and Philip D. Morgan eds., *Atlantic History: A Critical Appraisal*, Oxford: Oxford University Press, 2009.

④ Jack P. Greene, *Exclusionary Empire: English Liberty Overseas*, 1600 – 1900, Cambridge: Cambridge University Press, 2010.

⑤ Jack P. Greene, *Creating the British Atlantic: Essays on Transplantation, Adaptation, and Continuity*, Charlottesville: University of Virginia Press, 2013 和 *Evaluating Empire and Confronting Colonialism in Eighteenth – Century Britain*, Cambridge University Press, 2013.

⑥ 尽管大西洋史整合了传统的英国帝国史和美国早期史，但是许多历史学家仍然偏向于从大英帝国的视角或美国作为一个民族国家的视野来分析大英帝国在北美殖民地的扩张。Chaplin, "Expansion and Exceptionalism in Early American History," p. 1443.

尼萨雷斯－埃斯格拉（Jorge Carnizares－Esquerre）等。[①] 到21世纪初，哈佛大学历史学家大卫·阿米蒂奇（David Armitage）大胆地指出，学者们都是研究大西洋的专家了。[②]

三 大西洋史与区域整合的美洲早期史（early American history）

大西洋史学思潮兴起后，传统的以大英帝国为分析单位的北美殖民地史逐渐为区域整合的英国大西洋史（British Atlantic history）所取代。[③] 一直以来，英帝国史学家尝试着从帝国建构的视角来解释大英帝国在北美的殖民扩展的历史。例如，在《大英帝国的思想意识渊源》这本书里，大卫·阿米蒂奇就详细考察了大英帝国臣民身份认同的历史进程。他指出，伴随着大英帝国在15世纪中后期的殖民扩张，大英帝国的臣民逐渐认识到"新教信仰、商业取向、面向海洋且向往自由"的特征，构成了他们追求自身身份认同的重要基础。[④] "大西洋转向"后，英帝国史学家开始淡化从帝国视野来解释大英帝国在北美扩展的兴起和发展历程。取而代之的是，英帝国史学家开始从英国大西洋视角来研究这一时期的历史，并把北美殖民地的历史与大英帝国在大西洋世界范围内的扩张结合起来。另外，许多英帝国史学家偏向多点调查，并尝试着从比较性的视角把北美殖民地的历史与英帝国其他殖民地的历史结合起来。例如，在《移民与英国大西洋世界的形成》这本著作里，阿里森·格慕斯（Alison Games）分析了于1635年从伦敦移居大英帝国海外殖民地的7500名英国人的故事。这些海外殖民地包括北美新大陆的新英格兰地区和切萨皮克地区，加勒比海地区的西印度群岛，以及大西洋世界内部的百慕大

① Peter A. Coclanis, "Atlantic World or Atlantic/World?" *William and Mary Quarterly*, Third Series, Vol. 63, No. 4 (Oct., 2006), pp. 725－742; Alison Games, "Beyond the Atlantic: English Globetrotters and Transoceanic Connections," *The William and Mary Quarterly*, Third Series, Vol. 63, No. 4 (Oct., 2006), pp. 675－692.

② Armitage, "Three Concepts of Atlantic History," p. 11.

③ 保罗·马普（Paul W. Mapp）指出，研究大西洋史有三种不同的视角，它们分别是帝国性的、太平洋取向的和大陆面向的研究视野。见马普的论文，"Atlantic History from Imperial, Continental, and Pacific Perspectives," *The William and Mary Quarterly*, Third Series, Vol. 63, No. 4 (Oct., 2006), pp. 713－724。

④ David Armitage, *The Ideological Origins of the British Empire*, Cambridge: Cambridge University Press, 2000, p. 195.

海岛等地方。通过考察这些移民的故事，格慕斯探索了 17 世纪上半叶的英国大西洋世界及其背后所暗含的大英帝国在大西洋世界内的扩张历程。①

与此同时，传统的以民族国家为分析单位的美国早期史逐渐为大西洋取向的美洲早期史（early American history）所代替。对传统的美国早期史学家而言，他们通常把殖民地的历史置放在美国作为一个民族国家的兴起和发展历程中去考察。"大西洋转向"后，美国早期史学家开始淡漠以民族国家为基础的历史叙事。取而代之的是，他们把研究视角从 13 个殖民地转到大西洋世界中的其他地区和国家。在《大西洋视野下的弗吉尼亚：17 世纪的跨殖民地关系》这本书里，阿普尔·哈特菲尔德（April Lee Hatfield）主要考察的是 17 世纪弗吉尼亚殖民地的跨殖民地关系（intercolonial relations），但是她并没有把弗吉尼亚殖民地的历史置放在大英帝国在北美扩展的历史背景下。取而代之的是，她把弗吉尼亚殖民地的历史置放在大西洋历史情境中，并重点探讨了弗吉尼亚殖民者与整个大西洋世界范围之间所存在的政治、经济和文化等方面的相互交流。② 同样，在主编《1550 至 1624 年的弗吉尼亚与大西洋世界》这本书的时候，彼得·曼卡尔（Peter C. Mancall）也把弗吉尼亚殖民地的历史与整个大西洋世界结合起来。③

欧美历史学家并没有完全抛弃帝国和民族国家框架下的历史研究，但他们都尝试着把欧美各殖民帝国的历史纳入大西洋史的分析框架下。于是，传统的以民族国家为分析单位的美国早期史、英帝国史和西班牙帝国史等统统被整合到大西洋史这个研究领域。尽管英帝国史学家们和美国早期史学家们还在美洲早期史这个研究领域进行辛勤耕耘，但它早已不是英美两国历史学家们的专属研究领地了。对于那些在北美洲、中

---

① Alison Games, *Migration and the Origins of the English Atlantic World*, Cambridge: Harvard University Press, 1999. 有关英国大西洋世界内部的移民史，参见 David Armitage and Michael J. Braddick eds. , *The British Atlantic World*, 1500 – 1800, New York: Palgrave Macmillan, 2009; Elizabeth Mancke and Carole Shammas, eds. , *The Creation of the British Atlantic World*, Baltimore: Johns Hopkins University Press, 2005.

② April Lee Hatfield, *Atlantic Virginia: Intercolonial Relations in the Seventeenth Century*, Philadelphia: University of Pennsylvania Press, 2004.

③ Peter C. Mancall ed. , *The Atlantic World and Virginia*, *1550 – 1624*, Chapel Hill: University of North Carolina Press, 2007. ,

美洲和南美洲曾拥有殖民地的欧洲大陆帝国如西班牙、葡萄牙和法国等，大西洋史也是这些国家的历史学家们所竭力探求的研究领地。在研究政治革命的时候，维姆·克罗斯特（Wim Klooster）就从大西洋视角来考察美国革命、法国大革命、海地革命和西班牙美洲殖民地的政治革命的原因、模式和历史遗产的异同点。[①] 通过采用比较性的研究方法，约翰·埃利奥特（John H. Elliott）把以前只能为英国和西班牙历史学家各自探讨的研究领域结合在一起，并使用大西洋视角考察了这两个帝国自1492—1830 年在美洲殖民扩张的异同点。[②] 托马斯·本杰明（Thomas Benjamin）就直接指出，大西洋世界是欧洲人、非洲人和印第安人所共享的世界。大西洋世界的历史就是这些人民共同分享的历史。[③] 尽管帝国和民族国家仍然是欧美历史学家们在历史研究中的重要分析术语，但他们侧重从跨国和跨大西洋层面来讨论它们的内涵。通过把帝国和民族国家置放在大西洋历史情境中，大西洋史学家们更新了我们对这些历史术语的理解，并赋予它们以新的内涵。

另外，大西洋史学推动了历史学家们从大西洋视角来考察许多原本只属于民族国家内部的研究主题。以奴隶贸易为例，受民族国家历史分析框架的影响，英国、法国、西班牙、葡萄牙和欧美其他国家通常把它纳入各个国家殖民扩张的历史情境中去考察。为了克服单向性的民族国家历史叙事的不足，大西洋史学家们则从整体来考察大西洋世界范围内的奴隶贸易。在《大西洋奴隶贸易：一项人口调查》，菲利普·科廷（Philip D. Curtin）就从跨国界的视野来考察奴隶贸易。这本著作是 20 世纪 60 年代后期的一本开创性著作，它鼓舞着众多的青年学者和有志于研究奴隶贸易的历史学家们突破以民族国家为基础的分析框架，并从大西洋世界作为一个整体的视角来考察 15 世纪中期到 19 世纪中后期的奴隶贸易。[④] 欧美历

---

① Wim Klooster, *Revolutions in the Atlantic World: A Comparative History*, New York: New York University Press, 2009.

② John H. Elliott, *Empires of the Atlantic World: Britain and Spain in America, 1492 - 1830*, New Haven, CT, 2006.

③ Thomas Benjamin, *The Atlantic World: Europeans, Africans, Indians and their Shared History, 1400 - 1900*, Cambridge: Cambridge University Press, 2009.

④ Philip D. Curtin, *The Atlantic Slave Trade: A Census*, Madison: University of Wisconsin Press, 1969. 有关科廷从大西洋视野研究奴隶贸易的论文集，见 Philip D. Curtin, *The Rise And Fall of the Plantation Complex: Essays in Atlantic History* (Cambridge, Cambridge University Press, 1990)。

史学家一贯强调欧洲殖民者在大西洋世界中所扮演的重要作用，进而贬低或者忽视非洲人在大西洋世界中所扮演的积极作用。在历史学家约翰·桑顿（John Thornton）看来，非洲人也在大西洋世界扮演着重要作用，并积极地把他们自己融入了大西洋世界中去。于是，他主要分析了非洲人在大西洋世界中的能动性。鉴于单向度的民族国家叙事方法不利于历史学家从整体上来理解奴隶贸易，桑顿呼吁历史学家们将大西洋世界作为一个整体的视角来重新审视奴隶贸易。① 另外，大西洋转向也鼓励研究非洲史的非洲本土学者和研究非洲史的欧美学者之间的相互交流。来自非洲本土的历史学者熟悉非洲当地的历史、文化和语言。与非洲本土历史学家相比，欧美史学者则对非洲人口在美洲新大陆的档案和历史更加熟悉。由于奴隶贸易是一个跨国界的现象，它要求非洲本土的历史学家和欧美历史学家加强学术交流并相互合作。

匹茨堡大学历史系教授马库斯·瑞迪克对阿米斯塔德（Amistad）奴隶船上所爆发的奴隶起义的研究就是这种大西洋转向的一项重要成果。受新社会史的影响，瑞迪克的研究主题主要是边缘群体，如水手、海岛和非洲裔奴役劳工等在大西洋世界中的社会文化史。② 在开始从事阿米斯塔德非洲裔奴役劳工叛乱研究课题时，他发现西非和美国历史学家们对此课题的研究并不能给他一个满意的解释。许多研究这起奴隶起义的学者通常使用美国政治家约翰·Q. 亚当斯（John Quincy Adams）在美国最高法院法庭上的辩论以及当时在美国出版的新闻报纸。但是，他们并没有深入这群非洲裔奴役劳工的历史背景中去。为了研究这个案件，瑞迪克前往西非做档案调查，并探访那些非洲裔奴役劳工曾生活过的地方，考察他们曾从事的工作，以及他们的生活状况等。于是，他开始寻找新的档案材料，并发现西非本土的婆若族群（Native Poro Society）一直有反抗奴隶贸易的经历。

---

① John Thornton, *Africa and Africans in the Making of the Atlantic World*, *1400 – 1800*, *Cambridge*, Cambridge University Press, 1992.

② Marcus Rediker, *Between the Devil and the Deep Blue Sea*: *Merchant Seamen*, *Pirates*, *and the Anglo – American Maritime World*, 1700 – 1750（Cambridge: Cambridge University Press, 1987）, *Villains of All Nations*: *Atlantic Pirates in the Golden Age*（Boston: Beacon Press, 2004）, *The Slave Ship*: *A Human History*（New York: Viking, 2007）, *Outlaws of the Atlantic*, *Sailors*, *Pirates*, *and Motley Crews in the Age of Sail*（Boston: Beacon Press, 2014）Peter Linebaugh and Marcus Rediker, *The Many – Headed Hydra*: *Sailors*, *Slaves*, *Commoners*, *and the Hidden History of the Revolutionary Atlantic*（Boston: Beacon Press, 2000）.

也就是说，在离开他们的故乡之前，阿米斯塔德船上的非洲裔奴役劳工就拥有一些从事叛乱和军事斗争的经历，这也就可以理解为什么他们要在阿米斯塔德这艘奴隶船上造反并起义了。[1] 2013 年 5 月，为了跟电影制作人托尼·布巴（Tony Buba）完成《阿米斯塔德船上的亡灵：追寻叛乱者的足迹》这部纪录片里，瑞迪克前往塞拉利昂，并访问阿米斯塔德奴隶船上被奴役的非洲人的后裔，并询问他们对那场奴隶叛乱的历史记忆。另外，瑞迪克等人还在当地找到了从事奴隶贸易的工厂拉姆波口（Lomboko）的历史遗址。[2] 通过前往非洲本土做调查，瑞迪克走进了那些奴隶叛乱者曾生活过的乡村，接触到更多非洲本土的文化，并进一步了解到他们是怎么被绑架进而被奴役的故事。

大西洋史学鼓励着学者们从跨学科、跨区域且跨时段的视野来研究美洲早期史。1978 年，宾夕法尼亚大学历史系的理查德·邓恩创办了费城美洲早期研究中心。20 年后，在捐赠者罗伯特·麦克尼尔的支持下，这个研究机构更名为宾夕法尼亚大学麦克尼尔美洲早期研究中心（The McNeil Center of Early American Studies）。自创立开始，这个研究中心的主要目标是要推动 1850 年以前大西洋世界中北美历史和文化的探索，并着重考察大西洋中部地区殖民地（mid - Atlantic colonies）的历史发展。作为一个跨学科的学术共同体，这个研究机构每年都会为博士生和青年学者提供丰厚的奖学金和科研经费，并资助他们在费城地区的档案馆从事档案调查、举办学术研讨会和学术会议。自 21 世纪初，麦克尼尔美洲早期研究中心每年定期出版《美洲早期史：一份跨学科杂志》（*Early American Studies*：*An Interdisciplinary Journal*），并鼓励历史学家与其他学科的学者们从事跨学科的美洲早期史研究。另外，麦克尼尔美洲早期研究中心还一直与宾夕法尼亚大学出版社合作，并资助与美洲早期研究相关的论著的出版。

美国其他史学机构的科研项目也深受大西洋史学的影响。每年，南加州大学亨廷顿近代研究所（Huntington Early Modern Studies Institute）向研究 1450—1850 年人类社会的科研课题提供科研经费。跟那些以地区

---

① Marcus Rediker, *The Amistad Rebellion*: *An Atlantic Odyssey of Slavery and Freedom*, New York: Viking, 2012.

② Tony Buba, *Ghosts of Amistad*: *In the Footsteps of the Rebels*, 2014.

研究为主题的研究所不一样，亨廷顿近代研究所旨在探索不同社会的知识是怎样在大西洋和太平洋地区的传播和交流。该研究所以洛杉矶地区为中心，并向科研人员和青年学者们提供各种形式的短期和长期项目基金。通过汇集那些对近代时期人口和文化感兴趣的学者，它推动了传统人文社会科学学科诸如历史学、文学和艺术史之间的跨学科对话。

同样，威廉和玛丽学院的奥莫亨德罗美洲早期历史和文化研究所（The Omhundro Institute of Early American history and culture）也一直鼓励学者们从跨学科、跨区域且跨时段的历史研究视野来研究美洲早期历史和文化。1943 年，在威廉和玛丽学院以及殖民时期的威廉斯堡基金会的赞助下成立的，这个研究机构主要研究 1450—1820 年的北美洲历史和文化，但它主要侧重从北美洲与非洲、大英帝国、加勒比海地区、欧洲大陆，以及南美洲之间的相互交流。此外，这个研究机构还通过出版《威廉和玛丽季刊》这份史学刊物来推动大西洋视野下的美洲早期史研究。另外，它还长期与北卡罗来纳大学出版社合作，并出版许多与美洲早期史相关的论著。

结　语

大西洋史学深刻地影响了美国早期史的学科发展。受这种史学思潮的影响，传统的以美国为中心的美国早期史（American colonial history）逐渐为区域整合的美洲早期史（early American history）所取代。在历史分期上，美洲早期史并不仅仅指代的是美国作为一个民族国家形成以前的历史。取而代之的是，美洲早期史不仅包括 1776 年以前的美国历史，它还包括 1776—1850 年的历史。也就是说，美洲早期史的时段大体包括从 1450—1850 年的历史。如果算上土著印第安人在美洲的历史的话，美洲早期史的时段就更长了。在研究范围上，美洲早期史也不只是研究英属北美的 13 个殖民地的历史，它还研究这些殖民地与大西洋世界范围内的岛屿、地区和民族国家之间的相互关联。在研究方法上，由于美洲早期史已不只是历史学家所专门探索的研究领域，它促进了历史学家与人文社会科学领域中的法律学者、环境史学家、文学家、海洋生物学家和地理学家等之间的相互对话和跨学科合作。例如，美国文学史领域的《美洲早期文学》杂志和美国史学领域的《威廉和玛丽季刊》就相互转载对方杂志上的跨学科文章，并鼓励文学家和历史学家之间的跨学科对话。[①] 这说明美洲早期史已成为一个跨学科的研究领域。最后，美洲早期史的兴起和发展也鼓励历史学家们进一步反思以民族国家为中心的历史叙事的局限性，并鼓励历史学家们从大西洋视角来理解1450—1850年的历史进程。

① Eric Slauter, "History, Literature, and the Atlantic World," *Early American Literature*, Vol. 43, No. 1 (2008), pp. 153 - 186 and "History, Literature, and the Atlantic World," *The William and Mary Quarterly*, Third Series, Vol. 65, No. 1 (Jan., 2008), pp. 135 - 166; Alison Games, "Atlantic History and Interdisciplinary Approaches," *Early American Literature*, Vol. 43, No. 1 (2008), pp. 187 - 190 and "Atlantic History and Interdisciplinary Approaches," *The William and Mary Quarterly*, Third Series, Vol. 65, No. 1 (Jan., 2008), pp. 167 - 170; Elizabeth Dillon, "Atlantic Practices: Minding the Gap between Literature and History," *Early American Literature*, Vol. 43, No. 1 (2008), pp. 205 - 210 and "Atlantic Practices: Minding the Gap between Literature and History," *William and Mary Quarterly*, Vol. 65, No. 1 (Jan., 2008), pp. 181 - 186.

马克思主义史学的全球性发展

——评王晴佳、伊格尔斯主编 *Marxist Historiographies: A Global Perspective*

邓京力　胡宇哲*

《全球视野下的马克思主义史学》① 这本书的出版最早来源于2010年国际史学大会上史学理论分组的讨论，其中的一些论文2012年发表在《史学史》杂志上。② 王晴佳和伊格尔斯教授邀请当时参与讨论的作者与其他一些学者合作，共同完成了这一研究计划。③

美国历史学家林恩·亨特在《全球时代的史学写作》中指出，马克思主义史学是第二次世界大战后最重要的四大史学范式之一。④ 这更不消说在有些国家，马克思主义史学一直占据了主流地位。回顾全球史学的发展，在20世纪二三十年代，马克思主义史学就已经崭露头角，卢卡奇（Georg Lukács）的《历史与阶级意识》与葛兰西（Antonio Gramsci）的《狱中札记》等著作，为历史唯物主义和西方马克思主义史学理论的发展作出了贡献。第二次世界大战后，随着社会主义国家的纷纷建立，马克思主义迅速得到广泛传

---

* 邓京力，首都师范大学历史学院教授，博士生导师；胡宇哲，首都师范大学历史学院博士研究生。主要从事史学理论与史学史研究。

① Q. Edward Wang and Georg G. Iggers ed., *Marxist Historiographies: A Global Perspective*, London and New York: Routledge, 2016.

② 参见 *Storia della Storiografia*, Vol. 62, No. 2（2012）, pp. 57－164。

③ 参见邓京力等著《近二十年西方史学理论与历史书写》，附录二《跨文化视角、马克思主义与当代史学主要趋势——对话王晴佳教授》，中国社会科学出版社2018年版，第313页。

④ 这四大史学范式指的是现代化、马克思主义、年鉴学派与身份认同政治，参见［美］林恩·亨特（Lynn Hunt）《全球时代的史学写作》，赵辉兵译，大象出版社2017年版，第62页。

播，马克思主义史学也逐渐俘获了众多历史学家的思想，成为历史书写的指导性理论。可以说马克思主义史学作为一种范式，已经在全球范围内取得了巨大成功。这不仅表现在社会主义国家的马克思主义史学的发展上，在英美等西方国家，马克思主义史学也同样受到推崇。例如，拉布鲁斯（Ernest Labrousse）等法国知名史家深受马克思主义的影响，并将其史学理论与方法介绍到年鉴学派当中，使其成为年鉴学派最重要的思想来源之一。勒高夫（Jacques Le Goff）则将马克思主义史学与年鉴学派并立，作为当时史学中的两支巨流，这与林恩·亨特的看法相类似。而马克思主义史学在英国也获得了前所未有的发展，霍布斯鲍姆（Eric Hobsbawm）、E. P. 汤普森（E. P. Thompson）等人的著作对欧美史坛产生了普遍影响，延续至今。

即便在苏联解体之后，近20年来仍然有不少研究马克思主义史学的著作不断问世。关于马克思主义的史学史和史学理论探讨不绝于耳，并没有随着全球政治形势的变化而沉寂下去。① 尽管以往有关马克思主义史学的研究已较多，但该书仍可视作第一次从全球视角来考察马克思主义史学的著作。

一 为何需要全球视角?

过去西方史学界对马克思主义史学的研究往往仅将自己的目光局限于西方的世界里，缺乏对非西方马克思主义史学的关照。而该书的研究表明，在非西方国家马克思主义对史学实践的影响绝不亚于西方，甚至要更大。作为一种具有全球影响力的史学范式，此前却缺乏从全球性的视角来加以考察的研究。但全球视角究竟对于重新估价和认识马克思主义史学有何意义，在当下为何需要一个全球视角?

（一）马克思主义本身的全球面相

作为一种批判资本主义的学说，马克思主义本身就具有一种普世的全球

---

① 近年有关马克思主义史学研究的著作参见 Steve Rigby, *Marxism and History: A Critical Introduction*, Manchester: Manchester University Press, 1987 (2nd edition, Manchester University Press, 1998); Arif Dirlik, *Revolution and History: Origins of Marxist Historiography in China*, 1919 - 1937, Berkeley: University of California Press, 1990; Matt Perry, *Marxism and History*, London: Palgrave Macmillan, 2002; Paul Blackledge, *Reflections on the Marxist Theory of History*, Manchester: Manchester University Press, 2006; C. Wickham (ed.), *Marxist History - Writing For The Twenty - First Century*, Oxford: Oxford University Press, 2007.

面相。尽管马克思主义理论产生于所处的特定时代与社会环境之下，但其理论核心一直是针对整个资本主义的，而贯穿其间的正是它的世界视野。马克思主义认为19世纪大工业与世界市场的形成使全球联系在一起，“大工业通过普遍的竞争迫使所有个人的全部精力处于高度紧张状态。……它首次开创了世界历史，因为它使每个文明国家以及这些国家中的每一个人的需要的满足都依赖于整个世界，因为它消灭了各国以往自然形成的闭关自守的状态”。这种经济上的联系，使得文化上也逐渐形成世界主义。“过去那种地方的和民族的自给自足和闭关自守状态，被各民族的各方面的互相往来和各方面的互相依赖所代替了。物质的生产是如此，精神的生产也是如此。各民族的精神产品成了公共的财产。民族的片面性和局限性日益成为不可能，于是由许多种民族的和地方的文学形成了一种世界的文学。”① 马克思主义的世界视野还体现在对于非西方文明的关注，例如对中国和印度文明都进行了长期的研究，指出了它们在世界历史发展过程中的特殊性。

不仅马克思主义理论看重世界各个地区的发展，其实践也扩展到了全球的各个国家和地区。随着共产主义运动的发展，马克思主义开始超越民族国家的边界广泛流传。共产主义形成一种国际事业，在世界政治中长期扮演着重要角色。许多社会主义国家得以建立，形成了政治集团；而在世界范围内，反战运动、民主运动、青年学生运动等风起云涌，也促进了马克思主义扩大自身的影响力。在这个过程中，非西方国家长期遭受帝国主义的侵略、压榨，它们往往更乐于接受马克思主义。

除了政治实践和思想影响外，马克思主义史学作为一种范式也同时产生了广泛影响。可以说，“马克思主义最丰富的遗产之一就是历史学”②。无论是西方学者还是非西方的学者，无论是马克思主义的信徒还是对共产主义抱有怀疑态度的许多历史学家都被马克思主义的观念所吸引，可以说这种影响直至今日仍然广泛存在。而该书的目的正在于此，它试图有意识地采用全球视野下的分析办法，比较马克思主义的历史书写在各个地区的不同实践及其史学思想，重新思考和评价马克思主义史学为我们留下的这笔丰厚遗产。

---

① 《马克思恩格斯选集》第1卷，人民出版社1995年版，第276页。

② E. P. 汤普森、刘为：《有立必有破——访英国著名史学家E. P. 汤普森》，《史学理论研究》1992年第3期，第110页。

（二）超越西方与非西方

长期以来，特别是冷战时期，西方与非西方、社会主义阵营与资本主义阵营的对立，占据了人们对于全球政治环境的想象。对于史学领域来说，这样一种对立情绪体现得甚为明显，而在这部著作中提供了一个超越对立状态的平台。一方面，不同区域的史学家借此机会互相交流，共同完成了一部跨区域、跨文化的史学著作。他们试图打破意识形态的隔膜与偏见，面对分歧平等对话，放弃狭隘的中心主义观念，展示出全球视角所应有的学术胸怀。另一方面，马克思主义史学一直身肩重负，它很少是单纯的学术研究，而更多的是对现实的普遍关怀，这是从经典作家那里继承下来的传统。第二次世界大战之后，马克思主义的发展无不与追求民族独立、现代化以及后殖民主义等思潮紧密相关。马克思主义史学的研究目的在许多时候不仅是出于学术追求，更多的是对现实社会的批判和发展的客观需要，集中体现在其对资本主义的批判和认识上。

要想超越西方与非西方的对立，就必须从全球的、整体的视野来考察马克思主义史学。这首先意味着不以任何国家或地区作为自己单一的研究对象，而要放眼全球，但目前所缺乏的正是这类大范围、综合性、总体性的对于马克思主义史学的研究。同时，这也意味着要将任何国家或地区的状况置于整个世界的马克思主义史学的发展进程中去认识。因此，区域性的马克思主义史学的独特面貌才能在整体的流动发展中更为立体地展现出来。其次，这种全球视角更意味着合理地处理西方与非西方的关系。在这部著作中，关注了较多非西方马克思主义史学的发展状况，意图在于纠正传统的西方中心主义观念；并且，也更加明确地指出了各个地区马克思主义史学之间的交互作用与相互关系。

（三）在当下对马克思主义史学的考察尤其需要全球视角

该书尤其关注近20年来马克思主义史学的状况，旨在为当下的史学发展提供教益。在今天这样一个高度全球化的时代，以全球视角重新书写历史业已成为史学主潮。因而，对于马克思主义史学在当下的发展趋向，也急需从全球范围加以把握。恰好全球史的兴起又为马克思主义史学研究提供了一个新的契机，也成为该书的主要突破口。

尤其在苏联解体之后，社会主义运动逐渐陷于低潮，马克思主义史学的发展也不免大受挫折。在这种情形下，回顾马克思主义史学的发展，其意义更为深远。通过对马克思主义史学的全球性考察，更能有效地回应对马克思主义史学生命力的质疑。

该书分为四个部分，共12篇文章，由来自不同国家和地区的作者对全球马克思主义史学的发展，尤其是近20年的状况进行了较为全面的考察。从写作框架上来看，其研究大部分是以区域为单元的，而不是简单地以国家为界限。在各个区域的专题分析中，特别重视其与外来思想或其他地区之间的关系和互动。从中发现，马克思主义史学对全球史学的发展作出重要贡献，其影响直到今天仍然广泛存在；马克思主义史学并未走向衰亡，只是自身经历了很大变化。

由于马克思主义对不同区域的历史书写所造成的实际影响不同，为了探索这种差异性，该书的四个部分分别集中讨论了某些具有共同性的区域。第一部分“马克思主义和资本主义”，主要集中讨论了马克思主义及其史学实践在西方传统资本主义世界的发展变化过程，即西欧和北美的马克思主义史学。第二部分“马克思主义及其历史与史学”，主要关注那些马克思主义的影响不仅改变了历史书写的发展，同时更改变了其历史走向的地区，即共产主义运动发挥影响的国家和地区，包括俄罗斯、中东欧、中国和拉美。第三部分“马克思主义与民族主义”，主要指马克思主义在促进民族主义运动、反抗西方霸权统治方面具有指导意义的地区，包括土耳其、巴西和日本的马克思主义史学。第四部分“马克思主义和后殖民主义”，这是指马克思主义史学为后殖民主义批判作出重要贡献的地区，主要包括那些长期受到西方殖民统治的国家和地区，如印度、中东和撒哈拉以南的非洲。

因此该书的框架结构表明，马克思主义史学一方面影响广泛，扩展到全球的各个地区；另一方面，在不同的地区又显示出不同的特征，反映出马克思主义史学发展的多个侧面。

二 马克思主义史学的转变

（一）马克思主义史学需要适时而变

马克思主义史学并非是一成不变、僵硬固化的，它的转变和发展是该书的重要内容。如果固守着19世纪马克思主义所提出的理论，那么马克思主义史学必然会丧失自己的生命活力。实际上任何一种理论学说，都应该是不断向前发展变化的，这样才能够与新的社会环境相适应。但对马克思主义史学而言，这个问题却变得异常复杂。任何一次小心谨慎的理论更新，都会面临着同样的诘难：这还是正统的马克思主义吗？特别是在苏联、东欧等地区，马克思主义作为“唯一正确的理论”，长期影响着史学家们的研究工作，历史学家被期待着遵循特定的研究道路，不能随意偏离马克思主义的传统航线。尽管存在着“正统”与“修正”的争执，但马克思主义史学仍然出现了丰富的变化。

马克思主义史学的转变并非是一种背离，而是不断地在新的时空条件下，超越旧有的教条，对长期钳制历史学家思想的条条框框的挣脱。经过国际共产主义运动的起伏，以及面对意识形态领域内的退潮，这些都促使史学家们反思马克思主义对史学的影响。这种反思与随之而来的发展改造，并非是一种自我否定，相反它扩大了马克思主义的基础，使其保持了不断发展的生命力。对于那种传统而教条的马克思主义史学，该书毫不留情地指出了它的不合时宜，如在苏联时期所谓正统的马克思主义史学，“已经被证明是一次失败的实践”①。对于马克思主义史学中所存在的问题必须加以改造和发展，这主要集中在两个方面：其一，是对社会变革的分析需要更多超越狭隘的经济解释，而把广泛的文化因素考虑在内；其二，普遍使用一种自下而上的视角，更广泛地关注除工人阶级以外的农民、庶民等处于社会底层的大众。此外，马克思主义与世界各地区的地方性传统、社会实际状况的相互结合，使之呈现出更为丰富的发展变化，形成了各具特色的马克思主义史学的不同形态。

（二）文化转向：马克思主义史学变化的趋势之一

葛兰西和 E. P. 汤普森等人对于阶级的概念进行了重新思考。阶级不再被看作是由经济条件单独决定的，阶级意识、文化霸权等概念取代了经济决定论，进而形成了马克思主义史学的“文化转向”。汤普森主张：“英国工人阶级的自我意识的出现，不能被理解为客观的经济过程，而应该在工人进入工业化的文化语境中来考量。工人阶级不能被视为一种‘结构’

---

① Q. Edward Wang and Georg G. Iggers ed., “Conclusion”, *Marxist Historiographies: A Global Perspective*, p. 250.

或是‘范畴’，而应该被看作是‘人类关系’。”① 这样的文化转向不仅出现在欧美，很快扩展到印度、拉美、撒哈拉以南的非洲等广阔世界，成为全球性马克思主义史学的变化趋势。

例如，巴西马克思主义史学的发展也表现出“文化转向”的趋势。90年代后，马克思主义在巴西失去了它原有的优势地位，很少有人再自称是马克思主义史学家了，但是马克思主义的影响几乎扩散到历史学研究的所有分支领域。许多巴西的历史学家受到E. P. 汤普森等文化马克思主义史家的启发，推动了当地社会文化史的发展。② 这一“文化转向”的浪潮很快就超出了马克思主义史学本身的范围，而成为对整个历史书写产生巨大影响的潮流。

（三）自下而上的视角：马克思主义对全球史学的普遍影响

马克思主义史学的研究对象也在不断扩大。历史学家开始超越“欧洲白种工人阶级”这一狭窄的范围，采用自下而上的视角，大量关注到过去被忽略的人群。葛兰西的“庶民阶层”概念，在这一变化过程中发挥了重要作用。例如，印度的庶民阶层研究就将目光放在了工人、农民等整个下层人群，试图自下而上地来重新书写历史。这种研究对象的扩展使马克思主义史学的面相格外丰富起来，劳工史、妇女史、黑人史等研究领域迅速兴起。再如，南非金山大学的历史学家提出，要开始“从底层视角重建金山”。至20世纪80年代中期，他们在研究资本主义的影响时都结合了关乎普通群众日常生活的种族政策内容，而在新都市的环境下尤其关注对妇女的影响。③ 在日本，战后马克思主义史学也发生了很大变化，开始关注那些日本社会的边缘群体，包括农民、工人、无家可归者、家庭妇女、母亲等。英国文化马克思主义的影响也进入日本，从20世纪60年代开始，马克思主义原本注重的宏大叙事开始被大量的小历史所取代。④

---

① Georg G. Iggers, “The Marxist Tradition of Historiography in the West”, in Q. Edward Wang and Georg G. Iggers ed., *Marxist Historiographies: A Global Perspective*, p. 26.

② Juandir Malerba and Ronaldo Pereira de Jesus, “Marxism and Brazilian Historiography”, in Q. Edward Wang and Georg G. Iggers ed., *Marxist Historiographies: A Global Perspective*, pp. 159 – 160.

③ Georg G. Iggers, “The Role of Marxism in Sub – Saharan and South African Historiography”, in Q. Edward Wang and Georg G. Iggers ed., *Marxist Historiographies: A Global Perspective*, p. 242.

④ Curitis Anderson Gayle, “The Importance and Legacy of Marxist Historiography in Japan”, in Q. Edward Wang and Georg G. Iggers ed., *Marxist Historiographies: A Global Perspective*, pp. 174 – 184.

（四）地区差异：马克思主义史学的本土化

马克思主义史学的本土化，以及与其他理论的相互结合，成为当代马克思主义史学变化的又一表现。在拉丁美洲，一些历史学家尝试去修正原有的马克思主义史学范式，从而形成了一种拉美模式的马克思主义史学。早在20年代末和30年代初，玛丽亚提圭（José Carlos Mariátegui）就提出应将马克思主义的范式更好地同当地实际相结合，他的思想在拉美影响深远。[①] 而在中国，这种本土化和结合表现得更加突出。李怀印的文章重点讨论了改革开放以来马克思主义史学在中国的变化情况，尤其关注现代化理论的应用，论述了从革命史的历史叙事到富有中国特色的现代化理论的建构。他认为罗荣渠的一元多线历史发展观，既考虑到中国的国情，也广泛吸收了西方的现代化理论，“对于中国的史学家和社会科学家们来说是革命性的”；同时，颠覆了斯大林所使用的“正统”马克思主义的解释，提出了中国社会进化的基本主张。[②]

我们在各个地区都能看到类似的案例，比如撒哈拉以南非洲的马克思主义史学相当关注非洲的自我认同。20世纪早期，汉斯贝利（William Leo Hansberry）和杜波依斯（W. E. B. Du Bois），这两位非裔美国史家首先提出非洲研究的重要性，他们试图说明在殖民地历史之前，非洲就已经拥有了自己的历史。在第二次世界大战之后，撒哈拉以南的非洲开始逐渐建立起自己的研究性大学，并在历史学职业化的过程中，形成了自己的历史书写理论。特别是在三个不同地区：尼日利亚的伊巴丹学派（the Ibadan School）、坦桑尼亚的萨拉姆学派（Dar es Salaam School）以及南非，它们都受到了马克思主义理论方法的极大影响，但又都彼此不同，杂糅了身份认同的政治理论，形成自己的学术特色，有助于塑造非洲的自我认同。[③]

不同地区的马克思主义史学关注的重点不同，所使用的理论方法也各

---

① Juan Maiguashca, “Latin American Marxist History: Rise, Fall and Resurrection”, in Q. Edward Wang and Georg G. Iggers ed., *Marxist Historiographies: A Global Perspective*, pp. 104 – 105.

② Huaiyin Li, “Rewriting Modern Chinese History in the Reform Era: Changing Narratives and Perspectives in Chinese Historiography”, in Q. Edward Wang and Georg G. Iggers ed., *Marxist Historiographies: A Global Perspective*, p. 96.

③ Georg G. Iggers, “The Role of Marxism in Sub – Saharan and South African Historiography”, in Q. Edward Wang and Georg G. Iggers ed., *Marxist Historiographies: A Global Perspective*, pp. 228 – 248.

异，往往会形成不同的学术特点。这一马克思主义史学的独特面貌，是由多种因素决定的。其中，最大的根源在于各个地区依据自身的需求取用马克思主义理论中的不同方面，再加之与其他理论的结合，最终铸就了不同形态的马克思主义史学。

三 马克思主义史学与世界政治

（一）全球政治形势与马克思主义史学

马克思主义史学的发展与全球政治形势的变化密不可分。一方面，共产主义运动在政治上的作为影响着马克思主义史学的发展，最为明显的就是苏联的解体，这使马克思主义史学大为受挫；另一方面，一些马克思主义史家以历史理论为武器，尝试通过历史书写来影响本国的政治进程。在马克思主义史学发展的早期阶段，大约从 1890 年到 1930 年，那些重要的马克思主义理论家往往不是学院派的学者，他们都深深介入了当时的政治实践活动。① 在中国史学领域，那些早期的马克思主义史家可称之为战斗的史学家，他们通过论战来宣扬主张，历史成为探索救国道路的方法之一。马克思主义史学理论视野宏阔，又直接关系着现实政治道路的选择。从原始社会、封建社会、资本主义社会，到社会主义社会，马克思主义所描绘的社会发展理论深刻影响了许多国家的政治选择。

冷战结束之后，马克思主义史学面临新的挑战。虽然共产主义运动衰落了，但这并不意味着马克思主义史学就此消失，不同的国家和地区的马克思主义史学适时作出了改变，仍然发挥着自身的作用和影响。苏联解体后，马克思主义史学虽然被边缘化，但在某些地区还保留着小范围的马克思主义学习圈。② 对于中东欧的史学家们来说，他们现在能更轻易地得到现代和当代的历史档案材料，同时在讨论问题时也不再有话题上的禁忌，完成了去意识形态化的过程，并形成了新的史学趋向，把

① Georg G. Iggers, "The Marxist Tradition of Historiography in the West", in Q. Edward Wang and Georg G. Iggers ed., *Marxist Historiographies: A Global Perspective*, p. 21.

② Mikhail Krom, "From the Center to the Margin: the Fate of Marxism in Contemporary Russian Historiography", in Q. Edward Wang and Georg G. Iggers ed., *Marxist Historiographies: A Global Perspective*, p. 68.

目光聚焦在“联合、和平工作、个人和集体的生存策略、集体记忆和社会传统”等内容上面。[①] 拉美的历史学家也没有放弃马克思主义，依然有一些团体在为马克思主义史学的复兴做着各种努力。例如，阿根廷的“左翼文化记录和研究中心”（CeDinCi），墨西哥的“反历史团体”（Counterhistories）。他们通过不同的方式尝试复兴马克思主义的历史分析。与此相呼应的，智利也出现了一些史学家，萨拉泽（Gabriel Salazar）是其中的代表，他们提出要书写新的社会史，探索另外一条发展马克思主义史学的道路。[②] 在土耳其，随着冷战的结束，“妇女史、库尔德和非穆斯林的历史、劳工史、新经济史，甚至伊斯兰历史的新发展，都帮助重新定义和发展出一种新的马克思主义。”[③] 在日本，尽管冷战结束后，马克思主义式的历史解释逐渐黯淡，但一些深受马克思主义影响的历史学家同中、韩历史学家合作，试图寻求新的历史分析方法，并且提出要建立新马克思主义的主张。[④]

（二）民族独立、现代化与后殖民主义

当代马克思主义在促进民族解放运动、反抗西方霸权统治方面，无疑具有最重要的指导意义。在包括中国在内的许多国家，马克思主义承担了拯救民族危亡的重任。特别是苏联十月革命以来，一直到第二次世界大战后全球性的民族解放运动，马克思主义在这一进程中都发挥了积极作用。与此相应的，马克思主义史学也普遍起到促进民族独立和社会解放的作用。

马克思主义史学理论为许多国家提供了通往现代化的途径。特别是对于那些发展中国家来说，寻找到一条现代化之路是最为迫切的要务。中国、中东欧、印度、巴西和土耳其等国家和地区，都积极地尝试通过马克思主义来认识自身的社会性质，定位自身社会发展的方向；思考当前社会

---

① Attila Pók, “Marxism in Post – Communist East and Central European Historical Writing”, in Q. Edward Wang and Georg G. Iggers ed., *Marxist Historiographies: A Global Perspective*, pp. 80 – 85.

② Juan Maiguashca, “Latin American Marxist History: Rise, Fall and Resurrection”, in Q. Edward Wang and Georg G. Iggers ed., *Marxist Historiographies: A Global Perspective*, pp. 110 – 120.

③ Meltem Toksöz, “Turkish Marxist Historiography: A Story of Denationalization”, in Q. Edward Wang and Georg G. Iggers ed., *Marxist Historiographies: A Global Perspective*, p. 139.

④ Curitis Anderson Gayle, “The Importance and Legacy of Marxist Historiography in Japan”, in Q. Edward Wang and Georg G. Iggers ed., *Marxist Historiographies: A Global Perspective*, pp. 184 – 188.

的主要矛盾，以及怎样实现现代化。在该书中，重点介绍了这些地区的马克思主义史家对社会发展道路与现代化问题的相关讨论，注意结合本国国情的探究、选择和对西方现代化理论的吸收。

马克思主义史学还为后殖民主义的批判作出了重要贡献。它不仅指出殖民主义与资本主义的内在关联，还通过强有力的批判方式在殖民地国家争取民族独立之后，继续反抗既存的殖民主义。马克思主义曾经对印度的历史发展作出过大量讨论，科学分析了推动印度发展的社会力量。从20世纪60年代后期开始，许多印度史家都对殖民主义的分析很感兴趣，注重探讨英帝国在印度统治的作用——是加重了印度的落后状态，还是为印度向现代化的转变提供了催化剂。更以此为核心问题，不断吸收马克思主义的理论成果，逐渐形成了具有特色的后殖民主义批判形式。在这种思想氛围下，出现了新型的历史书写，最为突出的是有关庶民阶层的研究，逐步突破欧洲中心主义的思维定式。①

（三）从政治到学院的马克思主义史学

从政治到学院是马克思主义史学发展的又一趋势。尽管与政治的相关性，一直都是马克思主义史学的重要特征，但学院的马克思主义史学逐渐发展，其影响力愈来愈强。这里所说的学院的马克思主义史学，是指史学家逐渐远离了直接的政治活动，转而沉浸于学术研究。在这一过程中，他们对政治事件的关注逐渐冷淡下来，开始更为重视社会和文化因素。例如，在拉美地区，这一转变表现得就十分明显。20世纪70年代，拉美知识分子试图使用马克思主义来对抗独裁的军事政府；到80年代，随着拉美政府对国内局势的迅速掌控，许多马克思主义者被迫在流亡过程中远离政治活动，学院的马克思主义即在这种情况下产生了。而在拉美国内，一部分马克思主义史家开始强调经济和社会史，同样走上了学院的马克思主义史学的道路。② 再如，中东地区在1960年以前，主要受到《共产党宣言》等革命文献的影响，许多马克思主义者都活跃在社会民主运动当中，他们试图通过马克思主义的理论来改变现实世界；而在1960年之后，越

---

① Rochona Majumdar, "Thinking through Transition: Marist Historiography in India", in Q. Edward Wang and Georg G. Iggers ed., *Marxist Historiographies: A Global Perspective*, pp. 204 – 213.

② Juan Maiguashca, "Latin American Marxist History: Rise, Fall and Resurrection", in Q. Edward Wang and Georg G. Iggers ed., *Marxist Historiographies: A Global Perspective*, pp. 107 – 108.

来越多的中东史家开始关注如何理解世界的问题，也逐步从政治的马克思主义转向学院的马克思主义。[①]

四 马克思主义史学面临的挑战、问题及其展望

随着20世纪90年代的苏东剧变，社会主义运动在全球范围内遭遇挫折，马克思主义史学也似乎迅速衰落。一些史学家从马克思主义的立场后退，不再坚持马克思主义的原则或放弃了马克思主义的立场，马克思主义史学被迅速边缘化。这种情况在北美、俄罗斯、东欧等地区表现得最为明显。马克思主义史学所面临的这种困局，正是该书至关重要的写作背景，也是它的意图所在。在“前言”中，编者即指出：“共产主义运动的衰落，并没有使马克思主义彻底脱离于我们的世界，相反为它提供了一个绝好良机，使我们能检视和评估马克思主义在历史和历史书写中留下的遗产。”[②] 因而，该书对各个国家和地区马克思主义史学的研究都特别关注到了90年代之后发生的变化，并着意体现出世界政治格局的突变并不意味着马克思主义对资本主义的批判过时了，马克思主义史学仍然具有其存在的价值与意义。

该书还反复强调了马克思主义对历史书写所产生的广泛影响。[③] 马克思主义史学在发展中，不断地与其他学派相结合，也不断地为其提供滋养。这也意味着马克思主义史学尽管从表面上看起来有所衰落，但实际上仍然占据着许多历史学家思考的核心位置。换言之，当今的历史书写要想回避马克思主义几乎也是不可能的了。这样说的原因在于，虽然传统马克思主义史学衰微，但马克思主义的核心精神与方法却广为流传。因此，从这个意义上而言，马克思主义史学还远未走到衰亡的地步，甚至会在新的挑战与机遇下不断发展和再生。

当今各个国家和地区都面临着不同的社会问题，马克思主义史学也因此面临着更多、更复杂的挑战。全球化的趋势、社会科学方法论的复归、

---

① Ervand Abrahamian, “Marxism and Middle Eastern History”, in Q. Edward Wang and Georg G. Iggers ed., *Marxist Historiographies: A Global Perspective*, p. 219.

② Q. Edward Wang and Georg G. Iggers ed., “Introduction”, *Marxist Historiographies: A Global Perspective*, p. 3.

③ Q. Edward Wang and Georg G. Iggers ed., “Introduction”, *Marxist Historiographies: A Global Perspective*, p. 5.

宏大叙事的复兴、种族问题的积累、阶级与阶层的流动等等，这些都使得马克思主义史学在这个纷繁变化的世界里，继续更新自我、负重前行。因而，从该书的各个章节里都可以看到，马克思主义史学在不同的国家和地区所发生的新变化。最终，如何既坚持马克思主义的理论和方法，又保持与时代的相关性，就成为马克思主义史学发展的一个关键性问题。对此，伊格尔斯认为，对现有秩序的批判，对不平等、不公正现象的关注构成了马克思主义史学的核心要素；即便在21世纪，仍会有许多史学家继续进行与此相关问题的研究，这是马克思主义史学留给我们的重要遗产。[①]

如果说马克思主义的史学范式直到今天仍然保持着相当的影响，那么随之而来的问题是，这些史学新趋向在多大程度上还能被认为是马克思主义的？马克思主义史学改变了自己的某些教条，融会到新的史学潮流中，甚至可以说“马克思主义的中心思想……如此深植于现代历史书写当中，以至于我们很难分清什么是或者什么不是马克思主义”[②]。如何定义和定位马克思主义史学，仍然显得模糊不清。虽然我们可以乐观地说，马克思主义在当今仍有广泛的影响力，但似乎又要面对马克思主义被泛化的危险。它好像失去了过往那种强大的系统解释力，而变成只是与其他众多理论并驾齐驱的一种学说。保持开放的态度固然是有益的，但前提是不能以放弃马克思主义史学固有的本质属性为代价，从而失去了其立足的根本。对于近二十年来的全球史学而言，也许马克思主义史学的重要性仍旧在于“它重新唤起了对历史研究的理论前提的兴趣以及对整个历史学理论的兴趣”[③]。

---

① Georg G. Iggers, “The Marxist Tradition of Historiography in the West”, in Q. Edward Wang and Georg G. Iggers ed., *Marxist Historiographies: A Global Perspective*, pp. 35 – 36; Q. Edward Wang and Georg G. Iggers ed., “Conclusion”, *Marxist Historiographies: A Global Perspective*, pp. 254 – 255.

② Georg G. Iggers, “The Marxist Tradition of Historiography in the West”, in Q. Edward Wang and Georg G. Iggers ed., *Marxist Historiographies: A Global Perspective*, p. 30.

③ ［英］巴勒克拉夫（Geoffey Barraclough）：《当代史学主要趋势》，杨豫译，上海译文出版社1987年版，第27页。

论费正清成名之作《美国与中国》的成书背景、主要内容和学术特点*

黄　涛**

费正清（John King Fairbank，1907.5.24—1991.9.14；英文名简称JKF）是哈佛大学终身教授，哈佛东亚研究中心创始人，美国最负盛名的中国问题观察家，美国中国近现代史研究领域的泰斗，“头号中国通”，著名历史学家。生前历任美国远东协会副主席、亚洲协会主席、历史学会主席、东亚研究理事会主席等重要职务，还曾是美国政府雇员、社会活动家、政策顾问。在近60年的中国研究生涯里，费正清笔耕不辍，硕果累累。1989年，加拿大学者 Paul M. Evans（埃文斯）和 George H. Stevens 合编的《费正清著述出版目录》（*The Writings and Published Statements of John King Fairbank: A Chronological Bibliography*，1924—1989），收录了费正清至1989年6月中旬以前的大部分著作的名录，该目录现藏于哈佛大学普塞图书馆。后来，埃文斯又在费正清1991年逝世时的讣告里说他著有65本书和450篇历史方面的文章（含合著）。① 埃文斯还在所著的《费正清看中国》中，较系统而详尽地论述了费正清主要著述的撰写情形与历史价值。曾是哈佛大学历史系博士生的许国琦在1994年的统计中，认为费正清一生出版了至少44本专著（部分与他人合作），主编或联合主编至少

* 本文是国家社会科学基金项目“美国中国学巨擘费正清研究”（项目批准号16BZS065）的阶段性成果之一。

** 黄涛，江西师范大学历史文化学院。

① Paul Evans, Obituary of John Fairbank, *Pacific Affairs*, Winter 1991, 64: 4, p. 462. 显然，所言是不包括1995年才面世的《马士传记》。

18 本论著，发表了 187 篇论文，与他人合撰 18 篇，为别人专著撰写序言 52 篇，发表书评 160 篇，尚不包括大量的专访及声像资料。许国琦还认为费正清的作品均属上乘，其学术成果可分三个部分。第一部分为博大精深的学术论著，如《中国口岸的贸易与外交》《清代行政：三个研究》《美国与中国》《中美关系中中国的形象与政策》等；第二部分系为教育美国公众、帮助美国了解中国、致力改善中美关系而撰写的雅俗共赏的作品及教材，享誉世界的《东亚文明史》《伟大的中国革命》《中国新史》《东亚：传统与转型》等属于此类。第三部分是编撰为他人作嫁衣的学术工具书，如书目提要、史料汇编等，主要包括《清季史料入门》《中共文献史》《近代中国中文书目辑要》《日本研究近代中国书目辑要》等。以上三个部分的有机结合，便构成了费正清一生的学术体系。[①] 研究费正清，势必要研究他的学术著作。中国人常常用“著作等身”形容一位饱学之士，费正清当之无愧，他的著作十分丰富，而且内容和品质皆令人激赏。[②] 而且，这位学术生涯漫长且又著作超等身的大学者的学术思想不仅内容丰富，涉及面广，而且前后也自然会有不少变化，任何对他的介绍性的文章均难尽其详。即便是他的某一部著作，也并非一两篇文章所能廓清，而对其庞大的学术体系更非一两部专著所能澄清。其中，《美国与中国》（*The United States and China*, 1948）一书是费正清的成名之作，也是他所撰写的第一本著作，旨在告诉美国人真正的中国是什么样子。在书中，他利用当时最新的现代化理论分析中国为什么没有走上近代化之路，并批评了美国对中国有许多不切实际或一厢情愿的误解。由于该书观点新颖，立论清晰，文笔生动，甫一出版即成为畅销书，并荣获 1948 年美国政治科学学会颁发的最佳国际关系著作奖。该书在经过修订和不断补充后，于 1958 年、1971 年和 1983 年三次再版，篇幅亦扩大许多。时至今日，《纽约时报》仍称其为“关于中国历史、文化及文明的最佳导论作品”[③]。《美国与中国》最后被收在唐·麦凯为哈佛大学出版社编辑收录的“美国外交政策文库”（*The American Foreign Policy Library*）系列丛书中。它的问世产生了

---

① 许国琦：《略论费正清》，《美国研究》1994 年第 2 期，第 76—78 页。

② 张朋园：《郭廷以、费正清、韦慕廷：台湾与美国学术交流个案初探》，“中研院”近代史研究所 1997 年版，第 93 页。

③ *New York Times*, September 16, 1991, B12. 转引自许国琦《略论费正清》，《美国研究》1994 年第 2 期，（注 8）第 77 页。

轰动效应，不仅使费正清声誉鹊起，更奠定了他在美国汉学界的领导地位[①]，而且引发了美国学术界此后强劲的中国研究热潮，开启了美国现代中国学研究史上繁荣的“费正清时代”。《美国与中国》是在合适历史阶段、合适国际背景下面世的一部重量级的学术著作，也是一部消弭纷争、务实外交的政策建议书。因此，探究《美国与中国》出版的国内国际背景、主要内容、编撰特点和学术影响，有助于理解费正清在美国中国问题研究事业上的卓越贡献，也有助于理解战后中美关系正常化的历史潮流和中美文化交流的时代内容，进而对当前中美关系在全球化进程中的合作共赢上的现实主题产生积极而深远的理论与实践相结合的文化价值。

一 《美国与中国》出版的历史背景

在传统汉学向现代中国问题研究的学术转型过程中，费正清以大家手笔和磅礴气势构建中国历史概要和中美关系历史过程，实际上成为《美国与中国》问世的学术理论与现实政治需要相结合的内在产生机理。生活在20世纪的费正清，是错综起伏的美中关系的历史见证者和参与者，他尽力向美国人介绍中国文明，推动中美文化交流，并为美国政府对华政策建言献策，产生了一定的历史进步意义。就在战后美国的大国威望日增、中国国共较量白热化和中国共产主义胜利前夕，费正清的远见卓识开始展示新的学术文化力量，借助他的成名之作《美国与中国》而横空出世。可以说，《美国与中国》是中美关系的特定历史时期的重要产物，对此后中美关系正常化的实现和良性发展具有深远的影响。

（一）

中国人民抗日战争胜利后的内战危机和美国杜鲁门政府对华政策的偏离时代潮流，成为《美国与中国》这部著作应运而生的最现实的催化剂。众所周知，战后日本对美国在西太平洋地区的威胁已经完全解除，其他老牌帝国主义如英国、法国在远东的影响也已变得无足轻重，唯有苏联通过世界大战变成了足以跟美国在东亚一争高下的国家。由于苏联的共产主义性质，引发了以美国为首的资本主义阵营的遏制国际共产主义运动的冷战

---

① 邓鹏：《费正清评传》，天地出版社1997年版，第58页。

潮流。冷战的序幕在 1946 年初正式拉开，意味着美苏除了直接战争外，而处于全面对抗状态，直到 1991 年 12 月苏联瓦解而宣告终止。美国在东亚的盟友国民党中国，在八年抗战胜利后已经千疮百孔，国统区经济困难和政局动荡，而中国共产党借助抗战机会成功壮大了自己的势力，羽翼已渐丰满。中共和国民党政府之间的抗战统一战线随之名存实亡，短短几个星期之内，双方又进入剑拔弩张的状态。美国政府出于对国民党的承诺，也出于对苏联势力的防范，一方面帮助国民党政府控制中国政局；另一方面又先后派赫尔利和马歇尔来华帮助国共双方达成妥协。对美国而言，国民党政府仅仅依靠自己的力量已经不可能消灭共产党，中国最好的前景是一个国共双方共同参与的联合政府，能够将中国引向稳定和繁荣。不幸的是，赫尔利和马歇尔的努力都没有奏效。1946 年 7 月，中国爆发全面内战。1947 年初，国民党政府向美国政府提出大规模经济援助的要求。当时无论是驻华大使马歇尔还是美国国务院的决策人物如中国处处长石博思对此都反应冷淡，他们担心美元非但不能挽救国民党，反而会助长其中的保守势力。美国政府一直担心对中国的内战的介入会触犯斯大林，引起苏联作出反应，使整个远东局势更加不可收拾。1947 年 7 月，杜鲁门总统派遣魏德迈来华调查，而魏德迈在向总统提供的一份报告里，首先严厉地批评国民党政府的种种问题，认为国民党政府实际上已经到了病入膏肓的地步，但却建议美国政府对国民党政府提供大规模经济和军事援助，并建议对中国的东北实行国际托管，以阻止共产党在该地区的发展。从实力政治的角度出发，一些美国人甚至暗地里打着这样的如意算盘：既然国民党吃不掉共产党，共产党也推不翻国民党，那不妨让两虎相争，等到国共两败俱伤时，中国的第三势力便会崛起，把中国引上西方式的议会民主道路！然而，到 1947 年底，杜鲁门政府的对华政策显然已经面临全面危机，华盛顿一方面无力地呼吁双方停火；另一方面又继续履行着对国民党政府政治和军事上的承诺。到 1948 年 6 月，国民党军队由于战线过分延长却使其在 1946—1947 年间的西北、华北和东北战场的攻势逐渐丧失，而从 1947 年夏起，中共部队在战场上开始进入全面反攻。一年后华东野战军已基本上控制了山东全境，西北野战军也取得主动。在东北，林彪率领的东北野战军成功地完成了农村根据地的建设和巩固，使国民党政府在东北地区的 45 万大军陷入进退维谷的危局。国民党军队的实力比 1945 年减少了三分之一，在数量上已经全面丧失了最初的优势，而中共在军事上的全面进攻态势已经形成。

也就在这个时候，美国朝野掀起了一阵阵干涉中国内政的声浪。推动美国政府干预中国政局的主力是美国的院外援华集团。它由跟中国有关系的美国商人诸如纺织品进出口商科尔伯格、曾经在中国或东亚作战过的将领如原美国空军第十三航空大队司令陈纳德、美国驻日本占领军司令麦克阿瑟、保守派政客周以德等保守分子组成。新闻界巨子卢斯是这一集团中举足轻重的人物，他控制的《时代》和《生活》杂志在世界大战期间热情支持国民党中国，中国内战期间，这些杂志一边倒向国民党政府，把中共描绘成苏联莫斯科的走卒或傀儡。曾任美国驻苏联大使的蒲立特1948年2月9日致函杜鲁门总统，信中不无威胁地说："如果共产党人取得满洲，那么他们必将迅速挥戈南下直捣长江流域，他们甚至会征服全中国。到那时候，总统先生就必须为斯大林政府给中国、美国以及全世界造成的恶果向美国人民作出交代。"① 显然，反共的美国人皆把蒋介石等同于中国，继续敌视中国革命，甚至在朝鲜战场上兵戎相见，走向对抗的格局，"从那以后，经过漫长的一代人的时光，在遭受一再的失败和挫折之后，美国决策者才开始考虑从根本上调整对华关系，两国关系才开始缓慢解冻。两国都为它们的对抗付出了高昂的代价"②。正是在亲蒋派的巨大压力下，美国国会在1948年4月通过了一项"援华法案"，向南京政府提供价值4亿美元的援助。对了解中国局势的人来说，"援华法案"出台充其量也只能使国民党政府苟延残喘，绝不可能使它起死回生。到1948年11月上旬，驻华美军联合顾问团得出结论：国民党政府本身寿数已尽，任何数量的美援都难以挽回其败局，除非美国直接派兵协助国民党政府，才有希望力挽狂澜，而当时美国出兵中国是根本不可能的事情，美军参谋长联席会议命令以巴大维为首的美军驻华顾问团撤离中国，说明了战后的美国援蒋政策已经彻底失败。由于杜鲁门政府对国民党政府的有限援助，美国实际上已经介入中国内战。不仅激起中国共产党方面，而且激起许多渴望和平的中国人民的愤怒，反美情绪在大城市的知识分子，特别是学术界日渐强烈。自1947年五六月起，华东、华北的许多大城市爆发了反饥饿、反内战的游行示威。矛头所指，除了国民党政府外，也有美国政府的对华政策。杜鲁门

---

① 陶文钊：《中美关系史：1911—1950年》，重庆出版社1993年版，第458页。

② 同上书，第496页。

政府在中国问题上陷入进退维谷的境地。

费正清虽然从未认同共产主义的思想体系，但却看到了中国共产党的极大潜力。太平洋战争期间，费正清曾服务于美国政府部门并被派往重庆工作。在那儿结识了周恩来、乔冠华等中共人士和一些左派知识分子，对蒋介石领导的国民政府的腐败有切身感受，对国民党的性质和能力都失去了信心，因此他很同情中共领导的社会革命。早在1946年9月，费正清就对中国局势和美国对华政策发表意见，在一篇题为《我们在中国的机会》的文章中，他就指出国民党在中国不得人心的种种原因，警告美国政府不要支持这样一个江河日下的政权。更令他感到万分惊恐的是，美国政府正在亦步亦趋地陷入中国内战的泥潭，而且把宝押在注定成为输家的一方！① 美国在战后为遏制国际共产主义运动，在中国采取支持国民党打内战的方式以阻止中国共产党的胜利，结果却是搬起石头砸自己的脚、赔了夫人又折兵。《美国与中国》一书在1948年问世，彰显了费正清的非同一般的政治远见和历史洞察力。

（二）

作为致力于中国问题研究的“中国通”，费正清在战后错综复杂的中美关系中洞察到了美国对华政策的危险性，本着学者的良知，他需要一种勇气和务实精神来推动美国社会对中国历史和现实的正确认识，并能在政策推行中改弦更张，以期在获得和平而互利的中美关系之前保证美国不要卷入中国内战之中。费正清的和平思想与以学术研究为手段的政策谏言，对《美国与中国》的急速问世提供了坚定的精神支柱。

费正清指出，美国政府援助国民党政府，虽无卷入本意，却置于实际上的危险境地了，因为：“蒋介石等人正忙着挖掘自己的坟墓，非但如此，他还要将我们也一起拉下水。”② 造成对华政策偏离的最重要原因，是美国人对中国历史和现实的无知。而且，这种无知显然不是一两句话就能概括的：“如果严格地从历史的角度出发，从而细致地剖析中国革命和分析美国对华政策的各种分歧，恐怕我的这本自述会远远不能胜任。那样的分析必须分属于多个专题研究项目，其规模之大，范围之广，非有多卷大部头

---

① 邓鹏：《费正清评传》，天地出版社1997年版，第65页。

② 费正清：《费正清自传》，黎鸣等译，天津人民出版社1993年版，第390页。

著作不可言成。不过，对于后来者，我想简要地做如下说明：我们美国人如果听任自己陷入反对中国革命的泥潭，结果只能是对我们双方都极不幸。”① 正是对中国革命现实的无知，美国跳进了中国问题的泥潭，“美国卷入中国是严重的时代错误造成的。每一个亲眼看见军阀时代的中国并支持过教会大学的美国人，都曾寄希望于南京政府，把其看作美国理想的一个代表。后来一代见到过共产党的人，只是极少数。他们在美国简直没有任何影响，和一代又一代的美国传教士比起来，真是微不足道。”② 据此，费正清感到向美国政府和公众进行中国历史和中国现实的教育的重要性，认为是可能纠正美国对华政策错误的唯一途径。1946 年 7 月重返哈佛教坛后，他将教书育人与发表对华政策评论相结合，走上了一条教育美国公众并借此影响美国政府对华关系的决策正确性的最大化的人生道路：“1941 年以来，无论是在中国还是在华盛顿，我一直主要用文字与人们打交道，虽然也在进行有目的的交谈。而在 1946 年以后，发表谈话对我来说显得更为重要了，因为我是在遥远的美国研究中国问题，面对的是更广泛的听众。我必须向人们讲清楚哪些东西不是美国的，为什么在美国通行的东西一到了中国却可能就改变了它的原意。”③ 在他看来，这种教育至少有两个方面的努力，一是提供新的，一是驳斥错的，两者有时是结合在一起的。《美国与中国》的问世，费正清实际上暗示了美国政府和民众应该与中共接触和支持中国人民的立场：“对于美国来说，观察中国的政治形势，从而坚持灵活的外交策略是至关重要的。一味对一个我们承认的中国流亡政府，或对在华南或台湾靠美援支持的蒋介石作出承诺，这只会给我们的事业造成阻碍。如果我们并不寄希望于与中共合作，那么同时，我们也应尽量避免承认那些已失信于民的中国政治领袖对于其自身合法地位的要求。中共的成功帮助了苏联，但这种成功与俄国人对中国的征服不是一回事。我们必须正视这样的事实：共产主义运动不仅是那些忠心耿耿的共产党人的运动，也是纯朴真诚的中国人民的运动。”④ 这种符合历史客观的进步思想认识，无疑是费正清在极力提醒或暗示着美国政府到了改弦更张的时

① 费正清：《费正清自传》，黎鸣等译，天津人民出版社 1993 年版，第 392 页。

② 费正清：《伟大的中国革命，1800—1985 年》，刘尊棋译，世界知识出版社 2001 年版，第 311 页。

③ 费正清：《费正清自传》，黎鸣等译，天津人民出版社 1993 年版，第 389 页。

④ 同上书，第 395 页。

候，与中国共产党接触、相互了解，乃至承认、发展双边关系是大势所趋，而且对于将要成立的中共执政的新政权也要采取求同存异、和平共处的外交政策。

《美国与中国》因其新颖的观点和有力的表达，占尽天时，立即走俏，对美国朝野产生了振聋发聩的作用，差不多成了战后美国一般知识阶层认识中国的一本“入门书”，给了美国公众一种真切的史感和史识的体验，也为美中关系走向正常化和良性化的发展道路奠下了稳固的思想认识的基础。正如美国《中国商业评论》所言，这部书“对于历史学家，它是现代中国的最新历史分析；对于学生，它是关于中国的权威指南；对于外交家和企业家，它成功探索了中美两国间难以捉摸而又最有影响的人类情感脉络。”① 而为该书第四版作序的美前驻日大使赖肖尔的评论更严谨和公允，他写道：“在过去30年，谁也没有比费正清用更清楚、更富于洞察力的笔触写过关于中国的书。在使美国人了解中国，了解中国的传统，中国纷扰不宁的近代历史，以及中国神秘莫测的现状等方面，谁的贡献也没有像费正清那样大。本书由前几版留下来的那些部分，仍闪耀着真知灼见，并又根据新近的研究，有了扩展和加工。凡是关心中国的人，都会反复阅读这些部分，获得知识和乐趣。篇幅很多的新段落叙述了近代事件、中国现状和中美关系的前景；这些部分，依我看来，是所曾见到过的关于这些不容易解释的极其复杂的问题最清晰而又判断十分精确的简略叙述。费正清擅长把多方面的感性认识以及深入的分析同措词的透彻结合起来。这就是为什么此书已经是并且将长远是一本经典著作的原因。”② 诸如此类的高度评价，费正清和《美国与中国》是当之无愧的。这部著作也是随着时代变迁而不断修正的历史著作，尽管其中的某些阐述不很翔实，观点难免偏颇，但它仍旧是一部内容丰富、观点新颖、雅俗共赏的大众化读物，也是一部中美等国政治界领袖和关心中美关系的学者必要的案头宝书之一。

（三）

费正清自1929年赴华研修中国历史以来，就沿着以中国研究为核心

① 费正清：《美国与中国》（第四版），张理京译，世界知识出版社2002年版，（对此书的评论）第2页。

② 同上书，（第四版序）第9—10页。

的东亚区域研究方向，不断拓展美国对外关系研究的学术新视野。《美国与中国》就是他的美中关系研究的开山之作，也是奠定他所毕生致力的现代中国学研究事业的一个标志性成果。1946 年秋，费正清回到哈佛大学讲坛，开始了两条腿走路：一面用新的中国知识教书育人，一面献身美国对华政策讨论，为开创现代中国学研究殚心竭力："我们之所以如此卖力地干，是因为我们感到正在从事一桩崭新的事业。凡参加研讨班的人除了学习外语，几乎不上其他课。只是到了后来我们才决定最好能像外语那样，为历史也开一门课，它的内容是一些有关中国历史的基本常识，可说是一门概况课程。"① 战后哈佛大学的中国地区研究出现了方兴未艾的学术景象，当时研讨班中的十几位年轻学者真正地做到了将书本知识和战时经验结合在一起，他们中的绝大多数曾在太平洋、中国、菲律宾，或占领日本的初期参加过战争。费正清显然成为战后现代中国学研究的始作俑者："我本人也把五年教学和五年政府工作中的经验，特别是两年半在华的实践同理论做有机的结合。经过一年的努力，我便开始把这样得到的新成果变成描述的文字。"② 这些文字就是最先问世的《美国与中国》一书的重要素材。

《美国与中国》一书是以哈佛大学的政治学、经济学、社会学等领域里的教授们就中国问题所作的讲座为基础，结合费正清本人的中国经历，综合了当时西方中国问题研究成果而写成的。它既是哈佛共同从事中国区域性研究的早期成果之一，也是一部简明的美国对华政策发展史。因此，说这部著作是一项集体成果并不为过，费正清也明确承认："我在 1948 年发表的《美国与中国》是在现成的基础上取得的一项研究成果。我的意思是说，它只不过是最后完成了一项许多人曾为之作出贡献的工作而已。这本书的大部分是在 1947 年秋天写成的，由我一面口授打字员记录，一面对大量的笔记和注释进行校对。……它就中国问题所作的多学科的分析，部分地依据于我所记录的其他学科的权威学者们对中国区域性研究发表的见解，……然后在他们各自的演讲中用更为简明的方式把这些原理运用于说明中国的具体情况。这些各学科的带头人传给我们的都是各自研究领域

① 费正清：《费正清对华回忆录》，陆惠勤等译，知识出版社 1991 年版，第 394—395 页。
② 费正清：《费正清自传》，黎鸣等译，天津人民出版社 1993 年版，第 402—403 页。

中最基本的方法。"[1] 不过，费正清在这项成果中的中流砥柱作用也是显见的，"《美国与中国》是一部概览性的著作，相比之下，较论文集（或松散的系列演讲）一类的著作要紧凑简明得多。……对我来说，这一成果不仅仅是一次学术经验的总结，更重要的是它增强了我处理疑难问题的自信心。……经过6年的在华实践，我已有能力独立搜集资料，并为他们提出的各种基本原理提供说明性例证。"[2] 或许正因如此，没有人再与他争功，《美国与中国》成了他独享的专著，为他赢得了名声与地位，奠定了此后他享誉"现代美国中国学之父"的学术基础。由于《美国与中国》问世于中国共产党取得最后胜利的前一年，因而是一个且听下回分解的故事，1958 年，它的再版就详述了接下去发生的一连串有趣的事变，主要是一些中国革命后社会重建工作的乐观报道；1971 年的第三版增述了中国"文化大革命"和越南战争的令人悲伤的故事；1979 年第四版的新增内容则使人感到有了一些新的希望。每版都在篇幅上有所扩增，从首版的 384 页到第四版的 606 页，充分表明了这是一部不断赶上时代的经典著作，并把三四十年间的中国问题研究的最新成果不断容纳其间，推陈出新："1948 年的建议阅读书目总共只有 18 页，到 1979 年则增加到了 100 页，书目后面增编有原书作者索引。对书目中列出的约 1200 种图书，本人难免会有疏虞之处，每一版问世，都需要进行一次大的改动，如果读者有兴趣对各个版本进行一次比较，不难发现著作者既敏感又固执的复杂内心。"[3]

简言之，费正清自 1932 年首赴中国学习以来，到 1948 年 7 月出版《美国与中国》，时跨十六年，其间经历着惊心动魄的三次中国之行，经受着心灵煎熬与思想转变的痛苦过程，也真切而公允地具备了"中国通"的文化素质和向美国人客观介绍中国的学术资质。该书问世有着特殊而深刻的历史背景，是美中关系在世界人民反法西斯战争胜利后的一种学术化反映，也是学术研究和政治决策相互融合的一项成果，具有巨大的社会教育和政策建议的时代意义。这种主客观紧密结合的必然结果，凸显了费正清的美中关系应该良性发展的主张原则，也是他向世人表达了东西两种文明可以和谐共存与互利发展的世界主义原则。

---

① 费正清：《费正清对华回忆录》，陆惠勤等译，知识出版社 1991 年版，第 395 页。
② 费正清：《费正清自传》，黎鸣等译，天津人民出版社 1993 年版，第 403 页。
③ 同上书，第 404 页。

二 《美国与中国》主要内容及其评析

作为费正清的成名之作，《美国与中国》也是一部美国东亚区域研究起始阶段的中国学著作。该书分为三大部分，并在以后各版本中保持了这个结构。第一部分略述了19世纪中期西方人入侵之前主要的中国社会、政治特征；第二部分考察了由这种入侵产生的各种社会力量以及它们与中国传统的互相影响；第三部分思考了导致当今危机的美中关系发展过程及其模式。第一、二部分广泛借用了当时一批新近的专著，其中许多是由以美国人为主的新一代中国问题专家撰写的，包括毕乃德、卜德、韦慕廷、魏特夫、拉铁摩尔、赖德烈等一批显然背离了以前"欧洲早期汉学"的代表人物。而那最终形成的通常是才华横溢的综合，则成了对这种新的美国中国学的总的看法。显然，这本书的论点是费正清本人的，但它起源于这样一个大前提，即"今天的中国革命和国共两党的斗争，是传统中国社会结构的直接产物"①。根据上述三大部分的逻辑结构和历史演变，费正清努力向美国的学术界、政界和普遍民众展现了一个处在动态的缓慢发展的中国全景，并在字里行间明确或意涵地发布着他的中国知识和中国观点。因此，透析该书的主要内容和基本观点，既能反映出当时中国发展的西方冲击因素和美国在东亚利益的错综复杂性，同时更有助于发见费正清的中国认识境界和关于美中关系的历史进程。

（一）

有关中国儒家文化和政治传统方面。费正清认为，中国古代社会的核心是由独裁主义构成的，而独裁主义传统是由官僚政治、法律、宗教这三根支柱来支撑的。独裁主义渗入政府的体制，形成了严密的组织、控制和管理，而且造成了那种独特的有组织的贪污和重用亲戚的状况。作为它的组成部分，法律既不保护个人的政治权利，也不保护个人的经济地位。道教和佛教均未能成为有效抵制独裁主义控制的因素，甚至中国的人道主义及其对"正当举止"的关注也都是"等级社会"的产物，"在这个社会

① ［加］保罗·埃文斯：《费正清看中国》，陈同等译，上海人民出版社1995年版，第122—123页。

中，由于地位的不同，一部分人支配着另一部分人”。也就是说，中国传统社会是“一种古代‘东方型’社会”的典型，“从根本上区别于较近的欧美近代社会，……并有着不同类型的经济组织和政治上的控制”，而与独裁主义相伴而生的儒家思想，尤其儒家“尊重老人甚于尊重青年人，尊重过去甚于尊重现在，尊重已经建立的权威甚于尊重革新”的思想，是这个社会结构的反映。作为官僚的学说，儒学自称是一种正统观，这种正统观并未顾及科学方法的发展，并在中国人的政治生活中产生了一种“蓄意制造的惰性”。从蒙古人到满族人的外来征服，并未打破这个格局，相反它“似乎加强而不是削弱了儒家的传统，因为它把它运用到整个世界，而不是一个地区”。儒家学说和独裁主义的结合使中国古代社会被认为是“仁慈的专制主义”，而它极善于通过“共管体制”，即中外联合统治的途径，来同化外来的入侵者。这种共管体制一度成为费正清关于中国近代史研究的一个课题，甚至是一种研究视角和学术结论。他进而指出，在中国维持了君主制和大一统的儒家学说，虽肇始于孔子，却是历代思想家和政治家的集大成。以儒家学说为主的中国传统文化是旧时代的产物，也就没有现代化的内核，这就决定了儒家文化对现代中国没有实际的指导意义。在抗战和内战中逐渐颓废的国民党政府的主要过失在于它的“复古”倾向和倒行逆施，国民党由革命蜕变为保守，由孙中山的建设新秩序到蒋介石的恢复儒家正统，无不昭示着蒋介石政权的必然失势的结局。由于缺乏民主精神，蒋介石也变成了刚愎自用、冷酷无情的“寡头政治独裁者”，则无法将中国引向成功：“蒋介石的思想是从许多来源得来的一种混合物——曾国藩的为人处世以道德为目的的见解，列宁关于帝国主义的解释，卫理公会似的基督徒的虔诚，日本、俄国、美国以及轴心国家方面来的影响，一切都纳入保守的民族主义的框框之内。”[①] 总之，在费正清眼中，儒家学说是“广义上的一种生活哲学。……在世界上的一切保守主义哲学中，儒家学说无疑是最成功的。儒家的学而优则仕的原则与古希腊的自然贵族政府，不同于中世纪欧洲的世袭贵族政治”[②]。这种评价虽然浅显，却也基本公允。而且，他又强调了中国传统文化仍然存在于现代中国

① 费正清：《美国与中国》（第三版），孙瑞芹等译，商务印书馆 1972 年版，第 181、188、191、216—220 页。

② 同上书，第 56 页。

社会生活的各个领域，认为这种知行一致观在中国现代社会、甚至共产党人当中还可以看到，中国人对过去的自豪和他们面临的贫困促使他们去争取民族的新生。[①]

（二）

有关国民党中国的衰落原因和中国共产党的政治思想方面。费正清是从整体上看待中国的历史和现实的，稳定的但并非是一成不变的传统秩序一直延续到19世纪，才遇到了一种截然不同的而且更为强大的文明。西方冲击无可挽回地改变了中国的社会面貌，西方注入了引起现代化并导致永久性变化的力量，表现为民族主义、科学、民主和其他推动世界文明的要素。面对着西方新文明的入侵，中国对西方有了明确的反应，并衍生出几个连续不断的发展阶段：1851年至1864年的农民大起义，1898年达到高潮的改良年代，1911年导致中华民国创立的革命，从1919年五四运动开始的民族主义时代。这四个阶段在引进永久性变化要素的同时，背弃了传统的周期性变化的模式。民族主义时代之后，是更进一步的革命发展阶段。费正清认为，具有现代性并非等于西化，但它确实体现了西方社会的一些主要特征，包括民族主义、科学、民主、识字、工业化、经济福利、妇女解放以及大众对政治活动的参与。如果说那些革命进程的早期阶段曾部分地把中国推上了现代化的道路，那么1928年以后的20年则把注意力放在与之相关的民生的经济福利和分配方面。这样的中国革命就是费正清心中的“社会革命”。国民党人和共产党人之间的斗争，只能根据那不可阻挡的社会革命动力的状况来理解。能够最好地动员并驾驭这些动力的政党，将获取政权。《美国与中国》这本书之所以深受欢迎并具有持久的影响力，在相当程度上是因为持有这样一个基本看法：中国共产党与其说是引起了社会革命，倒不如说是夺取了社会革命的领导权，并控制了这个权力。[②] 因此，费正清采取一种广义的独裁主义传统和“社会革命”的理论来评估国民党的政治纲领和前途，认为国民党已满足了革命对于民族主义政党提出的要求，但它证明没有能力满足继之而来的在民生、民主方面提

---

① 邓鹏：《费正清评传》，天地出版社1997年版，第81页。

② ［加］保罗·埃文斯：《费正清看中国》，陈同等译，上海人民出版社1995年版，第125页。

出的要求。之所以无法这样做，有着根深蒂固的组织上、思想上的阻滞原因，因为国民党“为了一个政治集团的利益而牺牲了大众的福利”，而且它的内部的腐败所造成的一个严重结果就是使它在中国这样一个注重统治者的道德品质的国家里迅速丧失道义威信，而且因为“政府反复使用暴力来对付知识分子，只能削弱它在他们中间的地位”，而作为对政府使用武力的回答，非共产主义的学生转向了共产主义，接连不断的“知识分子的背叛”无疑宣告了这样的一种历史趋势：国民党已经失去“统治天下的资格”[①]。换言之，费正清已经有了中国命运的学理化结论：国民党衰败将成定局。这是非常具有远见的历史定论，一年多之后，国民党政权在中国大陆的全面崩溃，狼狈逃亡台湾孤岛而苟延残喘了。

反观中国共产党，通过国内战争与抗日战争的磨砺和自身努力，到第二次世界大战结束之际已经有了成熟的领导核心、为数众多的党员队伍和日益壮大的武装力量。而且，中共对民族资本主义的温和态度解除了许多美国新闻记者和观察家的疑虑。以费正清当时对中共的认识，他虽是不完全赞同中共的政治纲领，但他对中共的地位的认识和态度已经有了务实的性质：中国共产党的胜利在于它夺取社会革命领导权的能力。但要说明这种立场，费正清遇到很多的理论和实践上的难题。首先，他要说明中国共产主义运动的历史渊源和中国在国际共产主义运动中的独立地位。中共的早期历史跟国际共产主义运动、跟苏联控制下的第三国际有密切的关系。共产主义运动从诞生的那天起，就着眼于世界范围内的无产阶级革命，在全世界结束资本主义。不幸的是，共产国际的插手实际上给中国革命造成灾难性的影响。通过1935年初的遵义会议和1942年的延安整风，以毛泽东为首的中共领导已经基本上摆脱了莫斯科的控制，实现了思想、组织和军事上的独立。而且，他还指出：中共的兴起是中国近现代民族主义跟马克思主义相结合的产物，中国共产主义的土生土长性质全然不同于东欧从外部强加的共产主义，而是一种农村政府的基础作用，进而夺取全国胜利的社会革命。其次，他要说明毛泽东思想的本质和对于中国社会革命的领导意义。他对毛泽东的“新民主主义”作出这样的评价：“不管你是否喜欢，我们不能否认它提出了一个前后连贯、适合中国国情的纲领。”因为

---

① ［加］保罗·埃文斯：《费正清看中国》，陈同等译，上海人民出版社1995年版，第129页。

毛泽东并没有创立一种简单的公式把共产主义的思想与昔日中国革命者的思想等同起来，而是暗示存在于中国传统以及现今形势所具有的那种革命潜力中的许多东西，对毛主义者的学说有利。[①] 正是由于中国共产党有了一个适合中国国情的纲领，在抗日根据地实现了基层民主，改善了人民生活，同时坚持了敌后武装斗争。通过延安整风，毛泽东在中共的领导地位得以确立，毛泽东思想为中共全党所接受。马克思主义理论必须而且已经在农村中国的具体条件下得到了正确的检验。这就是毛泽东思想的出发点。毛泽东思想的发展其实是在基本没有苏联影响的情况下共产主义的中国化。而且，费正清坚信毛泽东在新民主主义理论里有关农村问题的政策和节制个人资本的纲领真正继承了孙中山的民生主义，"合乎天意，顺乎民情，符合世界潮流和人民的需要"[②]。最后，他更要说明中国革命胜利的必然结果和中国共产主义运动的历史走向。中国革命的深厚历史渊源、它所携带的血与火、它所蕴含的仇和恨、它那理性的启示和非理性的恐怖往往会使有识之士目瞪口呆，但费正清冷静而明确地感知到中国共产党的革命胜利和统治中国的现实将成为世界历史上的最重大事件，因为在他的心目中，毛主义是一种独特的、深深扎根于本土的马列主义："显然，马列主义在中国的胜利，大致上取决于它适合中国舞台的程度，它适应中国的需要和中国国情的程度，以及它利用中国特有的机遇的程度。"[③] 不过，在《美国与中国》出版时，费正清对于中国共产主义运动的未来走向并没有最终的定论，因为他从中国共产党的意识形态中看出了中国与美国之间抵牾趋势的根源，他最担心的就是共产党中国与美国之间的对抗。在战后的整个世界两极分化的大气候条件下，费正清只能拐弯抹角地说明中国革命的特殊性，把中国革命跟苏联的世界性革命区别开来，以阻止共产党中国倒向苏联一边。因为，费正清清楚，由于中国共产党奉行马列主义的政治哲学，是根本不可能实施美国式的民主，因而美国式的民主在共产党即将掌权的中国的前景是十分渺茫的，而美国人或看不到或不愿意承认这一点。对此，他大胆地断言："虽然共产主义不适宜于美国，但它适宜于中国，对这一点我深信不疑。这

① [加] 保罗·埃文斯：《费正清看中国》，陈同等译，上海人民出版社 1995 年版，第 130 页。

② 费正清：《美国与中国》（第三版），孙瑞芹等译，商务印书馆 1972 年版，第 237 页。

③ [加] 保罗·埃文斯：《费正清看中国》，陈同等译，上海人民出版社 1995 年版，第 130—131 页。

样便导致了我本人关于中国与美国具有两种不同的文化或社会制度的论断——对于这一点我也同样深信不疑。随后，许多像我一样的中国问题专家也首肯于中美两国之间文化与社会的深刻差异。但问题在于，我们怎样才能够使我们的国民理解这一观念，并使所有的区域研究专家都能接受这种理解，即理解文化与社会差异的真正含义。这可以说很难办到，但却是使美国的政策纳入正确轨道的唯一可行的办法。”①

（三）

中国的第三条道路的问题。不少美国人在对国民党绝望、对共产党惧怕之余，自然寄希望于第三种势力，即中国的自由主义知识分子身上。由于在战前战后与中国知识分子的广泛接触，费正清对中国知识分子特别是受过传统和西方双重教育的知识分子是十分敬重的：“多少世纪以来，君子即以行为端正自律，保持一个儒家绅士和儒生的风范。君子知耻明礼的思想感染了每个农民和苦力，并且在有礼貌、好面子和中国人的责任感这些民族特点上表现出来。更重要的是儒家的道德准则强调高尚德行中的个人节操，这意味着受过教育的人有时必须为了传统和信仰而牺牲自己。”②中国优秀知识分子素来有以天下为己任的胸怀，无论在朝在野都在为国家利益向统治者出谋划策，为民请命，甚至杀身成仁也在所不辞。现代中国的许多知识分子不仅没有失去传统的儒家君子美德，而且多半能够理解并认同西方的民主思想。他们当然是美国政府理想的同盟军。的确，以价值观念而论，费正清内心更愿意看见中国的政府由西化的中国知识分子来领导。然而历史事实是：自由主义在现代中国历经坎坷，发展极其缓慢，自由主义者为数区区，影响微弱，根本不能担当起领导中国的重担。究其原因，首先，是因为中国当时缺乏自由主义赖以生存的土壤，这是最主要的原因。西方式的自由主义在中国没有社会基础，现代西方民主所赖以生存的中产阶级在中国尚在襁褓之中。私有财产在中国没有法律保护，也就难于产生一个相对独立的中产阶级。其次，中国经济落后以及知识分子在传统文化中的特殊地位，使中国的自由主义命运实则维系于教育的发展。深受西方文化影响的相当数量的中国自由主义知识分子多集中在中国的教育

---

① 费正清：《费正清自传》，黎鸣等译，天津人民出版社1993年版，第392页。

② 费正清：《美国与中国》（第三版），孙瑞芹等译，商务印书馆1972年版，第193页。

界。然而，国民党政府与中国历代政府一样把教育视为执政的一种工具。学生运动自1938年起就受到政府部门的压制。到1943年以后，由于日本的侵略和官僚政治对知识分子的控制，中国教育已经大伤元气，学校变成了一个战场。在这个战场上，“思想灌输、特务监视、饥饿、恐怖和革命的煽动把新生的自由主义传统一扫而光”①。最后，国共两党的政权之争，使得自由主义派的命运处在摇摆之间，根本无力独起炉灶。费正清虽然非常欣赏中国的自由主义知识分子，但他深深地了解到中国自由主义的脆弱。自1927年大革命失败后，中国自由主义知识分子，诸如梁思成夫妇、金岳霖、张奚若、费孝通、钱端升等一些朋友经常与他保持通信，信中记叙了他们日常生活中的变化情况，展示了一幅阴森的画面：日益加剧的政府的压制，不断增长的离心力，以及对共产主义事业的投奔。这就导致了费正清心中的那种担忧变成了现实，他给在《外交》季刊工作的汉密尔顿·菲什·阿姆斯特朗写道：“我已看到，我在中国自由主义分子中的许许多多好友发现，他们自己在反对我们所支持的蒋（介石）以及我们和他们都厌恶的共产主义的斗争中，都孤弱无援。”②

尽管费正清坚信自由主义作为一种思想“将在中国的政治生活中成为一种重要而且持久的因素”，但作为一种有组织的政治力量，它已经不起作用。因此，他“生怕使观点相对一致的美国民众认为中国自由主义前途光明”，这促使他需要通过各种方式使美国各界澄清中国第三条道路的不可能性。他指出，作为美国人心目中的中国政治舞台上的第三种力量，自由主义面临着一系列明显的障碍，包括独裁主义的政治传统、他们本身的个人主义（这使得集体行为几乎不可能）、国民党政府发起的针对他们的严厉镇压运动。因此，中国自由主义运动的政治前途不仅因举步维艰而日益凄凉，更严重的是这些美国式的中国自由主义派的最终消失并不会因为国民党政权的崩溃而有所改变。显然，这种中国的第三条道路的历史终结的悲观心情，既是中国历史发展的一种结论，也是费正清对于中国政治前景的正确预见，从而为他此后关注美国政府与中共的新中国接触进而友好交往奠定了的心理基础。

---

① 费正清：《美国与中国》（第三版），孙瑞芹等译，商务印书馆1972年版，第205—206页。

② ［加］保罗·埃文斯：《费正清看中国》，陈同等译，上海人民出版社1995年版，第128页。

(四)

美国对华认识和对华政策的偏颇方面。一般美国人习惯于用自己的世界观解释其他国家和民族的活动，天真地认为自己的社会制度和生活方式应该为其他民族欣然接受，无论是来华的传教士、外交官员还是商人都想以美国方式来改造中国，这在费正清看来，完全是一种政治幻想："亚洲边疆与美国的中西部大平原迥然不同，这里没有空旷的原野和丰富的自然资源，只有古老的中华。这一陌生而神奇的人群既引起我们的好奇和同情，又引起我们的贪婪和野心。我们把在自己家里形成的扩张、冒险和好奇的价值观念运用到中国，这些价值观念即我们生活的圭臬，它们包括个人主义、进步、发展等等。美国在中国的扩张不是出于单一的经济、宗教或民族主义的动机，而是众多因素的结合。"① 战后初期的美国政府希望出现一个和平、民主、统一、对美国友好的中国，显然在费正清这里，不过是第二次世界大战时期美国外交政策的附属物和美国舆论新闻界的误导产生的幻觉。根据自己在中国的亲身经历和对中国历史的文化研究，费正清指出这是一个美中关系的新问题，即既然美国人对中国有如此浓厚的兴趣，那么他们对中国的了解又为什么如此肤浅呢？

从英国殖民统治下求得民族独立的美国，首先开启的美中经济关系因为鸦片战争后的丛林法则而致使美中关系处在文明冲突不断之中："对中国的失望在美国人的文字记录中十分突出。19 世纪信奉进步的美国人发现中国已经衰落，中国人在贫穷、肮脏、疾病、腐败、盗窃和混乱中心甘情愿地沉沦。志在社会改革的美国人对中国人提出种种建议，然而中国的问题之严重和中国人之冷淡反应却又使他们不知如何是好。"② 事实上，美国人从来没有真正地了解中国和中国人，更没有觉察到自己的无知，当然也就说不上纠正自己的错误了。美国人对中国的无知状态在 20 世纪 40 年代并没有任何好转："在美国在 20 世纪 40 年代的对华政策的墓碑上首先应指出美国对于中国形势的严重无知。美国人所特别重视的是同国民党的官方接触和他们自己在中国的战争的后勤问题。他们已经觉察到国民党的衰

---

① John King Fairbank, *The United States and China*, Harvard University Press, 1948, p. 311.

② ［美］费正清：《美国与中国》（第三版），孙瑞芹等译，商务印书馆 1972 年版，第 319 页。

败，但详情知道得很少。而对于中共，美国人则几乎是一无所知。几个到过延安的观察家，对于中共的高度乐观和决心进行了报道，但是在华北除了很少几个新闻记者以外，没有美国观察家。这些新闻记者的观察极其有限。结果是中共的力量被完全低估了。在1948年，美国的估计是虽然国民党不能打败中共，可中共也奈何不了国民党。这种看法，说明美国人对中国的实际完全不了解。"[①] 在《美国与中国》一书中，费正清严正指出：40年代的国民党不仅在挖掘自己的坟墓，而且竭力将美国对华政策变成它的殉葬品，而杜鲁门政府扶蒋反共的结果，既违背了美国的民主精神，又把美国在这些国家和地区的利益作危险的赌注。这种既无充分的道义依据，又无实际利益，注定赔本的买卖为何不及时收盘？同样的问题在亚洲、中东和拉丁美洲也很突出。

当然，费正清也非常清楚，在当时美苏两极对峙的严重情况下，杜鲁门政府在对华政策上来一个180度大转弯是根本不可能的事。跟许多自由主义的美国知识分子一样，费正清并不赞成共产主义理论，因为它跟美国的自由和民主精神格格不入。可是他很难将反对国民党和支持共产党区别开来，而反对国民党就势必帮中共的忙。这样的矛盾使他在其著作中有不少闪烁其词、牵强附会的地方。或许也是出于对国际共产主义运动的惧怕，费正清又从原则上接受了杜鲁门政府对共产主义的围堵政策。不过，他很明白，单纯的围堵毕竟是消极的做法，会加剧美国和亚洲革命之间的紧张关系，因而他又主张美国跟这一地区的民族主义者、自由主义知识分子甚至共产党保持接触。通过提供医疗、保健、教育等方面的援助让这里的人民真正了解美国，扩大美国的影响。他认为这种"软接触"才是战胜共产主义意识形态的正确手段。姑且不论他的这种建议的意识形态根源，在手法上，这里有些马基雅维里的政治学色彩。[②] 站在西方人的立场上看，这种观点倒是无可挑剔的，即便从中外关系正常化和世界文化交流意义的角度，也是十分具备远见的观点。

简言之，《美国与中国》是费正清从跨学科的角度向美国政界、学术界和一般民众介绍数千年中国史的一部通俗易懂的著作。他立论的两大基

---

① John King Fairbank, *The Great Chinese Revolution*: 1800 – 1985, Harper Collins Publishers, Inc., 1986, p. 268.

② 邓鹏：《费正清评传》，天地出版社1997年版，第83页。

本概念是“集权主义”和“社会革命”，其分析方法是当时西方学术界的现代化理论。中国近代史的起点是19世纪中期，它是传统与现代的分界点，而中国近现代史就是一场在西方思想影响下的社会革命过程，包括太平天国等农民大起义、洋务维新与戊戌变法、辛亥革命、新文化运动和国共两党的兴起与斗争等内容。中国现代化并非等同于西方化，中国集权传统的潜在效应不利于中国接受西方式的个人自由主义，中国没有第三条道路，而且美国在中国抗战时期片面援蒋和支持中国内战方面出现了严重的外交政策失误，因为“（20世纪40年代后期）在中国要进行的选择，不是一个什么要美国的生活方式或者俄国的共产主义的问题，而是究竟要老的国民党专政还是要新的共产党专政。……这是中国人民必须作出的抉择，我们（美国）无法代替他们决定”①。

三　《美国与中国》的撰纂特点与学术影响

作为成名之作，费正清是将长期的中国研究成果进行了学理化和现实性的精品推出，从而奠定了他在美国中国学界的大家地位。《美国与中国》是对中国文明史的整体性论断；尤其集中在近百年史，提纲挈领地归纳出1947年后的美中关系走向。这本并不厚的中国史册和中美关系史书，详近略远，却能充分显示费正清对中国历史的熟悉程度，以及对中国文化的概括能力与他的学术水平。因此，在美中关系正常化的时代潮流下，该书的学术意义不容低估，而且对美国汉学的现实内容拓展和现代中国学的新发展都具有积极的文化意义。

（一）

初版刊于1948年的《美国与中国》，与费正清的专业性极强的博士论文相比，则是海阔天空、一气呵成的著作。该书常被误认为是一本中美外交史，事实上是一本普及性读物，一本教科书，或许还是一本中国通史，是为了使美国人认识中国而写的。然而，严格地说来，这部书算不得历史专著，因为它涉及面太广，从政治、经济到外交的诸多领域，观点很新颖，材料也很翔实。这种销路很广、影响持续的著作效应，显然有它独特

---

① 费正清：《费正清对华回忆录》，陆惠勤等译，知识出版社1991年版，第397页。

的撰纂特点：

首先，费正清以大家手笔和磅礴气势构建中国历史概要和美中关系历史过程。在有限的篇幅里分析一个几千年历史的文明内涵和四万万人口的生存方式，的确需要高屋建瓴的气势，因此全书的组织设计有两大块，即从历史的观点来认识中国的一切，再从这一认识的基础上提出对华政策的可行方案。作为哈佛大学的“美国外交政策丛书”的一种，费正清非常清楚《美国与中国》一书并不需要非常严密的史学研究架构和细致的论证过程，书中并没有出现任何摘引或文献出处的对应说明，全部是他对于中国历史和美中关系的认识和理解的全部感受。初版的参考书目仅有薄薄的18页，第二版达到24页，而到1983年版则已扩大到92页。根据作者所做的约略估计，所收参考书当在1300种以上。这一千多种西文著作，费氏大体上确曾过目，这是可以从他简短介绍词中看出来的。由于不断地根据最新的研究成果而修正这部综合性的《美国与中国》，费正清在许多个别论点上常有重要的改变，但他的整体概念结构并未改动，一切调整都是局部的。这取决于他在1946—1947年构思该书时，便决定采用社会科学的概念来统摄全书。所以在局部见解上，虽能与时俱新，但全书基本论点则仍然保持着1947年的面貌。[①] 实际上，他对中国研究，始终把中国看作一个整体，即便是台湾和中国大陆处在隔离对立的情况下也是如此。正如余英时先生所指出的那样：“值得注意的是费氏很早便已认识到：研究中国近代和现代的历史必须反溯到中国的文化传统。此后数十年间，他也是在美国推动传统中国研究的热心人士之一。就此点认识而言，他不失为一位有眼光的史学家。”[②] 因此，若不以严格的学术著作标准来看待这部书，那它就是一本通俗的简明中国史读物，或者是一本中美关系史的一般书籍，而这正好符合了费正清撰写出版该书的初衷，即教育美国的普通民众，告诉他们一个真实的中国样子，以及中美一百多年来交往的重大史实。达到这样的学习目标，就是该书要完成的使命。

其次，费正清打破一般历史书籍的时间顺序，对庞大的题材进行去粗取精的宏观剖析，颇有纪事本末体的叙述性质，也具有高度的总结效果和

① 余英时：《费正清与中国》，载费正清《费正清自传》，黎鸣等译，天津人民出版社1993年版，（附录）第596—597页。

② 同上书，第594页。

诙谐又凝练的语言风格。例如，在分析中国文明的生命力时，他写道：当然，大规模的劳动力使用修建了古代帝国的金字塔和其他奇迹。但唯有在中国，这种习俗才延续至今。在分析关于中国儒家的人文主义时，他指出，在中国，每个人的价值要视他对社会福利和稳定的贡献大小而定。在分析中国文字的作用时，他写道："它（指文字）是中国人生活中的问题之一，如果小老三找不到足够的时间来掌握这种语言，那他就永无出人头地的机会。也就是说，中国的文字非但不是将农民引进真理之光的大门，而是他们向上发展的难以逾越的障碍。"① 关于地主阶级在中国社会里的地位和影响，他认为："在过去的一千年里，绅士阶级对中国人的生活的控制越来越强。这使得有的社会学家称中国为一个绅士国家……。但是请读者千万别把中国的绅士跟英格兰那些吃烤牛排和骑马狩猎的快乐的绅士混为一谈，因为中国的绅士是一个有双重意义而且内容颇为含混的字眼。"② 关于中国人的经济发展模式，他写道："中国人对创造性的、开拓性的企业的鼓励远远比不上垄断——即买通官府从而控制市场的途径——有吸引力。这样，中国的传统就不是如何造出个更有效的捕鼠器从而捕到更多的老鼠，而是如何取得对老鼠的官方垄断。"③ 而对中国自明末以来的资本主义发展缓慢原因的解释，费正清也是别出心裁的，例如他把中国工商业不发达的原因归咎于绅士阶级对中国的政治和意识形态的控制。绅士既与官僚机器相辅相成，对贸易和工业采取消极的态度。更有甚者，在儒家学说中，商人因为其唯利是图的本性，被视为社会里的蠹虫。这当然严重阻碍了商业的发展。而实际上，以绅士阶级为基础的官僚集团常常依靠商人，把他们变成国家和官员们自己的收入来源，"更基本的是，随着这些农业、公共工程和官僚制度的建立，在人们心理中就产生了一种顽固的观念，根据这见之于经籍中的价值观念，官吏高人一等，而商人则是低贱的。东方社会不赞成个人主动性和个人进取的哲学，不赞成创造发明的无限可能性和个人的占有欲，这里实行的是一种等级分明的制度，强调个人的顺从。"④ 关于中国的个人与社会的复杂关系的分析上，费正清认为跟西方的以个人主义为中心的文化相比之下，中国的文化可称为"环境中心文化"

① 费正清：《美国与中国》，孙瑞芹、陈泽宪译，商务印书馆1971年版，第40页。
② 同上书，第33页。
③ 同上书，第47页。
④ 同上书，第50页。

(Situation－centured Culture)，他先提出问题："如何解释这样的矛盾：一方面中国人才荟萃，而另一方面又几乎没有个人自由的传统?"然后告诉西方人："不要用他们习惯的西方尺度去解释这一现象，而要客观地考察中国的历史。一个中国人只有在他与别人的关系中才能界定自我，在'道'里去发现自己，这种'道'把他和其他的人连接在一个互相依赖的人际关系的网络中。"①

最后，费正清的着眼点是世界人民反法西斯战争胜利后的东亚局势、中国的使人眼花缭乱的政局变化以及在这一背景基础上的美中关系走向，而这些也正是《美国与中国》这本书中的最大主旨。在这种意义上，费正清从来不是为历史而历史的学者，他的学术活动自始至终地贯穿着犀利的现实眼光。这种出于现实的考虑，在历史中寻找答案，用历史研究的结果来解释现实的方法，构成了费正清学术思想的宏观构架。在书中，他强调了所要说明的问题是严重而严肃的，它关系到美国人的利益、中国人的前途，也关系到整个世界在第二次世界大战后的国际政治格局。他苦心孤诣要说明的是：第一，中国有历史悠久的文化，有着与美国截然不同的政治传统、价值体系和道德标准。第二，中国的政治有其特殊的历史背景，中国不是美国政府的全球战略上的一颗棋子，它的变化不以美国人的主观意志为转移。第三，中国革命是近现代中国的政治、经济、文化等诸多领域里的变化的逻辑发展，不能轻率地单以苏联的影响来解释它。第四，因此，以中国革命为敌的外交政策是极不明智的，它只会危及美国在远东地区的利益，美国政府必须对它进行修正。②

毋庸置疑，《美国与中国》一经哈佛大学出版社推出后就使费正清名利双收，一因它是费正清的成名之作，立即荣膺美国政治科学学会 1948 年度最佳国际关系著作奖；二是它适应了当时美国人迫切了解中国的心理，引起美国学术界、新闻界和政界人士的广泛兴趣，产生了轰动效应。1948 年版《美国与中国》和五年后的《中国口岸贸易与外交》牢牢地树立了费正清在美国中国史领域中的领导地位。他的成就使他在 1958 年被选为美国的亚洲学会的主席，1968 年更荣任美国历史学会的主席。③《美

① 费正清：《美国与中国》，孙瑞芹、陈泽宪译，商务印书馆 1971 年版，第 71 页。

② 邓鹏：《费正清评传》，天地出版社 1997 年版，第 67—68 页。

③ ［美］钱金保：《中国史大师费正清》，《世界汉学》1998 年第 1 期。

国与中国》在以后的三十多年时间里，几经修改，五次再版，成为西方中国学的经典著作。多次修订重印和再版，是为了适时地反映西方学术界在中国研究方面的最新成果和适应变化中的美国对华关系的需要。美国许多大学的亚洲史和中国研究专业以它为学生必读书目。截至 1988 年，该书的销售总额当时已多达 30 余万册，是西方历史上关于中国问题的最畅销书之一。①

（二）

《美国与中国》的学术思想是丰富的，对中国研究的学术影响也是多方面的，其中费正清关于中西文化异质性、中国共产主义革命和新中国行政体制上的官僚主义的诠释，都具有独特性的观点，迄今仍不乏发人深省的认识高度，体现了他的渊博学识和洞察力。

费正清关注的焦点之一就是中国历史文化传统与西方历史文化传统的异质性，并试图对这种异质性作出深刻的辨析和说明，正如他所指出的："中国根本上是一个既不同于俄国又不同于美国的社会，是按照它自己的传统和环境而发展的""我们之所以不能够了解中国，部分由于我们错误地把中国的现代化装饰当作了中国生活的全部""现代中国的底层和它的后面，隐藏着一个扎根在另一种古老文化传统上的中国社会，是我们西方人，也往往是现代中国人所不能了解的。从这里我们可以找到中国不同于西方的关键"。易言之，他强调了中国文化的独特性特点，认为传统中国基本上是一个古老的农业社会，具有一个封闭型的经济体系；90% 以上的人口居住于农村，生产单位是家庭，自种自食，自给自足，代代相传，这样造成了一个"巨大的农民—官僚式国家"的传统中国："自古以来，就存在着两个中国，一方面是乡村里成千上万的农民社会，每个树木环绕的村庄和田舍都一成不变地固定在那里的土地上；另一方面是由地主、儒生、商人和官吏们所构成的上层结构，这些有财产和地位的家庭居住在城垣围护的城镇中。"在价值形态上，传统中国崇古尊老，内圣外王，在政治上具有"长老"文化形态，权威导向来自传统。在做人上提倡忠臣孝子，在经济上重农抑商，在伦理上注重人伦关系和谐，尊尊与亲亲，在宗

---

① Paul Evans, *Fairbank and the American Understanding of Modern China*, New York: Basil Blackwell Inc., 1988, p. 107.

教上以祖先崇拜为主要信仰。因此，传统中国与西方历史是异质文化的两种不同文明："不管是文明的什么组成部分——民族或文化特征——只要已进入中国，它们就都并入具有中国特色的生活方式，受其土地和土地利用方式的哺育、制约与限制。"①

在关于中国革命的问题上，费正清及其《美国与中国》表现出了惊人的预测性。"事后解释历史总是容易的，人们早已有足够多的历史哲学和意识形态框架，使每个持不同观点者几乎可以随心所欲地选择一种有效或有利的解释。但是预测历史，特别是使一种方向性预测，在历史中经得起检证却是至为困难的。费正清这本书的旧版本之所以有价值，正是因为其中包含着一种惊人的预测——它们在若干年后得到了历史的证实。"② 费正清非常重视中国近现代变迁，尤其强调马列主义必将征服中国这个古老文明的国家。《美国与中国》第一版在 1948 年问世时，中共还没有夺得天下，1958 年修订版便强调了为什么中国会被马列主义所征服；1971 年增修第三版时，美国的政策已经转变，准备要与中共打交道了；1979 年第四版时，美国正式承认了北京政权。可见，该书一鸣惊人且持久不衰的文化效应，不仅源自中国革命的世界性震撼和美国在华利益攸关的现实，也是费正清对中国的长期研究和三次中国之行的一种客观结果和精神回报，更来源于作者在书中的真知灼见和令人信服的表达，尤其是他对近代以来中国经历的革命性变化的条件和过程，以及美国与中国之间的矛盾关系的由来和发展的阐释，是在他以前还不曾有任何一位西方学者达到了他的认识水平。③ 同样可见的是，《美国与中国》的影响力是渐行渐涨的，特别是在越南战争出现转机的年份，入主白宫的尼克松政府正在着手拟定将宣告一个新纪元的计划。对此，费正清在 1971 年适时地推出《美国与中国》第三版，诚然是对美中邦交的一种预言，而这个预言正是源自深为越南战争感到耻辱的哈佛的中国问题权威之笔，如同《美国与中国》第一版之于国民党失败和第二版之于朝鲜战争败北的预见一样，可谓是远见卓识之作："我们在 20 世纪 60 年代后期介入越南，在一定程度上是因为 40 年代后期我们没有介入中国而在 50 年代介入朝鲜……60 年代我们为支持南越而介

---

① 费正清：《美国与中国》（第四版），张理京译，世界知识出版社 2002 年版，第 11 页。

② 何新：《论中国历史与国民意识：何新史学论著选集》，时事出版社 2002 年版，第279 页。

③ 邓鹏：《费正清评传》，天地出版社 1997 年版，第 77 页。

入，就像介入朝鲜一样，是确立在同一个反击侵略、支持自决的道德框架之中的。然而情况表明是不一样的。此外，我们发现，共产主义并不是铁板一块，越南的民族利益不同于中国的民族利益，同样，中国的民族利益亦不同于苏联的民族利益。我们已经卷入了另一场内战，反对另一场革命，不是中国的革命，更不是莫斯科领导的运动。"① 更值得赞许的是，美国在中国文化区域的接连军事失败并没有使费正清感到爱国主义精神受挫，反而呈现出一种新世界观的学者胸襟："在（美国）失败、自大和愚蠢中，他觉察到了中美关系的未来有希望的迹象。中国革命的扩张阶段如果曾存在过，那么已过去了；在美国，遏制主义的终结为产生更多的思想开辟了道路。"②

关于新中国行政体制的官僚主义问题，费正清在书中也作出了精辟分析和预测，具有很强烈的警世作用。他指出，要真正理解 20 世纪以来发生在中国现代史上的那些事件，决不去把它简单地理解为某种外来思想输入的结果，因为在中国发生的变革中具有两种因素：一类是循环的，一类是永久性的。因此，他探讨了中国近现代史上的循环和变革的两条脉络及其它们的衔接方式，进而发现"旧中国的帝王统治是一种彻底发展的最圆熟的官僚政治，这一事实是了解中国政治的一把钥匙""在清朝，一个行政区划的巨网分布在中国的 18 行省，这许多地区的官吏和他们的遍地皆是的助手和属员们，构成地方行政的主体。他们被认为是无所不能的，他们在理论上处于人民父母的地位，因此被人称为甚至也自称为父母官"。这种传统的官僚制度具有巨大的弊害："官僚政治的弊病太明显了，一切事情在形式上都须由下层发动，层层上报到最高的皇帝由他决定""低级官吏倡议举办没有前例的新事业，既困难又危险。比较稳妥的办法是墨守成规，以致在下层就扼杀了主动性""而最上层的那一个人，由于瓶口狭窄形成梗阻，就往往影响他的效率"，而且因为传统文化的延续性，导致了"现代中国仍在受着这种传统的弊害"，"隐蔽在现代官僚主义背后，中国从它的过去承袭下来的另一部分遗产，是官吏以外的人们对于政府的特殊被动态度，这就是每一公民对国家事务的显然不负责任。许多旅游者抱

---

① John King Fairbank, *The United States and China*, Harvard University Press, 1971, p. 421.

② ［加］保罗·埃文斯：《费正清看中国》，陈同等译，上海人民出版社 1995 年版，第 334 页。

怨他们所看到的中国人，在家庭、家族和个人关系圈子以外所表现的自私和机会主义，不顾别人彼此嫉妒等等。……中国人对于家庭和朋友及其忠实，可是却不管公共利益。他能够严格履行习俗所规定的义务，然而对于不相识者的苦难、不与哪个人直接有关的坏事，却又是那么漠然麻木不负责任”、“这种消极性补充了专制主义之不足，也有助于专制制度”。[①] 所言不全虚，中华人民共和国诞生以来的半个多世纪时间里，我们也看到了官僚主义传统的某些延续现象：“为什么在经历了100年的社会革命以后，中国经济政治文化的深层结构，却实际上仍然徜徉于一个古老传统的范式中呢？当代人常讲党风问题，殊不知今日所谓党风，就是传统政治文化中的吏治问题。吏治清明，则河清海晏天下安定；吏治腐败，则往往意味着一轮新的治乱循环。整顿党风的着眼点，如不放在建设现代社会主义民主政治的大目标上，则其思想基础，只能运作在传统政治文化格局中。由此进一步可以提出的问题是，当今中国的改革怎样才能突破这个传统循环的魔圈呢?”[②] 实际上，费正清或许已经提出了消弭官僚主义遗毒的发人深省的举措：“官僚政治在西方传统中曾为法律所冲淡。个人反对官僚虐政求助于法律保护，我们的公民自由就靠这个。可是中国传统生活中的法律（主要是刑律、行政法典即公法，几乎没有私法，法律很少严格执行；中国法律没有沿着与西方相同的道路发展。法律、契约义务、自由企业三者之间，从来没有组成西方式的神圣三位一体），不能从政治权利方面保障个人”“现代中国庞大的新官僚主义，必须对照上述传统去认识。在它的总的效率方面是史无前例的。可是它同时也面临着那个古老的难题，即怎样使官员们永远精力充沛、效率高而又廉洁奉公。”[③]

（三）

《美国与中国》不仅是国外汉学界的一部名著，也是有助于解读美中关系的政治课本，自问世以来一直是美国政学界研究中国问题和制定对华

---

① 费正清:《美国与中国》（第四版），张理京译，世界知识出版社2002年版，第101—128页。

② 何新:《论中国历史与国民意识：何新史学论著选集》，时事出版社2002年版，第287页。

③ 费正清:《美国与中国》（第四版），张理京译，世界知识出版社2002年版，第108—114页。

政策的主要参考书之一。费正清的立足点是善意的，基于中国在世界上的地位，深感不了解世界中的中国，对于美国来说是一种遗憾，因为“中国人占全人类五分之一以上，而美国人拥有全世界约四分之一的财富。这两个大国之间关系，他们彼此的了解和误解，他们的合作或摩擦，将对于决定人类的未来起重大作用”（第四版序），所以，“改变美国人对中国的歪曲理解”，使中美“双方彼此了解对方的不同动机有助于接受对方的不同点，这是我们的希望所在”（第四版前言）。在认清中国的历史传统背景后，费正清对美中100多年的关系史进行认真分析与反思，承认美国近代对华政策是帝国主义侵华行动的产物，是帝国主义扩张的一部分，但强调这是美国人以美国的生活方式和政治经验来改造中国，是事实的善意方面。然而，从总体上看，他在该书中，以学者的智慧和良知、理性和客观，看待了人类历史发展的总趋势，并认为发展并非一种模式，也未强调美国是唯一的模式，研究美中关系不能脱离中国历史传统和现实基础，不要像某些汉学家那样隔靴搔痒：“总之，我们的美国方式并不是唯一的生活方式，甚至也不是大多数男男女女的未来生活方式。我们求助于立法、合同、法权和诉讼，但这种方法的效果是有限的。中国提供了别的出路。时间可能对中国有利，因为我们一向习惯的爆炸式的生产发展不可能永远继续下去；崇尚个人主义的美国人可能比中国人更需要进行调整，以适应未来的生活……在以新的方式关心自然环境中的人（生态学）和社会中的人（社会集体生活）的过程中，旧日中国作为其他民族文化榜样的中心职能又在恢复了。”① “中美关系步入第三个世纪……因为中国对人类现代面临的问题解决之道对我们非常珍视的维护品质构成强有力的挑战；中国人的生存能力可能远胜于我们。我们应了解与中国的分歧所在。这是符合我们共同面对的人类首要利益的唯一的方法”。② 这种以“智者的视野”把美中关系置于世界历史中去的思考、以人类历史发展的多元模式为基点的研究，有助于加强不同国家、民族之间在制度、文化和心理上的相互理解，是世界和平与共同发展的基础。费正清的上述结论，无疑是一种高明的结论，应当予以重视和学术推播，“不识庐山真面目，只缘身在此山中。从地球看地球一定会有局限性，从月球看地球可能会有许多新的认识。我

---

① 费正清：《美国与中国》（第四版），张理京译，世界知识出版社2002年版，第459页。

② 同上书，第473页。

们应当重视费正清的观点和结论。人类需要更多的心理文化上的理解，这才是共同发展的基础。”①

学者费正清所著的《美国与中国》虽然有振聋发聩的学术当量，但对美国亚洲政策的影响却十分有限。战后美国对华政策的主要设计者还是国务卿马歇尔和后来的艾奇逊，《美国与中国》充其量反映了美国的中国观察家当中的一种日益形成的共识和情绪。只不过因为费正清的思维层次较高，加上他的哈佛大学教授的地位，才使《美国与中国》一经出版便引发引人注目的社会效应。因此，从历史上看，无论《美国与中国》有多强的说服力，美国的对华政策都积重难返，而中国局势也在1948—1949年急转直下。1949年1月21日，再次当选总统的杜鲁门宣誓就职，同一天蒋介石下野，副总统李宗仁担任代总统，收拾内战残局。南京向华盛顿频频发出求救呼叫，并表示愿意接受美国为其援助提出的任何附加条件。杜鲁门政府虽然关心中国局势，但是深信国民党大势已去，对南京政府的呼吁置之不理。为避免“谁丢失中国”的嫌疑，杜鲁门政府需要一个向美国人民交代的政策无误的白皮书。于是，由杰索普为首的编辑班子在总统的敦促下，以惊人的速度编撰出了美中关系史上最重要的文件之一《美中关系白皮书》。这长达1000多页的资料汇编追述了自1842年美中签订《望厦条约》以来的交往，着重解释美国跟国民党政府的关系起伏，最终目的在于推卸美国在中国内战问题上的责任。与此同时，为了保住它在东亚的既得利益，抵抗苏联在东北亚的扩张，美国政府不得不开始考虑承认中共的新政权。问题是美国政府居然要求中共接受所谓的国际义务，也就是要求中共承认美国跟中国政府包括国民党政权签订的若干实质上不平等的条约。中共占有天时地利人和，无求于美国，当然断然拒绝美方的无理要求。随着冷战的全面展开，美国再次站到退居台湾的国民党政府一边。出于对苏联的恐惧，美国政府不愿意把台湾拱手送给中共。因为他们担心中共控制下的台湾会成为苏联的一艘不沉的航空母舰和潜艇供应站，因为台湾的十分理想的地理位置既能实现苏联的进攻战略，又能挫败以冲绳和菲律宾为基地的美军的反击行动。把台湾视为抵御苏联扩张的最后一道防线，这种见解由于国际局势的发展和美国国内舆论的转向，在美国政府中

---

① 崔向东：《智者的视野——评费正清〈美国与中国〉》，《锦州师范学院学报》2001年第4期。

很快占了主导地位。1950年6月25日，朝鲜战争爆发。10月19日，“联合国军”占领平壤当天，中国政府派遣志愿军入朝参战。美中关系中又掺入了若干不稳定的因素。对费正清的《美国与中国》和其他以促进美国人对中国革命的理解为目标的努力来说，这是一个使人失望的注脚。他很快发现，在冷战的大气候下，理智与和解的声音是非常微弱的。[①]

综上所述，《美国与中国》堪称费正清正式而强有力地跻身于美国中国学研究新领域的一部最重要的学术著作。作为成名之作，《美国与中国》连续四版（1948年、1958年、1971年和1983年），给世人留下的是沉思，是探究，它阐释了理性运行的古代中国、激情勃发的近代中国、略带偏狂的现代中国和理性回归的当代中国，而“当代中国已开始新的旅程，这是费正清所不能看到的，但他以他的学识、他的智慧早就预测到了中国的未来。对我们来说，也许前方还会有些波折，但理性前行的趋势是无法逆转，我们坚信我们的历史开始了她的新的循环。不论是激情，还是偏狂，都会渐渐成为远去的历史，成为我们心中骄傲的回忆，那是我们民族在危机时刻生机与活力的见证。它们也许会在久远的未来重演，但决不是现在，我们庆幸我们的民族走上正常的轨道，我们期待一个理性、和谐社会的到来”[②]。站在后冷战时代的中美战略性合作伙伴关系的历史境遇里，我们不能否定费正清在冷战初始阶段对中美友好关系的真知灼见，而《美国与中国》正是这种最初的和最佳的历史载体，费正清被誉为美国现代中国学泰斗和当代世界“中国通”是名副其实的。

---

① 邓鹏：《费正清评传》，天地出版社1997年版，第85页。

② 曹月柱：《期待理性和谐的中国：读费正清的〈美国与中国〉》，《高校社科信息》2005年第4期，第37页。

重建历史学的公共性

——评《历史学宣言》

林胜强*

美国学者乔·古尔迪和英国学者大卫·阿米蒂奇合著的《历史学宣言》英文版出版于2014年，出版后即在西方史学界引起热议，赞同者有之，质疑者亦不乏其人。① 2017年该书中文版引入中国大陆，相比于英文版在西方学界引起的反响，中文版在大陆学界就冷清得多。② 作者用醒目的“宣言”为该书命名，显然是一种修辞策略，意在引起社会关注。因为宣言一般用在政治上较为隆重、正式的场合，作为个人学术著作的名称，并不多见。用《历史学宣言》作题目，也是对《共产党宣言》的借用，导论开头即改写自《共产党宣言》——“一个幽灵，短期主义的幽灵，正困扰着我们这个时代”③。在作者看来，历史学发展至今，暴露的问题已相当严重，到了需要大声疾呼的地步，非下猛药不足以应世变。历史学和人类文明发展史相始终，发展至今，流派纷呈。可如今，历史学却退入学者书

---

* 林胜强，华东师范大学历史学系。

① 显然这是出版社和作者有意为之，是他们刻意追求的传播效果。该书写作过程中已经在他们的课堂上有过讨论，英文版采用首先在互联网上免费公开发布，然后再正式付梓的方式出版，意在引起学界和公众的关注，该书出版本身已构成一个公共议题。参见刘钝为该书中文本所写的序言，［美］乔·古尔迪、［英］大卫·阿米蒂奇：《历史学宣言》，孙岳译，上海人民出版社2017年版，中文版序第1—2页。

② 本书中文版序言前附录的英、美、法各高校学者的评介文字已达11篇，收录的只是西方学界部分有代表性的评论。而中文学界的专业书评，笔者目力所及，仅查到该书中文版序作者刘钝2015年发表在《科学文化评论》第12卷第5期上的《大问题、大滴定、大历史》一篇。该篇文章评介了三本书，《历史学宣言》只是其中之一。

③ ［美］乔·古尔迪、［英］大卫·阿米蒂奇：《历史学宣言》，孙岳译，第1页。

斋一隅，成为专业的学问，看似自成一体，实则自我封闭。他们认为，问题的出路在于重建历史学的公共性。历史学的公共性看似老生常谈，但即使常谈，现状却无大的改观，正说明问题的积重难返。该书出版后在西方学界激起的波澜说明作者所论切中时弊，赞同者也好，质疑者也罢，无法视而不见。

在西方，“历史乃‘以实例教导之哲学’，本是一个非常古老的观念；历史的目的在于指导实践，也同样是传习久远的箴言”①，所起的作用和其在传统中国相仿。历史学的使命还包括“帮助人们认清自己是什么样的人，资鉴统治者如何行使权力，规范为臣下者如何举荐，为广大民众提供了一个识今通未的大的坐标”②。这些话听起来耳熟能详，与中国传统史学为统治者提供“镜鉴”、“资治”的使命如出一辙。由此可见，在历史学的价值和功用上，中、西表现出惊人的相似。但是作者指出，“在20世纪的最后25年间，短期主义成了学术追求的时尚，同时演变成了一个公共问题”③。基于短期主义的短视考虑深入政策决策者的骨髓，成为潜意识，日用而不知。和短期主义并行的是长时段的消退，这产生了两个互相关联的负面后果：其一是无论在公共机构还是在私人企业那里，都缺乏从整体上对国家与社会未来负责的可持续计划；其二是对眼下正在削弱的大学，特别是其中人文学科的生存带来更多的伤害。④

公共机构和私人企业在当下决策上的短期主义行径触目皆是，不胜枚举。决策者考虑的首选是短期内立竿见影的绩效，而不是国家和社会的长远利益，关键问题和深层矛盾被有意无意的遮蔽。在大学里同样如此，不能带来直接效益的人文学科受到忽视，各种功利性的考量压倒了大学人文教育的初衷。作者认为，大学首先应该是人文教育的重要载体，而“人文教育的目的恰在于它的非工具性，即拷问理论与现实、提出问题并探寻解决思路，却不包括提出现实的目标或实施方案”⑤。大学中的人文学科，特别是历史学，是向后代灌输“人之为人”这一信条最基本的工具。关于历史学有什么用，柯林武德言道：“历史学是为了人类的自我认识……因而

---

① ［美］乔·古尔迪、［英］大卫·阿米蒂奇：《历史学宣言》，孙岳译，第20页。

② 同上书，第10页。

③ 同上书，第8页。

④ 同上书，中文版序第3页。

⑤ 同上书，第6页。

历史学的价值就在于，它告诉我们人已经做过什么，因此就告诉我们人是什么。”[①] 关于人性，他具体说道：“严格说来，没有人性这种东西，这一名词所指称的，确切地说，不是人类的本性而是人类的历史。”[②] 本书作者也认为，“将人的本质看做是静态的而不是历史的，这种观点是有局限的”[③]。历史学是关于人的学问，不仅研究个体的人，还包括人类总体，这样的“人”处于时间的历史长河之中，绵延不绝。历史学启发人类认识人性，认识自我，形成基本的伦理和道德判断。说历史学参与了人类自身的塑造，并不为过。历史学在教育上的功用，善莫大焉，不可等闲视之。

历史学公共职能的衰退和史学专业化的发展紧密相连，某种程度上史学专业化是过去史学界主动追求的结果，即追求史学作为一门学术的独立性。史学专业化的追求自然有其合理性，因为在不远的过去，历史学和现实政治、意识形态就纠缠不清，最终沦为“政治的婢女”、“任人打扮的小姑娘”。结果可谓惨痛，几乎完全窒息了历史学的活力，本该丰富多元的历史叙述，变成了千面一律的简单重复。但是，矫枉过正，专业化的史学日趋退居边缘，成为书斋里的纯学问，似乎也不可取。作者指出，“专业史学家把整合历史知识的重任拱手交给了根本不具资历的作者，与此同时，史学家也失去他们一度享有的对政策的影响力，而将这种影响力交与了他们的社会科学同行，尤其是经济学家”[④]。或主动或被动，专业史家放弃了塑造大众历史意识和参与国家决策的使命，将它们交给了业余历史写作者和其他社会科学学科的学者。社会大众对历史知识的渴求是一种普遍的存在，电视荧屏上的古装剧长盛不衰，通俗历史著作放在书店最醒目的柜台，这些都是明证。国家政策的决策也需要有历史纵深的开阔视野，很多公共议题有着明显的历史连续性，这些都需要历史学的参与，正所谓“温故而知新”。

史学在专业化的同时日益变得晦涩难懂，忘记了史学叙事的传统。就像王汎森先生所言：“一般民众渴盼读到有‘人’的历史，专业史学界反其道而行，认为愈没有‘人’的历史，层次愈高，人名太多的历史是‘软’的历史，反之才是‘硬’的历史。只好把‘人’的历史交给通俗传

---

① ［英］柯林武德：《历史的观念》，何兆武、张文杰译，商务印书馆2004年版，第38页。

② 转引自刘昶《人心中的历史》，四川人民出版社1987年版，第216—217页。

③ ［美］乔·古尔迪、［英］大卫·阿米蒂奇：《历史学宣言》，孙岳译，第12页。

④ 同上书，第8页。

记作家或文史工作者。"[①] 眼下有太多的历史著作有理论分析，有结构描述，有数据表格罗列，恰恰遗漏了"人"。史学讲求细节的描述，讲述精彩的故事，将理论分析"见之于行事"[②]，这是应有之义。劳伦斯·斯通在《历史叙述的复兴：对一种新的老历史的反省》就准确预测到了此后史学界"叙事的复兴"，这不是对过往"老历史"的简单回归，而是经过一番反省之后的复兴，目的是建立一种新的有叙事的历史。[③]

史学的专业化还伴随着新兴史学门类的兴起，比如微观史、新文化史等。兴起于意大利的微观史自有其长处，这不容否认，"就有限框架下治史的高超和老练程度而言，微观史学及其他短期史学流派可谓达到了登峰造极的高度，俨然运用多重史料的大师"[④]。比如微观史大家勒华拉杜里、卡罗·金兹堡、娜塔莉·戴维斯等人的作品出版之后，一时洛阳纸贵，很快被奉为经典。然而微观史写作风行之后，流弊随之而生，即史学界广为批判的"碎片化"现象。历史学家对越来越小的东西知道得越来越多，多数都在讨论小问题，结果看到的是一堆互不相干的"鸡零狗碎"，对细节了解的不少，但对历史整体性的大画面却知之甚少。微观史摈弃史学的宏大叙事和道德规谏的传统，执着于细微史学对象的"深描"，似乎在歧途走得太远。伴随着史学专业化产生的问题和焦虑困扰着历史学家，历史学家群体内部的自省并不缺乏，如本书的两位作者。他们的著作出版后在学界响应者众多，表明他们并不孤单。

具体到中国史学界的碎片化问题，王学典教授将之定性为："用存在严重的'碎片化'来形容中国史学研究的基本生态，并非耸人听闻。"他进而言道："当今中国史学在一些重大问题上所表现出来的失重和失语，其深层原因都可归咎于'碎片化'的流行。"[⑤] 他的话揭示出碎片化影响的深刻性和广泛性，话语可谓沉痛。文章最后，他郑重喊出重建中国史学的宏大叙事，确属针砭时弊之言。被质疑为史学碎片化典型的"华南学派"，对加诸其身的指责也有答辩。他们辩解自己并非是为了研究华南而

---

① 王汎森：《人的消失?! ——兼论20世纪史学中"非个人性历史力量"》，见氏著《思想是生活的一种方式：中国近代思想史的再思考》，北京大学出版社2018年版，第345页。

② 罗志田：《见之于行事：中国近代史研究的可能走向》，《历史研究》2002年第1期。

③ ［美］劳伦斯·斯通：《历史叙述的复兴：对一种新的老历史的反省》，古伟瀛译，参见《新史学》第4辑，大象出版社2005年版，第8—9页。

④ ［美］乔·古尔迪、［英］大卫·阿米蒂奇：《历史学宣言》，孙岳译，第64页。

⑤ 王学典、郭震旦：《重建史学的宏大叙事》，《近代史研究》2012年第5期。

研究华南，研究华南的目的是为了更好地了解中国的历史和人类的历史。他们的区域社会史研究本身就是重写中国通史努力的一部分，并且提出作为方法论的区域社会史研究。[①] 饶有兴味的是，他们总结自己社会史研究的特点，正是“长时段”和“整体史”[②]。

史学发展的流弊还表现在对史学宏大叙事的舍弃，宏大叙事一般指的是通史写作，主张用长远的、宏大的眼光看问题，要从历史中找出趋势性、规律性的东西。它的好处是提供了一个长时段、整体性的画面，但是宏大叙事也有缺陷，那就是只可远看，不能近观，特别是拿放大镜来看，就会发现许多简单化和过度概括的毛病。[③] 过往的宏大叙事久而久之确有空阔、僵硬的毛病，但历史学完全放弃书写宏大叙事的雄心，似乎并不可取。人类历史宏大叙事的书写很大程度被其他学科学者越俎代庖，比如经济学家诺思等所著的《暴力与社会秩序：诠释有文字记载的人类历史的一个概念性框架》、社会学家迈克尔·曼所著的《社会权力的来源》。诺思等人认为暴力深深植根于人性之中，人类社会为了控制暴力，形成原始、权利限制和权利开放三种社会秩序，它们构成人类社会历史发展进步的基本历程。[④] 迈克尔·曼认为人类有四个基本需求，分别构成了意识形态、经济、军事、政治四个社会权力的来源，人们会在这四个权力来源的基础上建立社会组织，并为控制这些社会组织而斗争，这一点是整个人类历史形成和演变的核心。[⑤] 这两本书的作者分别以自己的概念和理论体系诠释人类文明发展至今的历程，观点正确与否姑且不论，他们勇于诠释人类文明史宏大叙事的尝试，无疑值得肯定。况且，他们作品在学界引起广泛关注，影响远远超出自身学科的范畴，这对历史学界是个有益的提醒。

当然，重建的宏大叙事并非一劳永逸的终极答案，也并非一言堂式的天下一统，更多的是“否定之否定”的范式更新，甚或是多元范式的混流并进。作者就指出：“我们希望复兴的是这样一种历史，它既要延续微观

---

① 赵世瑜、邓庆平：《二十世纪中国社会史研究的回顾与思考》，《历史研究》2001年第6期。

② 张小也：《官、民与法：明清国家与基层社会》，中华书局2007年版，第23—24页。

③ 李剑鸣：《“大”与“小”的关系及其他——现代历史写作的挑战与应对》，《历史教学》2009年第15期。

④ 道格拉斯·C. 诺思等：《暴力与社会秩序：诠释有文字记载的人类历史的一个概念性框架》，杭行、王亮译，格致出版社2017年版。

⑤ 转引自赵鼎新《社会与政治运动讲义》，社会科学文献出版社2012年版，第135页。

史的档案研究优势，又须将自身嵌入到更大的宏观叙事，后者要采信多种文献数据。”[①] 通过大数据等信息技术的运用，大历史、长时段结合微观史，综合两者的长处，重新回归历史学的宏大叙事。目前，人类历史已经迈入新的时代，继续忽视社会公众，回避关怀国计民生，历史学将迷失自我，走向危机和瓦解，历史学家奋起拯救自身和历史学科已属刻不容缓。承认问题的存在无疑是解决问题的第一步，余下的只是如何行事而已。

为弥补短期主义的危害，历史学可以纠偏补弊，正堪大用。何以能做到如此呢？这要归因于历史学的学科特性。以布罗代尔为代表的年鉴学派就追求长时段的历史，“用近乎永恒的‘长时段’把历史结构化”[②]，把研究的重心放在人口、地理、气候等这些长时段的深层和结构性因素。长时段研究有助于历史研究者透过纷繁复杂、变幻无常的社会表相去发现社会的深层结构，正是这些在长时段内累计和相对稳定的深层结构支配着社会上演出的一幕幕历史剧。勒高夫也说：“历史的发展时快时慢，但是推动历史发展的内在动力却只有在长时段中才能起作用并被把握。”[③] 当然时过境迁，本书提出的长时段并不完全等同于年鉴学派的长时段，是否定之否定之后的长时段，“新的长时段史学家应当学会用历史去批判制度，并恢复史学的本来面目：一种富于批判性的社会科学”[④]。

以计算机为代表的信息技术更是为历史学研究提供了前所未有的利器，“计量史学”、“大数据历史”、“e考据”等应运而生，在经济史、人口史、观念史等史学领域广泛应用，取得的成绩有目共睹。它们赖以存在的最重要工具是计算机、互联网、数据库，致力于用统计的方法发现和验证历史，具体研究中大多以团队合作的形式和专门开发的计算机程序来进行，过程中尽可能排除人为因素的干扰，期以获得更高程度的客观与精准。新技术的应用克服了过往史家以个人之力单打独斗的弊端，开拓了史学新的增长点，长时段和大数据的结合预示了广阔的学术前景。在作者看来，借助大数据等信息技术，长时段、大历史的复兴完全可能。

不仅如此，经济学、社会学等研究人类现实问题的学科也需要历史学

---

① ［美］乔·古尔迪、［英］大卫·阿米蒂奇：《历史学宣言》，孙岳译，第151页。

② 马胜利：《年鉴学派和“新史学”的墓志铭——评介〈碎片化的历史学〉》，《世界历史》2009年第6期。

③ ［法］J. 勒高夫等主编：《新史学》，姚蒙编译，上海译文出版社1989年版，第27页。

④ ［美］乔·古尔迪、［英］大卫·阿米蒂奇：《历史学宣言》，孙岳译，第98页。

的助力。李伯重教授就指出：“今天经济学遇到危机的一个原因是许多经济学家未能重视经济史，或者对于历史的认识会有偏差，从而导致了他们或者忽视历史对于今天的重要性，或者将其研究建立在一种对历史的错误认识之上。”在经济决策上历史学也同样可以起到重大作用，他说道：“研究者和从业人员可以从经济史中认识到，过去已多次出现经济表现和经济政策的重大非连续性问题，未来有可能再次发生。”① 社会学家应星大力提倡“历史社会学”②，要求关注社会现象、社会问题的历史维度，正可以从这个背景下理解。他从个人的研究中深刻意识到现实问题有长远的历史源流，某些现象甚至只是历史的重演，无疑其中包含有历史连续性的内涵。文史分家之后的文学界也来借鉴史学界的社会史研究，2015 年《文学评论》专门为此刊发了一组“社会史视野下的中国现当代文学”笔谈。编者谓：“在中国现当代文学研究中引入社会史的视野，不仅是新方法的拓展，也是新的问题意识的推进，与 20 世纪中国文学实践所展开的广阔的社会变革背景密切相关。”③

在中国，历史学有着悠久的传统，辉煌的过往。不仅中国古代的学术总汇于“史”④，“史”还是中国历朝历代政治智慧的结晶。司马迁的“究天人之际，通古今之变，成一家之言”，在历代作史者心中留下长久的回响，激励着一代代史学者前仆后继。“史”不仅是中国传统学术的载体，更是士人经世致用的凭借。当然，进入现代社会，史学所起的作用远远不能和传统时代相比。但是褒贬与课责在现代史学中几乎被遗忘，亦属不该。公众对历史学提出需求，历史学的学科特性也决定它有能力满足这种需求。它对长时段历史的专注，它的叙事特长，它的“反事实思维”⑤，它提供论争相关的历史知识和案例背景，这些都可以加深相关讨论的历史深度，为相关决策提供历史依据。

面临着历史学在现代社会日趋边缘的窘境，作者提倡长时段、大历史和宏大叙事的回归，呼吁重新珍视历史学的人文价值和社会功用，强调历史学家的责任和担当。目的是使历史学回归大众视野，鼓励历史学者更多

① 李伯重：《为何经济学需要历史》，《读书》2015 年第 11 期。

② 应星：《略论历史社会学在中国的初兴》，《学海》2018 年第 3 期。

③ 《“社会史视野下的中国现当代文学”笔谈》编者按，《文学评论》2015 年第 6 期。

④ 余英时：《士与中国文化》，上海人民出版社 2003 年版，第 33 页。

⑤ ［美］乔·古尔迪、［英］大卫·阿米蒂奇：《历史学宣言》，孙岳译，第 22、31 页。

介入公共议题的论证和决策，以期迎来一个光明的“历史的公共未来”。在大众历史知识的来源、历史意识的塑造方面，历史学完全可以做得更多、更好。历史学家应该有宽阔的视野和考察大问题的雄心，重建历史学的公共性成为当务之急。首尾呼应，本书最后一句话同样改写自《共产党宣言》，“全世界历史学家，联合起来！你们会赢得一个世界，现在还为时不晚”①，发出针对史学界的公开呼吁。

① ［美］乔·古尔迪、［英］大卫·阿米蒂奇：《历史学宣言》，孙岳译，第155页。

霍布斯鲍姆史学理论体系中的“偏见”解读

单　磊*

历史学有没有党派偏见（partisanship）？这似乎是一个荒唐的疑问，却又是一个时刻萦绕于历史学家头脑中的问题。被誉为“马克思主义史学派旗手”的英国史学理论家埃里克·霍布斯鲍姆（Eric Hobsbawm，1917—2012）给出了极其肯定的回答，甚至将之扩大到整个社会科学领域：“社会科学的发展一直没有与党派偏见相分离——没有党派偏见，某些学科可能根本就不会存在——这是无可否认的。”[①]“党派偏见”有广义与狭义之别：从广义上讲是指“否认纯客观的和价值自由学科的另一种方式”；从狭义上讲是指“使研究过程和研究结果从属于研究者意识形态或政治倾向的需要而从不考虑这究竟意味着什么，包括研究者本人受意识形态或权威的支配，如果没有这些支配，那些研究过程和研究结果可能与意识形态或权威的需要产生很大的矛盾”[②]。就狭义论之，“党派偏见”是侧重于社会中的特定阶层或集团利益的立场或倾向。任何思想无不侧重于社会的某个阶层或集团的利益，从而被这一群体广泛接受和运用，并反过来为该阶层或集团的利益服务。本文循着霍布斯鲍姆的思路做一引申讨论。

---

* 单磊，北京师范大学历史学院。

① ［英］霍布斯鲍姆：《史学家：历史神话的终结者》，马俊亚等译，上海人民出版社2002年版，第154页。

② 同上书，第141—142页。

一

历史学是否真如霍布斯鲍姆声称的那样具有顽固的党派偏见呢?

现代历史认识论中的“历史”大致包含三层含义:作为客观存在的历史;作为物化形态的史料;作为图景建构的历史事实。通过对“历史”的三层结构的分析,或可体察出历史学的党派属性。历史学具有强烈的党派属性。无论是历史片断的截取、史料的制造和流布,还是历史图景的建构,无不体现历史学的党派偏见。历史学的党派偏见既对历史学的健康发展造成严重损害,又能被用来对抗其他偏见。

(一)基于客观存在的历史的考察

历史存在只在一瞬间发生并永远凝固在自在之物的陈列馆中,然而,并非所有的历史存在都能从“自在”状态进入历史认识结构之中。究竟哪一部分能够进入史家主体视野成为历史客体?哪些思想行为能被记录下来?

从事历史叙事的史家受时代、阶层、生活境遇等局限有意无意地把自身生活体验和对历史的感悟融合进历史撰述中。长期生活在宫廷之人一般对宫闱之事比较感兴趣,其记载往往会较多关涉于此;乡野村夫、贩夫走卒则多关注与他们生活息息相关的稼穑之事、市井之言。早期史官的视野多局限于王侯将相,而很少涉足贩夫走卒,因而,哪怕是琐碎芜杂的宫闱之事也能被记录,而影响深远的社会底层之事反被忽略。正由于此,“二十四史”才被梁启超指斥为“帝王将相家谱”。

事实上,在选取、切割历史画面时往往表现出你死我活的残酷斗争,每一个参与历史书写的人的思想和行为往往是某一社会阶层或集团整体生活经历和思维积淀的结果,无可争辩地打上这一阶层或集团的烙印。如,生活于阀阅观念浓厚的魏晋时期,一个出身于士族的人与一个出身于寒门的人,他们的生活经历和思维方式的迥异势必会导致思想和行为的巨大差异,以至于晋惠帝应对哀鸿遍野的情状竟然说出“何不食肉糜”的混账话。不同社会阶层或集团对历史的关照有天然的不同,更何况是在应对诸如“玄武门之变”“靖难之役”等关系到生死存亡的重大事变时所进行的历史片段截取呢?正是在这层意义上,我们认为历史学的党派属性往往具有利己性，是优势阶层或集团论证自身地位合法性的手段。

（二）基于物化形态的史料的考察

历史只有被记录成为史料并流传至今才可能为我们所认识，因为只有史料才能与认识主体建立直接对象性关系。究竟哪些人拥有记录历史的权力和机会？哪些史料能够保存并得以流传至今？

哪些思想和行为能被记录下来往往取决于哪些人书写历史，然而在现实生活中，并非谁想书写历史谁就能书写历史。生活于下层的平民百姓连吃饭都成问题，哪还有时间、精力、财力倾注到高投入、低产出的历史书写中？历史无疑是由活着的人，尤其是那些在现实社会中处于优势地位的人来书写的。具体而言，历史书写由知识精英完成，普通民众几乎不存在历史书写的权利和权力。因而，在某种意义上我们可以说，历史书写的过程就是强者对弱者审判的过程，在这个过程中历史书写者动用史权对书写对象进行掏心挖肺式的剖析——尽管执笔操简者中不乏秉笔直书的良史。诚如E. H. 卡尔（E. H. Carr，1892—1982）所说，历史不会让人感到枯燥，因为它的大部分是活人在讲他们的英勇事迹，“总的来说，历史是成功者的记录，而不是失败者的记录：在这个意义上，历史显然是一个成功的故事”，它使得成功更符合历史的逻辑。[①] 纵使是被视为直书、实录的历史书写也必然蕴含着记录者的价值判断。那种认为历史书写必须完全客观的观点早已被历史相对主义和后现代主义批驳得遍体鳞伤。

在视不懂新出土史料为“不入流”的时代，不仅史料的制造流程使得那些自视“预流”的史家感到心惊胆战，史料流布状况同样让他们不寒而栗。史料能否流布，以什么方式流布，通常是与记录主体的社会阶层或集团息息相关的。修史者的本质力量浮沉与话语权力变迁有密切关联，史料能否且在多大程度上得以流布在某种意义上并非史料的价值或史家的才华，而正是这种话语权势。许多著作因作史者经济拮据无法刊印而湮没于世，还有许多著作只能伪托名流之作才得以流传，更有甚者，为统治者不断翻新花样的文字狱暴虐地剥夺了许多珍贵史料的流布权利。如此等等，不一而足，难道还不足以说明史料具有党派属性、蕴含着某种权力运作因素吗？

---

① ［英］E. H. 卡尔：《历史是什么?》，陈恒译，商务印书馆2007年版，第230页。

（三）基于图景建构的历史事实的考察

历史事实具有可建构性，史家具有主体能动性。在某种意义上可以说，历史只是历史学家的历史。历史图景的建构离不开历史学家的头脑。作为被书写的历史是历史认识主体在与认识客体进行“同化”与“建构”的实践中叙述出来的。既然历史认识活动是价值论与认识论双向互动的过程，就不可避免地把史家主体的政治立场、现实利益、情感体验等渗透进他们建构历史的过程和结果之中，进而体现出作为图景建构的历史事实的党派偏见。清人通过对明代学术体系的建构，尤其是通过被指斥为“皇权阴谋”的四库立馆寓禁于修，御用史官得以用寸管抹杀史迹、诋毁明人成就而为本朝张目，不就是历史建构活动具有党派属性的凿凿铁证吗？

二

历史学具有党派偏见是确凿无疑的。由于历史的记录权和解读权归于少数统治者或与统治意志达到某种契合的史官，因此，在“自在之物”转化为“自为之物”、思想行为沉淀为物化遗存、史料流布和历史图景建构过程中无时无刻不渗透着历史学的党派偏见。英国哲学家伯特兰·罗素（Bertrand Russell，1872—1970）说：“一个历史学家对一个党并不比对另一个更为偏爱，而且不允许自己所写的人物中有英雄和坏人，从这个意义上说的不偏不倚的历史学家，将是一个枯燥无味的作家。”①当我们静下心来深入思考这些问题的时候，只能得出这样一个无奈的结论：不要试图改变历史上看似不合理的一切，因为我们就是这不合理的一切的产物。人性自身的弱点决定了人是利己的存在物，倘若我们更换了某个让我们感情上不能接受的历史场景，或许，我们——这些还能思考和评价历史的、所谓掌控史权的人——是不可能繁衍至当下的。古今中外的史家，无论本性上多么正直、善良、公允，他们首要的行为便是论证自己存在的合法性——既有秩序的合法性——并作出有利于自身所处阶层或集团的历史片段截取、书写方式选择和历史图景建构。任何生

① ［英］罗素：《历史作为一门艺术》，载何兆武编《历史理论与史学理论》，商务印书馆1999年版，第522页。

活于社会中的人的历史书写都在有意无意地体现着社会中特定阶层或集团的生活经历和思维积淀，并在某种程度上服务于此阶层或集团的现实利益。因此，我们完全无须回避这样一个事实：历史学的党派偏见是客观的、不可避免的，只要我们还在进行史学实践活动，历史学的党派偏见就无时无刻不在发挥着其超强魔力，遮蔽我们的视线，影响我们对历史真相的追寻。

历史学的党派偏见从本质上说应当划归史家主体意识的范畴。然而，不同于一般的历史认识论中的主体意识，这种主体意识会对历史学的健康发展造成不可估量的损害。这种损害最突出地表现为破坏良好的史学生态。与霍布斯鲍姆一样，另一位卓越的马克思主义史学家爱德华·汤普森（Edward Palmer Thompson，1924—1993）注意到，英国存在大量“从一个统治阶级的期望，自我形象和辩护的角度看社会”的史学作品；卡尔·戴格勒提及西方史学界有一种“鼓吹式史学”，即“毫不掩饰地为一项事业、一个人、一个集团或一种观念而写的历史”[①]。历史学的党派属性更激烈地表现在对意识形态的建构上。斯大林通过党内斗争的方式取得在党和国家的绝对领袖地位后，便确立了以党性原则为准绳的史学观，并组建了几套班子按“党的原则”“斯大林的意图”编写党史，扭转以“客观性、真实性、公正性”为标准的史学传统，进而展开其“意识形态净化运动”[②]。在一个处处以“国家”“集体”“大一统”为幌子行使强势话语权以抑制甚至泯灭“异端”的时候，这种行径是最隐蔽而又最恶毒的。这种“辩护性史学”“鼓吹式史学”和“意识形态史学”都是历史学的党派偏见催生下的怪胎，其摇唇鼓噪之状令人作呕，其为祸之烈令人发指。

“胜利者书写历史”是一个类似于“落后就要挨打”一样的铁律。这往往为强势集团比附某种理论或主义所践行。诚如年鉴学派领军人物布洛赫所言：“历史是历史学家的暴君，它自觉或不自觉地严禁史学家了解任何它没有透露的东西。”[③] 历史学的党派偏见剥夺至少是限制了我们直面事实的机会。我们若不明察秋毫，必将沦落到被强势话语裹挟而不自知的地步。当今学界，动辄有人声称自己的研究建立在可靠的史料和严谨的方法

---

① 李剑鸣：《历史学家的修养和技艺》，生活·读书·新知三联书店2007年版，第118页。

② 金雁：《斯大林时代的苏俄史学界》，《炎黄春秋》2007年第8期。

③ ［法］马克·布洛赫：《历史学家的技艺》，张和声、陈郁译，上海社会科学院出版社1992年版，第47页。

之上，似乎如此就占据了话语制高点，研究成果就无懈可击了。殊不知，历史学的党派偏见早已令其无力招架而只得乖乖投降了。

三

历史学之所以具有党派偏见归根结底是对立的阶层或集团维护自身利益的需要。这种属性就决定了党派偏见可以当作一种工具来运用。党派偏见具有巨大的威力，不同的阶层或集团都可以运用它为自己服务。

历史学的党派偏见可用篡改或遗忘的方式重塑历史记忆。第二次世界大战后的日本和法国都曾运用这一工具为本民族服务。日本右翼势力百般粉饰侵略，甚至篡改历史教科书，以达到涂抹历史记忆的卑鄙目的。法国人在教科书中大量增加法兰西民族优秀传统文化的内容，极少提及亡国之耻。前者必将遭到可耻的失败，而后者已经被历史证明成功地实现了法兰西民族自信心的增强和民族国家意识的强化。的确，历史记忆可以“满足人类追求意义的渴望，因而引诱人们利用历史来膨胀声誉，粉饰过去，消除不安，替行为找合理的解释”①。

历史学的党派偏见还能用来反抗其他偏见——往往是更强势的偏见。克里奥女神的战车从来就是驰骋于累累尸骨之上的，这必然引起关于进步与落后、文明与蒙昧、正义与邪恶的较量。“胜利者书写历史”导致无数层面纱伏在历史真相上，因此需要不断地进行历史再认识甚至历史的重新书写。卡尔说过：“最好的历史学家是最有偏见的历史学家。”② 弱势集团为了伸张正义，维护生存利益，利用历史学的党派偏见服务自身，往往能够取得良好效果。近代中国民族主义史家运用民族主义话语，制造“华人与狗不得入内”的话语，并借此掀起民族独立运动高潮③，就是一个依照一定之规以一种偏见反抗更强势偏见的经典案例。或许正是在这个意义上，霍布斯鲍姆并未完全否认历史学具有党派偏见的合理性，反而论证了党派偏见在“科学或学术的规范”和“学者献身党派事业”之中的正当

---

① ［美］乔伊斯·阿普尔比、林恩·亨特、玛格丽特·雅各布：《历史的真相》，刘北城等译，中央编译出版社 1999 年版，第 253 页。

② ［英］E. H. 卡尔：《历史是什么?》，第 2 页。

③ 苏智良、赵胜：《民族主义与殖民主义的较量——外滩公园“华人与狗不得入内”文字资料的历史解读》，《甘肃社会科学》2009 年第 4 期。

性。他曾不无感喟地说："期望学者们不去当一名辩护士是非常不现实的，尤其当（就像常见的那样）他们认为某件事不仅具有爱国主义或其他政治信念，而且该事件本身就是正确的时候，他们更会去做。"他还以辩驳的口吻说："难道我们能否认对其民族历史虔诚的研究对民族主义运动的推波助澜作用吗？"①

尽管意识到党派属性是从娘胎带来的，并且有一定合理性，霍布斯鲍姆还是旗帜鲜明地批判党派偏见，致力于消除这种偏见。党派偏见包括有关事实的偏见和有关人的偏见。前者可得到公认观点，即"没有什么纯客观和价值自由的科学"；对于后者，从研究过程到结果，再到理论，"全都被看作具有某种特殊的政治（或更笼统地说，是'意识形态的'）功能或目的，它们与某种特定的社会或政治群体或组织相联系"②。历史学的党派偏见归根结底是有关人——历史学家——的偏见。因而，研究活动"必须以消除极端的党派偏见为起点"，研究者的论点"必须遵从正确检测原则，必须采用原则上不受党派偏见支配的方法和标准"③。在他看来，唯有打破学科畛域，促进不同领域交流、信任和合作，"党派偏见才能抵消闭门造车的趋势，极端地说，是学究作风，才能抵消为了自身的利益而故弄玄虚的趋势，才能抵消学术的自我封闭"④。诚哉斯言！历史学家是历史书写和历史研究中最活跃、最革命的因素，终结历史神话、打破神像崇拜是历史学家义不容辞的责任。历史学家无疑应该是刚正不阿的法官，而不是只管为代理人开释罪责的律师或是只顾为客户推销商品的广告商。

---

① ［英］霍布斯鲍姆：《史学家：历史神话的终结者》，马俊亚等译，上海人民出版社2002年版，第150—151页。

② 同上书，第142页。

③ 同上书，第146页。

④ 同上书，第160页。

孔子“性与天道”解

郭　倩*

在中国史学史领域，天人关系始终是史家孜孜以求的重要问题。司马迁在《报任安书》中讲到，他作《史记》的主要目的即为“究天人之际，通古今之变，成一家之言”。其实，在司马迁之前的诸子时代，人们已经开始思考天与人的关系、命与性的关系，孔子“性与天道”的思想即其明证。据《论语·公冶长》载，子贡曾言道：“夫子之文章，可得而闻也；夫子之言性与天道，不可得而闻也。”① 此语虽非孔子所言，然亦是对孔子天人观念、性命观念的反映，因此一直为学术界重视。其中“性与天道”何解，一直是学术界争论的话题。多数学者认为，天道为人性提供了理想道德的依据。其代表人物有牟宗三、唐君毅、徐复观、蒙培元等学者。② 此后很多学者都曾发表过类似观点。③ 另外，徐复观、牟宗三等学者还认为天道有一个由外在于人性到内在于人性的转化过程。牟宗三认为：“天道高高在上，有超越的意义，天道贯注于人身之时，又内在于人而为人的

---

* 郭倩，太原理工大学马克思主义学院。

① 《论语注疏》，阮元校刻：《十三经注疏》，中华书局 1980 年版，第 2474 页。

② 见牟宗三：《中国哲学的特质》，吉林出版集团 2010 年版，第 33 页；徐复观：《中国人性论史》，湖北人民出版社 2002 年版，第 91 页；唐君毅：《中国哲学原论·原性篇》，中国社会科学出版社 2005 年版，第 9 页。

③ 见孙以楷：《先秦儒家人性学说的逻辑发展》，《哲学研究》1988 年第 6 期；褚新国：《性与天道——考察孔子人性思想的一个向度》，《云梦学刊》2004 年 7 月；高书文：《“性与天道”的自觉：孔子成德思想的立足点》，《前沿》2012 年第 22 期。

性，这时天道又是内在的。”[①] 徐复观也持类似观点。[②] 诸位学者对此问题的观点已经非常精审，但笔者认为，对于孔子“性与天道”的思想，仍有探讨的余地。

一 句意辨析

“夫子之言性与天道，不可得而闻也”一句何意，学者众说纷纭。何晏认为“不可得闻”意谓天道深微，故不可得闻。[③] 皇侃认为此言孔子六籍所言之旨不可得而闻。[④] 朱熹则以义理之性与义理之天来解释此处之“性”与“天道”，并认为此句意为子贡得闻孔子关于性与天道之言，并叹美之。[⑤] 刘宝楠认为，所谓天道，主要就易而言，易为言天道之书；孔子晚年始学易，此言子贡未曾得闻孔子于易之学问。[⑥]

综观诸位学者之观点，可知，诸学者对“天道”之理解即有异。何晏认为，“天道者，元亨日新之道”[⑦]。朱熹则言：“天道者，天理自然之本体，其实一理也。”[⑧] 刘宝楠认为，所谓天道，主要就易而言，易为言天道

① 牟宗三：《中国哲学的特质》，吉林出版集团2010年版，第24页。

② 徐复观：《有关中国思想史中一个基题的考察——释〈论语〉“五十而知天命”》，《徐复观文集》第二卷，湖北人民出版社2002年版，第119页。

③ 何晏注：“性者，人所受以生也。天道者，元亨日新之道也，深微，故不可得闻”。见何晏注、皇侃疏：《论语义疏》，商务印书馆1937年版，第60页。

④ 皇侃疏：“天道，为元亨日新之道也。言孔子六籍，乃是人之所见，而六籍所言之旨，不可得而闻也。”见何晏注、皇侃疏：《论语义疏》，商务印书馆1937年版，第60页。

⑤ 朱熹注“夫子之文章，可得而闻也；夫子之言性与天道，不可得而闻也”曰：“文章，德之见乎外者，威仪文辞皆是也。性者，人所受之天理。天道者，天理自然之本体，其实一理也。言夫子之文章，日见乎外，固学者所共闻。至于性与天道，则夫子罕言之，而学者有不得闻者。盖圣门教不躐等，子贡至是始得闻之，而叹其美也。程子曰，此子贡闻夫子之至论而叹美之言也。”见朱熹《四书章句集注》，中华书局1983年版，第79页。

⑥ 刘宝楠：“世家又云，孔子晚而喜易。序彖系象说卦文言。读易韦编三绝。曰：假我数年，若是。我于易则彬彬矣。盖易藏太史氏。学者不可得见。故韩宣子适鲁，观书太史氏。始见周易。孔子五十学易。惟子夏商瞿。晚年弟子。得传是学。然则子贡言性与天道。不可得闻。易是也。……宋氏翔凤发微云。易明天道以通人事。故本隐以之显。春秋纪人事以成天道。故推见至隐。天官书曰。孔子论六经纪异而说不书。至天道命不传。传其人不待告。告非其人。虽言不著。汉书李寻传赞曰。幽赞神明。通合天人之道者。莫著乎易春秋。然子贡犹云夫子之文章。夫子之言性与天道。不可得而闻已矣。班氏以易春秋为性与天道之书。故引子贡之言以实之。”见刘宝楠：《论语正义》，中华书局1990年版，第184页。

⑦ 何晏注、皇侃疏：《论语义疏》，商务印书馆1937年版，第60页。

⑧ 朱熹：《四书章句集注》，中华书局1983年版，第79页。

之书。[①] 概言之，有学者认为“天道”指孔子有关《易》之学说，有学者认为“天道”指天之化育之道（元亨日新之道），有学者认为“天道”即天理。在此基础上，学者对全句之理解亦有异。欲明确此句含义，首先应明确“天道”何指。

那么，“天道”究竟指什么？考之文献，可知，“天道”本是春秋中晚期大夫阶层常言之命题，如董叔言“天道多在西北”（《左传·襄公十八年》）、子产言“天道远人道迩”（《左传·昭公十八年》）、晏子言“天道不谄，不贰其命”（《左传·昭公二十六年》）。此处“天道”何意，已有学者进行了概括。吾淳即言“定型于春秋时期的自然天道观所突出和强调的就是宇宙自然的法则或规律”[②]。此处之“天道”，即为此意。

“天道”的含义既已明确，那么，孔子是否曾言及或思及“性与天道”呢？从“天何言哉，四时行焉，百物生焉”[③] 一语，可知孔子是曾经言及天道的，“四时行，百物生”即是对天之自然规律的描述。另一个证据是“子罕言利，与命与仁”[④]。对于此句，已有学者指出，并非意谓孔子罕言命与仁，而指孔子赞成命与仁。[⑤] 而天道，与天命常常夹缠不清，孔子既常言天命，不可能不涉及天道。故，我们不能从字面意思来理解“夫子之言性与天道不可得闻”，得出没人听过孔子言说性与天道抑或不曾言说性与天道。须知，若“性与天道”不是当时学者关注之命题抑或孔子未曾关注过此问题，那么子贡就无须将性与天道放在一起讲，更无须特言“夫子之言性与天道未曾得闻”。必是孔子对此问题有过思考，而在弟子中又不曾加以强调，抑或弟子不曾听得明白或付诸行动，才可能出现子贡此语。另外，上文提及诸位学者对此句之解释，虽然众说纷纭，但也均未否定孔子曾思及性与天道。因此，可以确定，孔子曾思考过“性与天道”这一命题。至于子贡为何言“夫子之言性与天道，不可得闻”，有可能如何晏所言孔子性与天道之思想太过深微，不易理解，有可能如朱熹所言此为子贡叹美孔子性与天道思想之精妙。

---

① 刘宝楠：《论语正义》，中华书局 1990 年版，第 184 页。

② 吾淳：《春秋末年以前的宗教天命观与自然天道观》，《中国哲学史》2009 年第 4 期。

③ 《论语注疏》，阮元校刻：《十三经注疏》，中华书局 1980 年版，第 2526 页。

④ 《论语注疏》，阮元校刻《十三经注疏》，中华书局 1980 年版，第 2489 页。

⑤ 《四书辨疑》云：“圣人于三者之中所罕言者，惟利耳，命与仁乃所常言。命犹言之有数，至于言仁，宁可数邪？圣人舍仁义而不言，则其所以为教为道，化育斯民，洪济万物者，果何事也？”见程树德：《论语集释》，中华书局 1990 年版，第 566 页。

二 “性与天道”关系辨析

前文已述，孔子应曾思及“性与天道”这一命题。那么，孔子的思考是从什么角度切入的呢？《论语》中并未记载孔子直接言性与天道之语，但通过相关论述，我们约略可以窥知一点端倪。

（一）天道为人规定了理想人性

在《论语》中，并无直接言性与天道关系的文字。然而通检文献，会发现，《孔子家语》与《大戴礼记》中共同存有一条孔子关于天道与性之关系的论述。

> 分于道谓之命，形于一谓之性，化于阴阳、象形而发谓之生，化穷数尽谓之死。故命者性之始也，死者生之终也。①

虽然《孔子家语》与《大戴礼记》成书年代较晚，但其中亦保留了相当早的内容。李锐先生与杨朝明先生均认为此句极可能为孔子之语。②

对于此句，卢辩注曰：“道，谓冥化自然之道也，人莫违焉。或分得其长，分得其短，其变修促谓之命也。形，法象也。凡人禀于木，则象之以仁；受于金，则以义。孔子曰：‘天命之谓性。’性者，资于未生之前，发于既生之后。原其所，故于此言之。象微昧。易曰：‘男女搆精，万物化生也。’化穷者，身也。数尽者，年也。命初分于道，则是生之始也。分道则修短已定，故为生之终。是以始末举也。”③ 参考卢辩的解释，可知全句意谓：命由天道之化育功能而生，性由对天道之效法而生。在阴阳与法象的共同作用下，人得以生；身体年命尽，谓之死。因此，有命才有性，死为生之终。

其中卢辩解“形”作“凡人禀于木，则象之以仁；受于金，则以

---

① 杨朝明：《孔子家语通解》，齐鲁书社2009年版，第308页；孔广森：《大戴礼记补注》，中华书局2013年版，第241—242页。

② 杨朝明：《孔子家语通解》，齐鲁书社2009年版，第308页；李锐：《孔孟之间性论研究》，清华大学博士学位论文，第81页。

③ 孔广森：《大戴礼记补注》，中华书局2013年版，第241—242页。

义”。“人禀于木，则象之以仁；受于金，则以义”，有附会之嫌，不仅如此，孔子亦未曾言“天命之谓性”。虽然卢辩之解释有诸多待修正处，但他将形解作“法象”，是正确的，在古书中，形、型均有法之意。如此，则孔子此处所言天道与人性之关系，是规定与被规定之关系。人因天道而生，谓之命（类似“民受天地之中以生，所谓命也”），人对天道之效法为性。

这种以天道为效法的思想，在《论语》中也能找到例证。细审《论语》中“天何言哉？四时行焉，百物生焉，天何言哉”一语，可发现它也反映出以天道为效法的思想。对于此句，皇侃引王弼云：“予欲无言，盖欲明本，举本统末而示物于极者也。夫立言垂教，将以通性，而弊至于湮……既求道中，不可胜御，是以修本废言，则天而行化，以淳而观，则天地之心见于不言，寒暑代序，则不言之令行乎四时，天岂谆谆者哉？”[①] 通过皇侃的解释，可知，天不言之内容，是天之本，而此本通人之性。结合“四时行焉，百物生焉”之语，可知，天之本为“四时行，百物生”。故天生百物，天行四时，是通于人性的。此本通于人性，即指天在生人之同时，亦规定人性应效法、配合天道。《论语·泰伯》还有“唯天为大，唯尧则之”[②] 之语。对于“大哉，尧之为君也。巍巍乎，唯天为大，唯尧则之”，孔安国曰：“则，法也。美尧法天而行化也。”黄侃引王弼云：“圣人有则天之德，所以称‘唯尧则之’者，唯尧于时全则天之道也。”[③] 由此可知，此乃言尧对天道之效法。尧一向被孔子视为理想人格的代表，此处言尧以天道为法则，可见，孔子心中之理想人格，亦是能法天的。

综上，可知，子贡“性与天道”之言是对孔子理想人性与天道关系思想的反映。在他看来，天道为人规定了人性的理想状态，人需效法天道以达至理想人性。

孔子以天道为人性法则的思想，是有其思想背景的。略早于孔子的子大叔就曾对性与天道的关系做过阐释。

据《左传·昭公二十五年》载，赵简子曾向子大叔问礼，子大叔在回

---

① 何晏注、皇侃疏：《论语义疏》，商务印书馆1937年版，第250页。

② 《论语注疏》，阮元校刻《十三经注疏》，中华书局1980年版，第2487页。

③ 程树德：《论语集解》，中华书局1990年版，第550页。

答何为礼的过程中，曾提及性与天道。

> 子大叔见赵简子，简子问揖让周旋之礼焉。对曰："是仪也，非礼也。"简子曰："敢问，何谓礼?"对曰："吉也闻诸先大夫子产曰：'夫礼，天之经也。地之义也，民之行也。'天地之经，而民实则之。则天之明，因地之性，生其六气，用其五行。气为五味，发为五色，章为五声，淫则昏乱，民失其性。是故为礼以奉之……。民有好、恶、喜、怒、哀、乐，生于六气，是故审则宜类，以制六志。哀有哭泣，乐有歌舞，喜有施舍，怒有战斗；喜生于好，怒生于恶。是故审行信令，祸福赏罚，以制死生。生，好物也；死，恶物也。好物，乐也；恶物，哀也。哀乐不失，乃能协于天地之性，是以长久。"简子曰："甚哉，礼之大也!"对曰："礼，上下之纪，天地之经纬也，民之所以生也，是以先王尚之。故人之能自曲直以赴礼者，谓之成人。大，不亦宜乎?"简子曰："鞅也，请终身守此言也。"①（《左传·昭公二十五年》）

这是子大叔与赵简子关于礼的一段对话。赵简子问何为"揖让周旋之礼"，子大叔认为此是仪而非礼，并言其所理解之礼，是天之经，地之义，民之行，是民之所以生，亦是民必须遵守的规则。只有礼才能奉民五味、五色、五声，规范人伦秩序、节度人之六志。如此，才能使民不失其性，民不失性，才能协于天地之性。

子大叔此言虽以解释何为礼为主旨，但对天道与人性关系之论辩尤其值得注意。在这里，子大叔所言之天地化育万物、秩序万物之能力，实即对天道的表述。而这里的"民"，与天地相对应而存在，实即指人。从这段话中，我们可得知，天道与理想化的人性有着至为密切的关系。

这种关系表现在：人性与天道同以礼为准则，人性是对天道之效法。首先，礼是天道化育并秩序万物的准则。子大叔言："'夫礼，天之经也。地之义也，民之行也。'天地之经，而民实则之。则天之明，因地之性，生其六气，用其五行……礼，上下之纪，天地之经纬也，民之所以生也"。

① 《春秋左传正义》，阮元校刻：《十三经注疏》，中华书局1980年版，第2107页。

从此二语可以看出，礼经纬着天地的秩序，在这种秩序中，天得以生其六气，地得以用其五行，六气五行共同作用，生命才得以产生，天道化育并秩序万物的任务得以完成。因此，天道以礼为准则。其次，人性源于礼的秩序，并为礼所奉养、秩序。子大叔言：“礼，上下之纪，天地之经纬也，民之所以生也”，是可见礼乃人之所以生，亦是性之所以生。子大叔又言：“气为五味，发为五色，章为五声，淫则昏乱，民失其性。是故为礼以奉之……哀乐不失，乃能协于天地之性，是以长久。”礼在保证天地秩序的同时，亦顺序着人类社会，人性因此得以奉养不失，而如果不遵守礼，人就会失去此性。因此，礼也是人性的准则。再次，人性与天道相配合而存在，人性是对天道之效法。子大叔言：“哀乐不失，乃能协于天地之性，是以长久。”遵守礼的规范可以使人哀乐不失，从而与天地之性相协调而存在。天地之性以化生万物为内容，实即“天道”之另一种表述。由此可知，人性与天道存在相互配合的关系，因为天道以礼为法则，因此人性理所应当以礼为法则。如此，人性才能不失，天道秩序从而得以保证。因此，人性是对天道之效法。

值得注意的是，这里的“人性”特指理想化的人性。这点可从子大叔所言“民失其性”一语看出。如前所述，子大叔在阐述礼的准则意义时强调“气为五味，发为五色，章为五声，淫则昏乱，民失其性”。这是说，个人对天地万物的取用，如果不以礼作为节制，就容易失去其“性”。由此可见，此处之“性”，应该不是以情感与欲望为主要内容的自然人性。人有生命，即有此性，不遵守礼的规范，并不必然丧失自然人性。那么，这种会失去的“性”究竟何所指呢？子大叔又言：“礼，上下之纪，天地之经纬也，民之所以生也，是以先王尚之。故人之能自曲直以赴礼者，谓之成人。大，不亦宜乎？”这是说，礼是天、地、人类社会的准则，因此，人们应当自觉遵守礼，如此才可称为“成人”。前已述，子大叔所言有失去可能的人性，是需要礼来奉持的，只有遵守礼，才能保证人性不失。两相对照可知，这里有失去可能的“性”，特指能自觉遵守礼的“成人”之“性”：若能自觉遵守礼的规范，就可称之为“成人”，就可称拥有这种“性”；若不能自觉遵守礼的规范，便会失去这种“性”。因此，这里的性是理想化的人性。

由此可见，在子大叔的思想中，理想人性特指“成人”之性，也蕴含理想人性以天道为准则的观念。子大叔与孔子生活的时代几乎同时而略早，而天道、理想人格（成人）又是当时士大夫常言之话题①，因此，我们有理由相信，在以天道为理想人格之法则这一点上，子大叔与孔子是共通的。换言之，天道为人规定了奋斗目标：理想人性。

（二）人之气性由天道所生

上文言及，孔子从天道对人性之规定的角度对“性与天道”进行了思索，但这仅是孔子“性与天道”思想中的一个方面。

众所周知，“天道”以化生万物为最终目标，在时人看来，天道是天赋予人生命之根据。人因天道而得以生，生而有气性。人之滋味声色之欲、喜怒哀乐好恶等均是天所赋予之气性的表现。孔子亦继承了这一思想。孔子言：“天何言哉？四时行焉，百物生焉，天何言哉！”据皇侃的解释，可知，天以生万物、行四时为大本。由此可见，孔子亦认为人乃为天所生。而人既生之后，所秉之天赋，乃为性，孔子亦持此种观点。孔子曾言“性相近也，习相远也”，其中之“性”即指人之气性②，也即人之自然禀赋。细审《论语》中孔子之言论，孔子所言之“生而知之者上也”③（《论语·季氏》）、“克、伐、怨、欲不行焉，可以为仁矣”④（《论语·宪

---

① 当时“成人”是士大夫阶层常言之概念，是士大夫阶层的修身目标，是理想人格的代名词。除子大叔外，韩献子和孔子都曾言及。《国语》：“献子曰：‘戒之，此谓成人。成人在始，始与善，善进善，不善蔑由至矣；始与不善，不善近不善，善亦蔑由至矣。……人之有冠，犹宫室之有墙屋也，粪除而已，又何加焉。’”《国语》，上海古籍出版社1978年版，第411页。《论语·宪问》：“子路问成人。子曰：‘若臧武仲之知，公绰之不欲，卞庄子之勇，冉求之艺，文之以礼乐，亦可以为成人矣。’”曰：‘今之成人者何必然？见利思义，见危授命，久要不忘平生之言，亦可以为成人矣。’刘宝楠：《论语正义》，中华书局1990年版，第566页。

② 皇侃与刘宝楠均认为此处之“性”指“气性”。皇侃曰：“人俱禀天地之气以生，虽复厚薄有殊，而同是禀气，故曰相近也。”刘宝楠曰：“性者，分于阴阳五行，以为血气、心知、品物，区以别焉。举凡既生以后，所有之事，所具之能，所全之德，咸以是为其本，故易曰‘成之者性也’。气化生人，生物以后，各以类滋生久矣。然类之区别，千古如是也，循其故而已矣。在气化曰阴阳，曰五行，而阴阳五行之成化也，杂糅万变，是以及其流形，不特品物不同，虽一类之中又复不同。凡分形气于父母，即为分于阴阳五行，人物以类滋生，皆气化之自然。中庸曰：‘天命之谓性。’以生而限于天，故曰天命。大戴礼记曰：‘分于道之谓命，形于一之谓性。’分于道者，分于阴阳五行也。一言乎分，则其限之于始，有偏全、厚薄、清浊、昏明之不齐，各随所分而形于一，各成其性也。然性虽不同，大致以类为之区别，故论语曰‘性相近也’，此就人与人近言之也。孟子曰：‘凡同类者举相似也，何独至于人而疑之？圣人与我同类者。’言同类之相似，则异类之不相似明矣。……论语言‘性相近’，正见人无有不善。”详见何晏注皇侃疏：《论语义疏》，商务印书馆1937年版，第240页；刘宝楠：《论语正义》，中华书局1990年版，第676页。

③ 《论语注疏》，阮元校刻《十三经注疏》，中华书局1980年版，第2522页。

④ 《论语注疏》，阮元校刻《十三经注疏》，中华书局1980年版，第2510页。

问》)、“富与贵，是人之所欲也，不以其道得之，不处也。贫与贱，是人之所恶也，不以其道得之，不去也”[①]（《论语·里人》）等言论均显示出他承认知、学、克、伐、怨、欲、好、恶等人的禀赋为气性之内容。另外，孔子还曾言“天生德于予”，认为某些道德品质也是生而即有的。因此，孔子言性与天道之关系，其中又蕴含一层天生人之自然生命、禀赋的意义。

（三）性与天道关系综论

如前所述，孔子对“性与天道”的思索，可分为两个层次：其一，天为人规定了一种理想人性，这种理想人性，乃人效法天道而形成，以道德与礼为主要内容。其二，天所赋予人之禀赋即为性（气性），这种性，以德、知、学、克、伐、怨、欲等为内容。那么，理想人性与天所赋予人禀赋之性有何联系？孔子并未明言。但从《论语》中诸表述来看，气性所具有之素质，为达至理想人性提供了条件。

首先，天赋予了人德性。孔子曾言“天生德于予”。包汝翼曰：“天生德于予者，谓授我以圣性也。德合天地，吉而无不利，故曰其如予何也。”[②]《四书章句集注》曰：“孔子言天既赋我以如是之德，则桓魋其奈我何。言必不能违天害己。”[③] 综合两家注疏可知，孔子之“天生德于予”[④]，意味着孔子已经坚信德内在于自身之性中。因为德内在于人性，因此，孔子始终坚信人通过自身努力可以达至理想人性。孔子“仁以为己任”“人能弘道，非道弘人”“知其不可为而为之”“克己复礼为仁”等言论均显示出孔子对于达至理想人格的自信。

其次，孔子认为人生而具有学习实践道德的能力，孔子“性相近也，习相远也”中之“性”，包括克、伐、怨、欲、好、恶等气质因素。在这些因素中，孔子尤为重视知与学。孔子认为，通过后天对道德之学习与认知，人可以达至理想人格。孔子言“不学礼，无以立”（《论语·季氏》），言“君子学道则爱人，小人学道则易使也”（《论语·阳货》），言“可与共学，未可与适道；可与适道，未可与立；可与立，未可与权”（《论语·

① 《论语注疏》，阮元校刻《十三经注疏》，中华书局 1980 年版，第 2471 页。

② 程树德：《论语集释》，中华书局 1990 年版，第 484 页。

③ 朱熹：《四书章句集注》，中华书局 1983 年版，第 98 页。

④ 《论语注疏》，阮元校刻《十三经注疏》，中华书局 1980 年版，第 2483 页。

子罕》），言“古之学者为己，今之学者为人”（《论语·宪问》），可见孔子认为学确乎可以帮助人修德。弟子子夏承孔子之教，言“博学而笃志，切问而近思，仁在其中矣”（《论语·子张》），认为通过博学、笃志、切问、近思可达至仁。可见，孔子认为人通过先天具有之知、学、思等能力，能达到修德的目的。孔子还曾言“有能一日用其力于仁矣乎？我未见力不足者”。这些言论，均显示出孔子承认人生而具有道德潜质。

最后，孔子承认有人能庶几达至理想人性的要求。如前所述，子路问何谓成人。所谓“成人”，即指达至理想人性之人。这种理想人性，是兼具道德与礼的。孔子认为臧武仲、公绰、卞庄子、冉求四人庶几可称之为成人：“若臧武仲之知，公绰之不欲，卞庄子之勇，冉求之艺，文之以礼乐，亦可以为成人矣。”① 可见，孔子认为天命之气性通过后天之学习确可庶几达至理想人性。

三 孔子“性与天道”思想对子大叔理想人性的发展及其意义

如前所述，孔子“性与天道”之思想中理想人性为天道所规定的思想与子大叔之理想人性颇有关联。但是孔子在子大叔的基础上又有发展。仔细比较孔子与子大叔之言论，会发现，孔子在以下三个方面做了推进。

首先，理想人性由遵守礼的规范、接受天地之化育与秩序变为以德、礼为内容。

前文已述，子大叔认为，理想人性由礼奉持，无礼则性失；它与天地之性相互配合，共同以礼为法则。因此，要实现理想人性，就要自觉遵守礼的规范。在这里，理想人性主要以守礼为内容。而孔子则在守礼的基础上增加了仁、智、勇等内在道德因素。这点可从孔子对“成人”的解释中看出。

> 子路问成人。子曰：“若臧武仲之知，公绰之不欲，卞庄子之勇，冉求之艺，文之以礼乐，亦可以为成人矣。”曰：“今之成人者何必

① 《论语注疏》，《十三经注疏》阮刻本，中华书局1980年版，第2511页。

然？见利思义，见危授命，久要不忘平生之言，亦可以为成人矣。”[①]（《论语·宪问》）

刘宝楠《论语正义》注曰：“是成人为成德之人，最所难能。此告子路，但举鲁四人，是降等论之，故言‘亦可’也。《礼·礼器》云：‘礼也者，犹体也。体不备，君子谓之不成人。设之不当，犹不备也。’《左氏传》：‘人之能自曲直以赴礼者，谓之成人。’是备礼乐乃可为成人。于时四子已出仕，未尝学问，若能文以礼乐，是亦后进于礼乐者也。”[②] 孔子意识到以天道为法则之“成人”的难得，因此降等而论，将具有知、勇、艺等内在素质，并能以礼约束自己行为的人称为“成人”。由此可见，孔子的理想人性在重礼的基础上增加了内在道德品质的内容。对比子大叔与孔子理想人格之内容，可看出孔子之理想人格具有内向性、道德性的特征。

其次，孔子虽然仍有法天之思想，但已经有了天道亦内在于人性的觉知。子大叔所言之理想人格，是天地对人之外在规定。孔子虽然也认为天道对人之规定是外在的，但在具体实践中，他已体悟到天道在赋予人生命的同时亦将天道本身具有之德行赋予了人。孔子言“人之生也直”，郑玄注：“始生之人皆正直。”皇侃疏：“人生之道，唯其身直乎？失平生之道者，则动之死地矣。”刘宝楠《论语正义》曰：“直者，诚也。诚者内不自以欺，外不以欺人。《中庸》云：‘天地之道，可一言而尽也。其为物不贰，则其生物不测。’不贰者，诚也，即直也。天地以至诚生物，故系辞传言乾之大生，静专动直，专直皆诚也。不诚则无物，故诚为生物之本。人能存诚，则行主忠信，而天且助顺，人且助信，故能生也。”[③] 朱熹释曰：“天之生是人也，实理自然，初无委曲。彼乃不能顺是，而犹能保其生焉，是其免特幸而已尔”，被程树德认为最为接近原意。[④] 通过上述注疏可知，直本是天道之特征，天因直而能生万物。人受天道而生，天道中之“直”亦贯注于人之生命。人得其生命后之言行举动，亦不能不以直为准则，否则天威必谴。孔子“人之生也直”之语，显示出他已经不再视天道外在于人，而隐约感受到人性中亦有天道在。降至孔子言“天生德于予，桓魋其如予何”，意味着孔子

---

① 《论语注疏》，阮元校刻《十三经注疏》，中华书局 1980 年版，第 2511 页。

② 刘宝楠：《论语正义》，中华书局 1990 年版，第 566—567 页。

③ 同上书，第 335 页。

④ 程树德：《论语集释》，中华书局 1990 年版，第 402 页。

已经坚信德内在于自身之性中，孔子之一言一行已是天道之表示，桓魋注定无法与天道相抗衡，因此亦不能奈何孔子。“人之生也直”“天生德于予”二语说明孔子已经彻底肯认天道内在于人性。

最后，孔子阐明了人达至理想人格的可能性。子大叔虽然言人“自曲直以赴礼”可为成人，但并未具体阐释人是否有“自曲直以赴礼”之可能性。而孔子则认为天赋予人之学习能力和内在之德行是达至理想人格之条件。孔子将臧武仲、公绰、卞庄子、冉求等人看作庶几之“成人”，也证明他认为较低层次的理想人格是可以实现的。换言之，孔子确认人性中内在地具有达至理想人性之潜质，肯定人通过后天努力实现理想人格的可能性。孔子对于达至理想人性的可能性的阐释，为人生而有之之气性与理想人性合二为一奠定了基础。

孔子对子大叔人性观的发展，促成了他对天命①的重新认识，《中庸》“天命之谓性”之思想已经蕴含其中。

孔子有“五十而知天命”（《论语·为政》）之语，标志着孔子对天命的重新认识。对于何为“知天命”，前辈学者多有论析。

孔安国从知自然生命之夭寿的角度立论，认为此句意谓“知天命之始终”②。邢昺从天命之理的角度立论，认为此言孔子因得以穷理尽性故知命之夭寿：“命，天之所秉受者也。孔子四十七学易，至五十穷理尽性知天命之始终也。”③ 朱熹认为“知天命”指知晓事事物物中蕴含之天道：“天命，即天道之流行而赋于物者，乃事物所以当然之故也。知此，则知极其精，而不惑又不足言矣”，“知天命是知道理所以然。……凡事事物物之上，须是见它本原一线来处，便是天命”④。刘宝楠认为知天命主要指知晓天赋予人仁义礼智：“盖夫子当衰周之时，贤圣不作久矣。及年至五十，得《易》学之，知其有得，……知天之所以生己，所以命己，与己之不贞乎天，故以知天命自任。他日桓魋之难，夫子言天生德于予。天之所生，是为天命矣。……是故知有仁义礼智之道，奉而行之，此君子之知天命

① “天道”与“天命”既有联系又有区别。从出现先后来看，“天命”先于“天道”；从内容来看，“天命”本义为“天的命令”，强调天与人的关系，“天道”强调天本身的运行规律。虽然“天道”本身并不强调天人关系，但是也蕴含了天人关系的因素。天道往往被认为对人事有影响。因此，对“天道”的认识会影响对“天命”的认识。

② 程树德：《论语集释》，中华书局1990年版，第73页。

③ 何晏注，邢昺疏：《论语注疏》，北京大学出版社2000年版，第17页。

④ 朱熹：《四书章句集注》，中华书局1983年版，第54页。

也。知己有得于仁义礼智之道，因而推而行之，此圣人之知天命也。"①

傅斯年认为此指孔子意识到事物之成败吉凶非人力可决定："孔子所谓知天命，指天之意志，决定人事之成败吉凶祸福者。……方其壮年，以为天生德于予，庶几其为东周也。及岁过中年，所如辙不合，乃深感天下事有不可以人力必成者。……凤鸟不至，而西狩获麟，遂叹道之穷也。"②徐复观则认为"知天命"表明孔子觉知到天命对人之道德规定的不可抗拒性，并自觉将外在之天命接纳于生命中，使外在之道德约束内在化、自律化："道德而归之于命，则此道德乃超出于人力之上，脱离一切人事中利害打算的干扰，而以一种非人力所能抗拒的力量影响到人的身上，人自然会对之发生无可推诿闪避的责任感和信心。'五十而知天命'，乃是此无限的责任感和信心的真切体验。……换言之，'知天命'乃是将外在的他律性的道德，生根于经验界中的道德，由不断的努力而将其内在化、自律化，以使其生根于超经验之上。借用康德的语气，这是哥白尼的大回转，由外向内的大回转。"③

上述学者对孔子"知天命"之阐释，均有其道理。不过，"天命"本身与"天道"是密不可分的两个概念，如果能联系孔子"性与天道"思想，可对"知天命"的意蕴有更全面的了解。

孔子对"性与天道"的思考，直接导致了孔子对"天命"的重新认识。

如前所述，孔子对性与天道之认识，首先在于对人以天为法则的觉悟。这种法则，落实到人身上即以德和礼为内容。这种认识，为孔子构建了一种理想人格。在孔子看来，对这种理想人格的追求即为天赋予人之使命。孔子之"仁以为己任""人能弘道，非道弘人""知其不可为而为之""文王既没，文不在兹乎"等都显示出孔子这种使命感。这是"知天命"的第一层含义。"知天命"的第二层含义，是孔子觉知到天已赋予了自己达至理想人格之潜质，德、学等均是达至理想人格的重要因素。"知天命"的第三层含义，即孔子觉知到对理想人格的追求，虽然是天所命于人之使

---

① 刘宝楠：《论语正义》，中华书局1990年版，第43页。

② 傅斯年：《性命古训辨证》，《傅斯年全集》第二卷，湖南教育出版社2003年版，第616页。

③ 徐复观：《有关中国思想史中一个基题的考察——释〈论语〉"五十而知天命"》，《徐复观文集》第二卷，湖北人民出版社2002年版，第119页。

命，且人生而具有的道德禀赋与认知能力已经为人实现理想人格提供了可能性，但如果没有后天对此使命之接纳与努力实现的过程，这一使命便无法完成。天所赋予之使命，只有为人所接纳并付诸实践，“天命”才算达成，否则不能称之为“天命”。这就将“知天命”的第一层含义与第二层含义联系了起来，并进一步阐明了人应当如何做：既然天道为人规定了理想人性且赋予自然人性以道德与智能的因素，那么，人就应当有志于立德，凭借与生俱来的德性与智能，努力实现天赋予人之道德使命。如冯晨所言，“命令的强制性虽源于命令者，但强制效果的成功，则取决于受命者。因此，命的意义由命令者和受命者共同诠释”[①]。天道对人的外在命令，至此为受命者全然接纳而成为一个只要努力即可实现的使命。天道对人的外在规定，转为了内在。正是因此，孔子谆谆告诫“畏天命，畏大人，畏圣人之言”，孔子倡言君子畏天命，实即鼓励君子抱持实现理想人格之决心，身体力行，实践天所规定之追求理想人格的使命。至此，天命对人之外在规定便转为内在。正如徐复观所言，对天命的认知，“一旦达到内外的转换点，便觉过去在外的道德根源，并非外来而实从内出……道德的根源达到了此一转换点，这才是孔子所说的‘知天命’”[②]。至此，命与性几近成为一体之两面，天对人之外在规定为命，人坚信其实现可能，接受此规定并付诸实践，命便转为内在，成为人之内在禀赋，如此则可称之为“性”。

不过遗憾的是，孔子对“知天命”之体悟虽然已经呈现出在天者为命，在人者为性之端倪，但与《中庸》“天命之谓性”仍有距离。究其原因，在于孔子虽然承认天对人禀赋的赋予，在天为命，在人为性，且实现了作为对人之外在规定之天命的内转，但对于性，仅点明了天赋之人性是达至理想人性之条件，并未说明由天赋之人性达至理想人性之内在动力和必然性：人可能由天赋之性达至理想人性，亦可能始终无法达至，以自然禀赋为内容的气性与理想人性仍未统一起来。正是因此，孔子虽已有“天命之谓性”思想的雏形，却始终未明确提出这一观点。《中庸》在孔子的基础上，论证了人凭借自然天赋，通过后天努力达至理想人性的必然性，对性之实然与应然作了统一，“天命之谓性”的观念由此产生。

---

① 冯晨：《孔子“畏天命”新释》，《孔子研究》2012年第1期。

② 徐复观：《中国思想史论集续篇》，上海书店出版社2004年版，第253、254页。

北宋陕西沿边诸路的军事构造及运作

上官红伟*

宋代武力之盛，前不及汉唐，后不如元明清诸朝，已不须过多争辩。究其原因，除与两宋立国背景、宋廷安内虚外、重文抑武的国策以及宋代将领素养等相关之外，宋代兵制方面亦可挖掘其原因。具体到战役层面，其间的胜负得失，则与将帅是否指挥得法直接相关，此为兵法范围，而在战争层面，如何调配兵力和选择将帅，则属兵制问题，后者对战争的胜负更具决定作用。宋代用兵之失，多体现于应对辽、夏、金三朝造成的边患方面，其中不免涉及宋代地方统兵体制的问题。

北宋地方统兵体制中存在的诸如“将不知兵、兵不识将”等弊端，在北宋时即已被指出，然未能辨析其制度根源。作为一项军事制度，北宋地方统兵体制不能一概视之为弊端丛生，其内部架构、运行机制及实施效果须在掌握大量史实的基础上，对其科学的考量和细加剖析，才能得出令人信服的评判。近代之前，史家囿于史著体例，未能对北宋地方统兵体制作专题研讨。近三十年以来，随宋史研究领域的逐渐铺展，宋史学者对北宋地方统兵体制进行系统研究，产生一些相关论著。李昌宪先生在《试论宋代地方统兵体制的形成及其历史意义》一文中，详述自五代以来至北宋前期知州与路部署、钤辖为首的地方统兵体系相结合，形成地方统兵体制，北宋中后期转化为文臣安抚使制度。其所著《宋代安抚使考》一书，详述两宋诸路安抚使设置沿革，并佐证上文观点。王曾瑜在宋代军制扛鼎之作《宋代军制初探》一书中曾有专节论述北宋统兵体制，对北宋枢密院和三

---

* 上官红伟，延安大学历史系。

衙关系议论精当，然对地方统兵体制言之甚少。赵冬梅先生《北宋前期边防统兵制度研究》一文中，把北宋在宋太宗、真宗时期形成的地方统兵体制名之为都部署体制，在仁宗之后则向安抚使体制转变。① 以上三位学者均论及北宋地方统兵体制，李昌宪和赵冬梅偏重于官制，而王曾瑜先生偏重于军制。其他相关北宋统兵体制问题，散见于陈峰、范学辉、何冠环等学者的论著当中。作为统兵体制必须涉及的军事学问题，诸如将与兵如何结合，兵力如何在诸将之间分配，将校、兵官及将帅之间的职权划分等等，迄今宋史学者尚无专文论述。为此，笔者采撷众家之长，将北宋兵制、官制与军事学相结合，探讨北宋陕西沿边诸路军事结构和运作的问题。

一　沿边诸路的军队组织体系

依据宋代兵将分立之制和平居与战时之别，北宋于边地军事布置从结构上包括三部分：将校兵级的军队组织体系；各级兵官、巡检所辖的屯戍兵力；战时师旅的指挥体系。北宋兵制的特征，即将隶于军籍的将校兵级等编制为军队，蓄养于各营之中，平时使之离营屯戍各处，战时从在营兵和屯戍之兵中抽调组建出战师旅，由之兵力处于流动循环状态。北宋所蓄置兵力有禁兵、州兵、乡兵、蕃兵之分，各类军事组织内以将校统辖众兵，宋廷分别设以相应的军政机构管理诸营兵的军政事务。国家养兵众多，目的在于其用，平时担负正常戍守任务，以各级兵官和巡检统领，战时组师征讨，则专委以将帅行军事指挥权。就边路而言，三者之间的排布、转化和措置等事权归于本路经略安抚使。

北宋时期，兵民判然有别，各有隶籍，其中隶于军籍者为禁兵和厢兵，宋廷依照军事组织的形式对之加以编制，入军者以将校兵级的军职高下形成一套森严的等级秩序。依照朝廷对其受节制程度及是否居营，可分为正兵和非正兵，其中隶于三衙的厢禁兵及部分州兵属正兵，征伐、修河、筑城等征调皆出于此。正兵之外有乡兵、蕃兵等，本属民籍，承接汉

① 以上论著参见李昌宪《试论北宋地方统兵体制的形成及其历史意义》，《史学月刊》1996年第2期；李昌宪：《宋代安抚使考》，齐鲁书社1997年版；王曾瑜《宋朝军制初探》（增订本），中华书局2011年版；赵冬梅《文武之间：北宋武选官研究》，北京大学出版社2010年版。

唐以来籍民为兵的遗制，宋廷在正兵之外对之另造籍册。乡兵、蕃兵粗具军队组织形式，无专属营舍，平时散处村社，战时临时点集。正兵及乡兵、蕃兵等各有其番号，其组织编制均以指挥（营）为最常见组织单位，一指挥人数二百到五百人不等。

宋初各支禁军通常有完整的军事编制，指挥以上有军一级编制，其下有都一级，一都百人左右。捧日、天武、龙卫、神卫等上四军编制最为完备，分作厢、军、指挥、都、什伍等级别。宋真宗之后所置各支禁军于军一级形同虚设，军与营之间处于虚连状态。北宋厢禁军番号众多，虽设有殿前、侍卫马军、侍卫步军都副指挥使、都虞候及各番号厢、军都指挥使等高级军职，然军队组织性的维系并不依赖于此。为防止高级军职拥兵自重，自宋太祖“杯酒释兵权”之后，高级军职虚职化倾向日趋明显。北宋养兵之法，将天下犷悍无赖之徒收纳入军营之中，给以粮俸，并以阶级法约束之，使之不致为乱。从诸处招募的兵员编入各指挥后，居于宋廷为之修筑的营垒之内，军队编制的指挥与各指挥所居之营合为一体。军营与外界相对隔离，由指挥使、副指挥使等军校维持本营的组织性。为防止各营军兵之间相互胶结，即使同一番号内各营之间，朝廷亦不使其营舍相互连接，观览北宋京师及各州郡的军营分布，仁宗时所置宣毅等军“大州二营，小州一营”①，可知朝廷的用意。因而，北宋厢禁军的总数统计以营为单位，而非以军为单位。各营之内独自成区，营内人员形成较为封闭的组织体系。

散布诸处的厢禁军各营横向上互不关联，纵向上在同一番号内军与指挥两级缺乏有效连接。宋廷这些举措使得兵与民、高级军职和诸营、各营之间处于相对分立状态，一方面固然加强了朝廷对军队的管控力度；另一方面，诸营分立显然非作战编制，导致临战时所集结的军队往往缺乏统一组织性，而高级军职平时不管军务，造成各番号军队自上而下组织统辖体系的断裂。

具体到陕西沿边诸路，一路所蓄兵力包括宋廷置营于各州军的禁兵、各州所招募的州兵以及分布于沿边城寨的乡兵、蕃兵等。晚唐五代各藩镇在辖区内置以镇兵，入宋之后，削弱藩镇势力之兵权，原镇兵未可遽加消

---

① 《宋史》卷一八七《兵志》，中华书局1977年版，第4574页。

除，宋廷将之隶于诸州改为州兵。[①] 北宋中后期内地诸州之兵历经拣选后，改为厢兵，不再担负征战之任，而边路州府仍置州兵，担负戍守和一定战斗任务，如广西路在桂州所置的忠敢、澄海等军[②]，以及庆历二年高继宣于府州所置的清边军等。[③] 宋初，禁兵多萃集于京师，而其他地方州郡罕有禁兵营舍。真宗咸平五年（1002）之后，鉴于边地诸州军兵力薄弱，始于边路置以就粮禁军，住营于各州，遂开地方禁兵之滥觞。仁宗时近里及边地各州军遍置禁兵各营，在数量和所占比重上已远超京师禁军各营。陕西边路禁军各营多以保捷、振武、蕃落等为番号，置营于鄜州、邠州、延州、秦州及渭州等州州城内。边路住营禁兵的增多，为迅速调发兵力应对边患提供便利。

正兵之外的乡兵，“乡兵者，选自户籍，或士民应募”[④]，无营舍，且不处于州城。五代时期陕西沿边各州军籍民为兵，号为保毅，此为乡兵之属。入宋之后，对之未加裁撤，继使之戍守边地。宋真宗咸平年间，苦于边地兵力不足，拣选部分保毅兵，将之升为保捷、振武等禁兵[⑤]，“各置营本州”。乡兵本无营舍，划属军籍后，其身份转为正兵。拣选之余的保毅军，仍作为乡兵，并成为陕西各营禁兵的主要来源之一。另有强人、弓箭手之类亦在乡兵之列。陕西边路番羌众多，且互不统属，宋廷依乡兵之法，据其族属将其强壮者籍为兵，以备战时征调。乡兵与蕃兵无有营舍，亦无粮俸，在归隶关系上，乡兵和蕃兵其籍册在本州和本路帅司，另有一份在兵部备案[⑥]。厢禁军等正兵其籍册在枢密院和三衙。

陕西边路所蓄置的禁兵、州兵和乡兵在编制上皆以指挥（营）为基本单位，然产生机制不同，由此造成三者的统辖体系和管理机构亦不同。各州郡之禁兵，因其为国家最主要的军事组织之故，虽住营处分散，仍保留其组织形式上的完整性。禁军由下至上的组织体系体现为，除各营置以指

① 《文献通考》卷一五六《兵考八》，“厢军者，诸州之镇兵也，各隶其州之本城，专以给役”。

② 《续资治通鉴长编》（下文中简称《长编》）卷三三四，元丰六年三月辛卯，“宜州旧有驻泊厢、禁军三十余指挥及忠敢五指挥”，中华书局2004年版。

③ 《长编》卷一三六，庆历二年五月甲辰，“募黥配厢军三千余人，号清边军”。

④ 《宋史》卷一九〇《兵志》，第4705页。

⑤ 《长编》卷五二，咸平五年五月丙辰，“遣使往邠宁环庆泾原仪渭陇鄜延等州、保安军选保毅军，取二万人，各置营本州，号振武，升为禁军”。

⑥ 《宋史》卷一九二《兵志》，第4770页，“初，保甲隶司农，熙宁八年，改隶兵部……其政令则听于枢密院”。

挥使、副指挥使、都头、兵马使等中下级军校外，在诸营之上，依其番号之别，设以军都（副）指挥使、都虞候等军职，各番号禁军分别统隶于侍卫马军、侍卫步军都（副）指挥使、都虞候等高级将校之下。各州郡之厢兵和非劳役性质的州兵，具有明显的地域特征，则以各州郡等行政区域为界，由本州马步军都指挥使统辖众兵，州马步军都指挥使常以禁军黜退军校任之。[①] 隶于诸州和城寨的乡兵，依其所在的行政组织，编为指挥等，择其优者为指挥使，通常乡兵无军一级编制，故无都指挥使之军职。蕃兵的编制依据其族属，同样以指挥为基本编制单位，番羌各族大小不一，大族蕃兵拥有数个指挥，而小族有不及一指挥者。蕃兵因未改变其族属关系，本族首领例为本军军校，常以军主、都军主称之。[②]

宋廷在禁军、州兵、乡兵及蕃兵等军队组织体系之外，另置一套军政管理体系，体现于由官吏组成的各级军政管理机构。与民政体系类同，历朝把民众编为乡里等基层行政组织，在这些行政组织之上设县衙、州衙等行政机构来管理民政事务。北宋军政体系仿行此法，即在各级军队组织之上，置以相应的军政管理机构，由此而产生军队组织体系和军政体系之别。根据正兵与非正兵的属性不同，军政体系分作国家和地方两类，此两类军政体系内各自的军政管理机构和管理对象亦分属两线。禁兵、厢兵等正兵隶属全国性军政体系，而乡兵、蕃兵等设置本依托于民政体系，其军政管理机构亦依附于州县衙署。宋初即以侍卫司和殿前司掌领各支禁军的军政事务，宋真宗时改两司为殿前司、马军司及步军司三衙来掌领境内各营禁军军政事务，并将各营厢兵的军政事务一并交付于三衙。各州原有的州兵，其军政事务交付于地方，通常由本州知州和通判等官员掌管[③]，改为厢军后，“内总于侍卫司，而尚书兵部掌其政令”[④]。以此类推，边地乡兵和蕃兵的军政事务则属所在城寨的城寨官。

禁军、厢军、乡兵及蕃兵等在各自的军事组织体系内，依照军职高低

---

① 《长编》卷九九，乾兴元年七月癸巳，“每遇大礼后，各以次迁补……其老疾若过失者……黜为外州马步军都指挥使”。

② 《宋史》卷一九一《兵志五》，“蕃兵者，具籍塞下内属诸部落，团结以为藩篱之兵也……其大首领为都军主，百帐以上为军主”。

③ 河东路汾州广勇军属州兵，因在南郊军赏中，“汾州广勇军所得帛，不逮他军”，竟至“一军大噪，捽守、佐”，以此推断知州、通判等掌领州兵军政，事见《长编》卷一〇六，天圣六年正月己酉。

④ 《文献通考》卷一五六《兵考八》。

形成自上而下的统辖体系，作为军事群体属各级军政机构的管理对象。而各级军政机构的官吏多由非军职人员组成，其中地方军政机构内知州、通判等显然不带军职。由于宋代武官和军职产生机制不同，各级军事组织之首长并非皆具有武官身份，而武职亦非全然等同于军职，对梳理北宋军制造成一定困难。区分北宋军政管理体系和军队组织体系是理清北宋军制的关键之一。

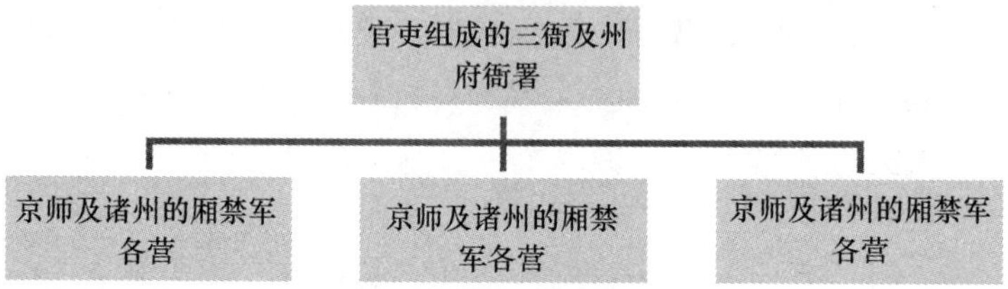

图1 在营军队的军政管理结构

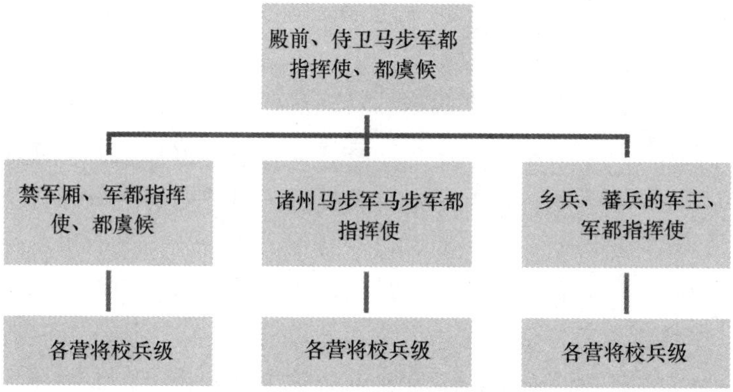

图2 在营军队的组织统辖关系

北宋控驭军队之法的要义，在于设官员及相应军政机构自外来治理军中事务，而非通过各级军校来掌领军政事务。宋初，殿前都点检、侍卫马步军都副指挥使等高级军校既统辖禁军，又“典领军政”，宋太祖“杯酒释兵权”之后，高级军校仅名义上统辖禁军，而典领军政的机构为殿前、侍卫两司。高级军校唯有正式任命为两司主官，方能掌领军政事务。两司三衙主官虽例兼高级军职，然其以朝廷命官的身份管理军政，而非以其军职身份来行施军政。至于各州郡，其本州兵马都指挥使等为黜退之余，位卑权低，唯奉州府长吏之命而已。由此可见，各级军校被排除在军政管理权之外。宋廷此举，力矫晚唐五代以来武人强悍难制之弊，将兵权牢控于朝廷之手，避免了大规模兵变事件的发生，同时窒息了军队的活力，造成北宋军营暮气深重的局面。

二 边路日常屯戍体系

宋朝养兵之众，号为历朝之冠，及其用兵之时，常感其兵力不足。宋廷对其所置常备兵力的功能做一基本划分，即禁兵主战，厢兵力役，其中不乏禁兵从事劳役，而厢兵担负战斗任务的个别情况。平居之时，禁兵担负的主要任务为拱卫京师和轮戍地方州郡。侍卫亲军和殿前诸军这两大序列的禁军，本义为天子卫兵，实为“天子自将之私兵”，因其承担征战任务，加之地方兵力削弱，宋廷遂化家为国，使禁军由皇帝私养军队变为国家供养的正式军队。禁军属性的转变，其日常承担的主要任务亦增加“备征戍”的内容。

北宋立国之初，禁兵有十万之众，平定诸割据政权主要赖于此军。宋太宗、真宗两朝，对辽和西夏的战争中，禁兵同样承担主要战斗任务。真宗景德元年（1004）之后，宋与辽、西夏讲和，边境暂安，由此，禁兵担负的主要任务由征战转为屯戍各地，在此过程中以禁兵为主的屯戍渐趋制度化。相对于军队组织体系，屯戍体系则从禁军、厢兵、乡兵中抽调屯戍之卒，由各级兵官和巡检等统领。北宋禁兵的屯戍体制形成于宋初，此后在仁宗和神宗时期分别进行两次较大调整。北宋边路的屯戍体系主要由各州城、沿边城寨的戍卒和路分兵官、都副巡检等所辖的屯兵构成。

调发州郡兵力轮戍边地和京师，系自秦汉以来之定制，晚唐五代以来戍守的范围已遍及境内诸处。宋初在平定南唐、蜀等割据政权的战争之后，自京师派遣禁兵驻扎新收复地区，以威慑当地叛乱势力，京师禁兵出戍外地在宋初已有之。期间逐渐形成京师禁兵一半留营承担在宫廷及各衙署值宿任务，而以另一半出戍外地的做法，以达到相互维制的目的。[①] 宋

① （宋）朱弁：《曲洧旧闻》卷九，“艺祖养兵止二十万，京师十万余，诸道十万余”，中华书局 2002 年版。

太宗、真宗两朝，京师之外禁兵置营增多，在分配比例上仍以半数禁兵离营轮戍他处。出戍他处涉及殿前和侍卫两军的配额问题，殿前诸班直和殿前诸军置营于京师，通常不出戍他处，而侍卫马军、步军等营垒不限于京师，轮戍各州郡的任务主要由其承担。

宋初三朝，防戍区划分依据行政区域，军及具军额名的州府皆为一级防戍区。宋仁宗宝元、庆历年间，因与西夏的战事，禁兵数量骤增，营舍遍及宋境内的主要州郡。禁兵营舍的分散化使得宋廷对之前的更戍体系做一全国性的调整，主要体现在改变之前大州要郡为更戍重点的做法，以转运使路为更戍的基本区划，即路与路之间的互戍，包括京师与诸路，近里路和边路之间戍兵数额配属等方面。宋神宗熙宁年间，随着京师兵力逐渐空虚和对外用兵的增多，宋廷再度对更戍体系做全国范围的调整。① 涉及陕西、河北、河东及广西等边路，其本路住营禁兵例不出戍他处②，靠他路戍兵来补充本路兵力之不足，如陕西路的戍兵主要来自京西北路，而河北路戍兵主要取自京东西路，近里路和边路之间戍兵呈单向流动状态。

禁兵属国家所供养的军队，使之离营轮戍他处，为其应尽之职责，在情理之中。州兵、乡兵和蕃兵等系地方财力供养，虽承担戍守任务，例不出本州之境。禁兵在常制范围内出戍别处，则以屯驻为名，其间有戍州和戍边之别。边地地理形势可分作极边、近边和近里三处地带。戍州则屯扎于州城及州军境内各城寨，戍边则归隶于沿边都巡检。常制轮戍之外，为应对可能的突发事件，在某处临时增派的禁兵，则以驻泊为名。故禁兵屯戍分作屯驻和驻泊两类，“其出戍边或诸州更戍者，曰屯驻；非戍诸州而

---

① 《长编》卷二一八，熙宁三年十二月己未，“内出开封府界及诸路兵更戍之法。府界元系河北、京东西、淮南所差畸零守把兵士，京东路元系府界、京西所差屯泊兵士，京西路元系府界、淮南、河北、京东所差兵士，河北路元系京西及府界、淮南、河北兵士，河东路元系京东所差兵士，陕西路元系京东西、河北、河东、府界所差兵士，已上并系畸零屯泊者，尽拨还本处。其府界、京东西以诸路抽回就粮兵填役，内京东仍分番，尽如武卫隶属河北四路屯戍；京西仍以近西州军分番往陕西，近南往湖北及夔州路屯戍。其下番者，各于本路守把。河北以京东上番全指挥兵，河东以陕西抽回就粮兵、陕西以京西上番全指挥兵填役。其河东仍以河北西路所差戍兵立定人数，令更互于河北中路及大名府路差拨。所有河北三路差拨上件人州军，却以京东上番兵充役。益、梓、利、夔路见屯泊诸路畸零兵士，并候年满拨还，自今更不差拨。其益、利、梓路止于在京及府界互差，夔州路止于湖北、京西抽那。如湖北阙兵，却以京西戍兵充数”。

② 《宋史》卷一九六《兵志》，第4898页：“（至和七年）诏陕西土兵番戍者毋出本路”；第4899页：“旧制，河北军马不出戍”。

隶总管者，曰驻泊”①。禁兵屯驻和驻泊之别，体现于各自承担任务和隶属关系的不同。屯驻禁军偏于戍，更具有政治意义，而驻泊禁军偏重于屯，是禁军征讨功能的延伸，介于戍和征讨之间，其军事意义更大。屯驻禁兵离其本营戍守去向为某州军，隶属于所在州军并受其支配。临时性的驻泊禁兵往往以某路为去向，受本路部署钤辖司调遣。在形式上，两者有州对州和州对路的区别。

宋初两朝陕西路沿边鄜州、延州、环州、庆州、泾州及渭州等单独为一防戍区，临近边界的极边地带为都巡检辖区。宋真宗咸平年间，西边局势恶化，宋廷在这些州内依照军事地形增驻师旅，以沿边部署等统领，形成横跨数州的鄜延、环庆、泾原等边镇，边镇师旅与原各州戍兵并无关涉。宋真宗景德之后，把诸州防戍区、屯师边镇及都巡检辖区加以并合，重新划定路一级较大屯戍区②，名之为鄜延路、秦凤路、邠宁环庆路及泾原仪渭路等。全路的屯戍之兵军政事务归路都部署或都钤辖，其下州钤辖、都监等兵官仍掌领本州戍兵，都巡检统辖戍边之兵，而由边镇师旅转化的本路屯兵则归路钤辖、都监等路分兵官统领。

陕西沿边诸路整体的屯戍配置即是将数十万屯戍之兵分派到沿边四路二十四州军约二百余城寨上③，既要全面铺展，又要重点分明。从中仍能辨认出州军防戍区和屯兵边镇的区别。从占据全面的角度，主要使屯驻禁兵、州兵、乡兵及蕃兵等分布在包括州县治城在内的沿边各个城寨，无使遗漏，即以诸州军防戍区覆盖全路。然各防戍区之间互不关联，在众多城寨中，最易受敌且军事位置重要关系到一路得失的城寨为紧要城寨，如环庆路洪德寨、淮安镇、延州承平寨等，重要州城及紧要城寨须另行增添兵力，此为屯兵边镇，横跨数州，且各城寨屯兵之间枝干相连，互为应援。“五路大将所谓战兵者，分在二十四州军”，即以屯兵为核心来勾连各州军的戍兵，使之成为更高一级屯戍区。一路屯兵分属路分兵官和都副巡检两大序列，所照管范围为较大区域，常以路为名。戍兵宜分散而屯兵宜集中，屯兵除屯扎沿边紧要城寨一部外，其最大一支屯扎于本路帅府附近。

---

① （宋）章如愚：《山堂群书考索》后集卷四〇，广陵书社 2008 年版。

② 《长编》卷五九，景德二年正月癸丑，“以河北诸州禁军分隶镇、定、高阳都部署”。

③ 《长编》卷二〇四，治平二年正月癸酉，“庆历御边之备，东起麟、府，西尽秦、陇，地长二千余里，分为路者五，而分为州为军者二十有四，而军州分为寨为堡为城者又几二百，皆须列兵而守之”。

以兵戍某地来明示朝廷对此地的占有，宋廷确立应戍地点的名额，把相应的兵力配置到各戍兵点。从边地人口的分布状况观之，一州境内众多村落环围着若干个较大聚邑，以城、镇及寨为名，其中筑有城池者通常为州治和县治所在，州府城为必设戍兵之处，此处戍兵为戍州之兵。戍州禁兵以屯驻禁兵居多，有来自京师及他路者，有本路各州之间互戍者。戍州之兵作为朝廷在地方的军事存在，更具有象征意义，其执行任务包括到州府衙署轮值和州城城门的盘查和启闭，各城寨戍守等。沿边界一线及易被地方攻取的沿边城寨须以兵戍守，此为戍边之兵。戍边之兵来源于屯驻禁兵、州兵和乡兵等，其中州兵、乡兵戍边不出本州之境，而禁兵戍边归隶于城寨官、巡检之下，围绕于本城寨戍守。戍边之兵在关隘设卡盘查越境人员和违禁物品，以维持边地的基本秩序。

常戍之兵在边路和内地诸路皆有之，而北宋前期屯兵往往置于边路，呈常态化；北宋中后期内地诸路帅府始置屯兵，与戍兵并属两个体系。屯兵设置目的不同于戍兵，戍兵多担负非战斗性军事任务和非军事性任务，而屯兵本由边镇师旅转化而来，若有战事，担负一路主要战斗性任务。故屯兵设置着眼于一路的防务，可称为路分兵力。在戍兵分布的基础上，屯兵重点屯扎于最关紧要的地点，其常态化屯扎分为两处，一为本路帅府，一为沿边紧要城寨①，其中沿边屯兵分别由路分兵官和沿边都副巡检统领。对屯兵和戍兵并处一城寨的情况，须加以区分。屯兵隶属于本路钤辖及都监等路分兵官及都副巡检统辖，并受本路帅司直接调遣。屯兵和戍兵亦可视为战兵与守兵之别，戍兵缺乏必要的军事训练，唯有执行军事任务时才授以兵械，而屯兵受到专门的战阵训练，是本路出战军队的主力。

屯兵和戍卒在地理分布上并非截然分明，而是出于交互有之的状态。宋初两朝，在边地诸城寨构建一套屯兵与戍卒共存的屯戍体系。沿边各城寨在地理上相互远隔，各个孤立的驻兵点之间需要线的联结，主要通过巡检体系来实现。边地巡检体系包括各城寨巡检下的戍卒和都副巡检之下的屯兵。沿边普通城寨以禁兵掺以本处乡兵、蕃兵的轮替戍守，包括边壕守巉等任务。在各点、各段巡检戍兵之上，以都副巡检等总领其事务。沿边各州军在宋初即设都副巡检等职，专领一支以禁兵为主的屯兵，除照管各

① 《长编》卷五二，咸平五年八月乙酉，“庆州淮安镇，尤为冲要，屯兵甚众，而部署在环州……”。

城寨外，其直辖兵力承担主战任务。① 边地城寨巡检所辖的戍兵日常巡行路线除沿边界线关、津、烽燧、铺、桥之外，还有各沿边城寨等。依托于城寨的诸巡检所辖为一个个孤立的戍守点，而都副巡检所照管地域较广，称之为某路都巡检，如延州东路和延州西路各置都巡检。以都副巡检所辖屯兵为核心，联结诸处巡检戍卒，共同组成极边地带的屯戍体系。

隶属路分兵官之下的屯兵，分作本路帅府和沿边紧要城寨两处。通常，一路帅府即为本路首州，在首州州城内外既驻有帅府重兵，又有例行戍守的戍州之兵。沿边紧要城寨驻扎屯兵之外，另有戍边之卒。宋初边地都巡检下辖兵力大部转化为戍边之兵，宋太宗时期所置沿边部署所辖师旅大部转化为屯兵，在本路分处屯扎。屯兵与戍卒共处一地，其间的区分在于隶属关系和承担任务的不同。沿边极边一带以都巡检所辖屯兵为主干，勾连诸处戍兵，形成极边屯戍体系；近边一带紧要城寨屯有重兵，归路分兵官统辖，沿边部署指挥军事行动；近里州郡以帅府屯兵为主体，联结其他州城之戍兵，组成近里屯戍体系。继而，极边、近边和近里三大屯戍体系相连，共同构成本路主次分明且呈网络状的屯戍体系。

平时屯兵与戍兵各司其职，临战时若屯兵不足，则改戍兵为屯兵，临时屯扎某处，承担守城任务。沿边紧要城寨的屯兵和本路帅府屯兵之间保持一恰当比例，如此保持帅府重兵和沿边城寨屯兵轻重得当。屯兵在两者之间的分配比重呈阶段性特征，宋初两朝边地屯兵归隶知州和都副巡检之下，宋真宗咸平年间，陕西沿边诸路初置本路钤辖、都监所辖之屯兵，兵屯的重心移于近边。环庆、泾原等州屯兵较众，成为边镇。

自景德元年之后，以州军行政区域划分屯戍路，一路屯兵由集中边镇向数处分散。泾原路屯兵初集中于渭州州城，随即分派二千余兵力屯于泾州，继而延及镇戎军等处。其他边路亦是如此，环庆路在邠州州城之外的淮安镇、洪德寨等处常驻有屯兵。真宗咸平六年，边路主帅等以直辖兵力过少为由要求朝廷增派屯兵，宋廷将各城寨屯兵回归部署，以州兵等戍守城寨。西北边境暂安后，屯兵分布再度归于常态，帅府成为本路屯兵之重心。宋神宗熙宁、元丰年间在陕西边路推行将兵法，由而将兵成为本路主

---

① 《长编》卷一一五，嘉祐元年七月甲寅，“赵元昊率万余众来寇，称报雠。缘边都巡检杨遵、柔远寨监押卢训，以骑七百战于龙马岭”。杨遵等以七百骑迎战李元昊，其所辖军队显然并非普通戍卒。另，景德元年石隰州缘边都巡检由原石隰州部署改置，“领驻泊兵”，属屯兵，见《长编》卷五八。

战兵力，使之屯扎各处，与城寨兵互相配合，“将兵职战、城兵职守”。不同于北宋前期屯兵以禁兵占绝大部分，而将兵中掺有州兵、乡兵等。宋哲宗元符年间，随着筑城困敌战略的效果显现，一路各支将兵向前推展，多屯扎于沿边城寨，而近里帅府出现屯兵不足的状况。①

屯戍之兵离其本营执行屯守任务，其统辖关系和军政管理随之改变。军人在营称为军兵，离营则称为士卒，在统辖关系上，将校与军兵的关系变为各级兵官与士卒的关系。戍卒中戍于州县者，改本营将校统辖为由州钤辖、都监及兵马监押等兵官统辖，而戍边之兵由沿边都巡检等统辖。一路诸处屯兵则由路部署、钤辖及都监等路分兵官及都副巡检统辖。以各级兵官来统辖屯戍之兵属北宋兵制中独特之处，兵官为武臣的差遣名称，而指挥使等为军职称呼，通常中下级兵官不带军职，而中低级军校亦不具备武官身份，两者存在明显的属性差别。在营之兵以营、都为编制单位，而屯戍之兵在新的部辖体系下，以某兵官所部及队等为分属。② 军兵与士卒统辖关系的改换，体现宋廷控驭军士之意，一方面以（武）官统兵可以起到防范将校与军兵之间相互勾连胶结的作用；另一方面兵官与士卒的隔阂对造成“兵不识将、将不知兵”的弊端起首要作用。

“兵者，水也”，屯戍之士卒自离营到屯戍地，沿途有固定的渠道和严密的防范措施。在本营之内，将校通过阶级法和军中各项规章制度来统辖和约束军兵。离营之兵在开赴戍守地的过程中通常以使臣和军头司的军头共同押送③。达至戍守州郡后，交接与本州钤辖、都监等兵官。汇集于各州的戍兵再度做一分配，一部划属沿边城寨巡检麾下，余者留于州城者属本城兵官，遣发到各县及沿边城寨者隶属县及城寨兵马监押等。作为屯兵的驻泊禁兵通常驻扎于本路首州州城之外，暂由驻泊钤辖、都监等兵官管押，继而由本路钤辖、都监等路分兵官、都副巡检等将之分派至沿边紧要城寨，留一部屯于帅府。在此过程中，既完成了统辖关系的改换，同时对戍卒逃亡有一定的防范作用。

屯戍士卒在各级兵官和巡检之间分派停当后，因屯兵和戍卒分属不同

① 《长编》卷四七〇，元祐七年二月辛酉，“庆州系帅臣所治，今契勘庆州见管土军、客军六千余人，又差在诸县巡检下并在城窠坐诸官员当直，尽在六千人数内”。

② 兵官所部辖的士卒，根据戍守任务和战阵训练，通常分作若干队，立以队长，将兵法中把将兵编为部、队等源出于此。

③ 《长编》卷三三七，元丰六年三月辛酉，“各置管押蕃兵使臣十员”。

的统辖体系，两者之间缺乏协同，给一路屯戍体系整体上的运作造成诸多障碍。为此，宋真宗时期在陕西泾原路、环庆路等设路都副部署、都钤辖等职，作为一路主帅，掌领本路军政事务，各级兵官及巡检下的屯戍之兵俱在名义上归其统辖。① 此后一路屯戍之兵的统辖体系基本沿袭路都副部署—各级兵官—屯戍之兵三级制。路都部署与路分各类兵官之间存在职权的分工。大体上，路都部署、都钤辖等居于帅府，军令出于此，而各级兵官及巡检履行其统兵职和担负事责。宋廷对兵官的职责有明确的规定，主要包括训习、安抚、制驭士卒等方面。② 路钤辖、都监等路分兵官，州钤辖、都监等兵官，沿边都巡检等所部辖士卒较众，其所揽占的地域较广，故其事务较为繁剧，委以诸司使以上武官及管军等任之。诸县及城寨兵马监押、巡检等统兵既寡，承担事务较轻，常以品阶、资任较轻的三班院使臣任之。

士卒在屯戍期间，其军政管理事务归相应的军政机构。将校兵级的军政管理机构外在于军队组织而设置，而屯戍官兵的军政管理机构则置于统辖体系内。厢、禁军在其本营，由京师三衙统管其军政，各州郡予以协助，各州州兵、乡兵之属，其军政事务由本州知州军及通判等正贰官掌领。士卒离营后戍州或戍边，其军政管理事务由京师三衙改属为戍守地州钤辖、都监廨署及巡检司等机构。州钤辖、都监设立廨署，通过诸吏来对本州戍卒实施军政管理，其内容包括文案、营舍、粮俸、甲胄及处置叛逃士卒等。③ 河北路宋辽边界戍卒众多，宋廷设缘边都巡检司和缘边战棹司等机构管理戍卒军政。如此，则戍卒的军政管理如下图所示。

---

① 《长编》卷五一，咸平五年二月己丑，“以（王）汉忠为邠宁环庆、仪渭州镇戎军两路都部署，东上閤门使李允正为钤辖，如京副使宋沆为都监，领戍兵二万五千人，委汉忠分道控制”。同书卷五二，咸平五年六月乙酉，“先是，遣两路都部署王汉忠等领兵五千为后殿，而边臣虑应援不及，诏发虎翼卒三千与汉忠。会以六千屯环庆路，二千屯泾原路”。由此可知王汉忠统辖两路屯戍之兵共二万八千人，其中屯兵八千人。

② 宋真宗御制《武臣七条》，戒谕“武臣任部署以下至巡检者”，内容为“一曰修身，谓修饬其身，使士卒有所法则。二曰守职，谓不越其职，侵扰州县民政。三曰公平，谓均抚士卒，无有偏党。四曰训习，谓教训士卒，勤习武艺。五曰简阅，谓阅视士卒，识其勤堕勇怯。六曰存卹，谓安抚士卒，甘苦皆同，常使齐心，无令失所。七曰威严，谓制驭士卒，无使犯禁”。

③ 《长编》卷八六，大中祥符九年三月丙寅，“曹玮言：‘秦州管戍兵多阙营屋，至有寓民舍者，颇或扰人。臣令役卒采木、陶瓦，为屋千四百区，今并毕功’”；《宋史》卷三一一《庞籍传》，第10199页，庞籍为延州知州，“戍兵十万无壁垒，皆散处城中，畏籍，莫敢犯法”。

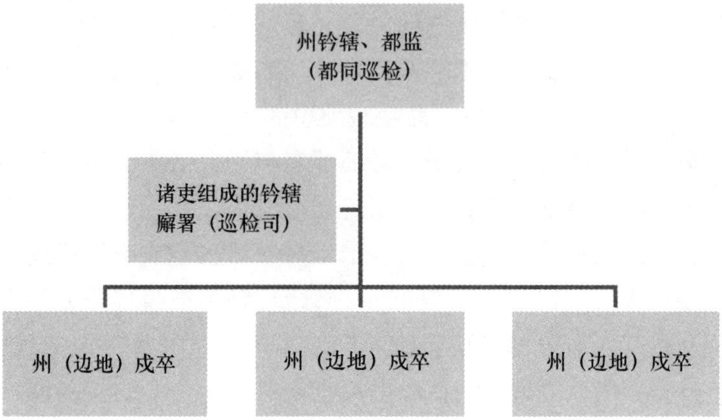

图3 各州和边地对戍卒的军政管理结构

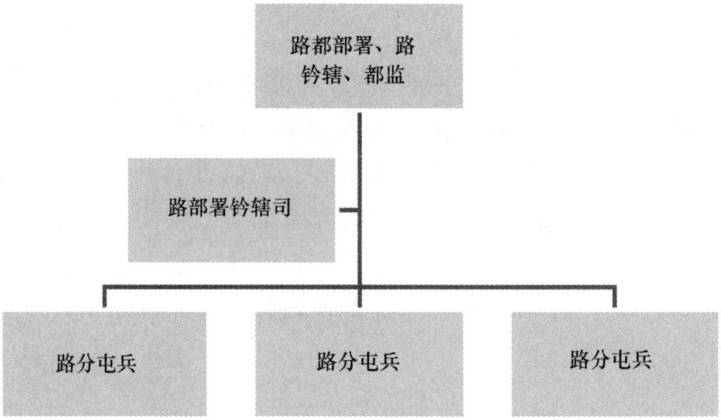

图4 路分屯兵的军政管理结构

京师三衙与州衙、巡检司之间军政事务的对接自有其制度依据。宋初两朝，禁军绝大部分置营于京师，侍卫司及殿前司尚能管理其军政，宋真宗之后，随着各州郡住营禁军的增多和各地厢兵军政事务划属三衙，即存在地理阔远，无法即时管理的问题。由此，其变通之法，即将在营厢禁兵的部分军政事务划属所在地的州府，如钱粮发放、营兵裁撤等事务由本地州衙定夺。戍卒到达应戍地后，参照对本地营兵的管理方式，对其军政管理权暂时交付于州兵官和巡检。戍卒中驻于州城者，其军政管理权归于州兵官，戍于边地者，由巡检司或都同巡检领其军政。

驻泊于本路的屯兵，不仅统辖关系不同于戍卒，且军政机构亦为不同。宋真宗咸平五年后，陆续在各路设立（都）部署司、钤辖司及兵马司等管理本路屯兵军政事务。一路部署司、钤辖司等事责在于临战调发兵力、战阵训练及军事设施的筹备等方面。部署司、钤辖司等通常设于本路首州，其长贰官初由部署、钤辖等兼任，宋仁宗之后，本司主官例由本州知州兼任。[①] 庆历之后，陕西诸路皆设路都部署司，由路都部署掌领本路屯兵军政事务。路都部署掌领本路屯兵军政事务，与其他州郡知州兼管戍卒军政，在制度上有相通之处。

屯兵与戍卒同时显现出在统辖体系和军政体系上分作两处的情形，此属北宋兵制的一大特色。宋太祖对边将控驭得法[②]，对州钤辖、都监及都巡检等边将予以充分信任，在令其统辖戍卒、屯兵的同时，亦授予军政管理权。宋真宗景德之后，随着边境局势趋于稳定，宋廷在边地统辖体系之外另置一军政体系。这一军政体系依托于民政体系，主要由州衙、部署司及巡检司等机构来主行屯戍之兵的军政。由文臣来掌领地方军政，其间的意图仍不出以文驭武及防范武人干政等方面的考虑。

三　边路临战调兵和指挥机制

临战指挥机制指各种军事行动之前和过程中，从在营军队和屯戍士卒中抽调兵力组成军事行动组织，并配备相应的将领以指挥军事行动，即由指挥员和战斗人员组成的军事组织的指挥机制。临战指挥机制与军队组织体系、屯戍体系同为北宋兵制的组成部分，三者之间各有分属且互有交叉。临战指挥机制可分割为战前筹议、调发兵力、命将及战场指挥等事项。就筹谋、组织军事行动和前敌指挥而言，北宋边地的临战指挥机制历经边地守将、部署和经略安抚使三个时期。

宋初两朝，临战军事指挥机制包括征讨师旅的军事指挥机制与边地屯

---

① 《长编》卷一三九，庆历三年正月丙申，“张存知延州，王沿知渭州，张奎知庆州，俱是学士、待制之职，亦止管勾本路部署司事”，三者均以知州掌管部署司，而不带路部署之职。

② （清）王夫之：《宋论》卷二《太宗》，中华书局 2003 年版。

成体系中衍生的军事指挥机制。在宋初平定割据政权的战争中，以都部署、招讨使等作为大将，总掌行营大军的军事指挥权，其下马军指挥使、步军指挥使等充当偏俾将，其中不涉及调兵等事权。至于边地屯戍之兵，宋太祖朝使郭进、董遵诲等人以都巡检、刺史等职名统领一师兵马，镇守边地。都巡检等虽“不授行营部署之号”，却实辖一师之众，因而拥有兵权和军事指挥权，边将可根据边情自行组织和指挥军事行动，包括调发兵力和指挥出战师旅，“方面有警，则总师出讨”①。由而，边将的军事指挥权附着于边地屯戍体系而产生。宋太宗时期逐步剥夺了边将的兵权、财权等事权，附属性的军事指挥权也被收回。

宋辽战争爆发后，为守边计，宋廷在预定战场或素为兵家必争之地的某州、某关处投放一支师旅，由沿边部署指挥，专司一地军事防御事务，沿边部署所辖师旅设于原都巡检之外，两者并行。军事指挥机制蕴含于屯戍体系中。随着河北沿边屯戍之兵剧增，为统一兵权，宋廷将河北边地诸州军划分为三路，以北面都部署为帅掌领三路屯戍之兵的兵权②，同时包括所组建出战师旅的军事指挥权。若逢战事较为剧烈，涉及区域较大，则另设一军事指挥体系，其做法为集河北三路兵力组建为行营大军，并由三路行营都部署掌领最高军事指挥权，在预定主战场排列大阵迎敌，其他副战场设某州路部署以统领偏师。同时期，河东路设并代行营都部署，陕西路因李继迁叛乱之故，设西面行营都部署，此类行营大军皆倾国家之力而组建，并专设北面、西面部署司来组建行营军队。此外陕西泾原路、环庆路设沿边部署来指挥军事行动，出战师旅或出自本路部署司或由沿边屯兵中析出。③ 由而，边路军事指挥体系分作两系，行营都部署与偏师部署为一序列，西面、北面都部署与路都部署为一序列，两者为统师将领和一地守御主帅之别，前者偏重于军事指挥权，后者侧重于兵权。

宋太宗、宋真宗两朝，因同时对抗契丹和西夏之故，边路并列存在屯戍体系和军事指挥体系。在屯戍体系之外，另行构建军事指挥体系，是宋

① 《宋史》卷三二五《刘平传》。

② 《长编》卷三〇，端拱二年正月癸巳，“悉聚河朔之兵，于缘边建三大镇，各统十万之众，鼎据而守焉”。

③ 真宗咸平五年，泾原路部署司设于渭州，是本路出战师旅的屯扎之所，而环庆路的军事行动由驻于环州的部署全权指挥，其出战军队来自沿边屯兵。

代兵制特征之一。边地屯戍兵官为控驭己方屯戍士卒而设，端谨能守职即可，而边地军事斗争的复杂性，须专设一军事指挥将领，具有丰富的军事指挥经验为必备条件。行营都部署、偏师部署等从名号上，即指挥某项军事行动之意，对应于一支出战师旅，因而部署成为拥有军事指挥权将领的专号。兵官与军事指挥将领之别，在此意义上，边路军事指挥机制围绕于行营都部署与沿边部署而形成，而路钤辖、都监等同属路都部署下的屯戍体系。

路都部署、行营都部署、某州路部署与沿边部署职名虽近，在职权划分上有较大差别。路都部署作为一路主帅，其下路钤辖、都监等掌领屯兵，组成屯戍体系，并以沿边部署助行军事指挥权，而路行营都部署，与副都部署、偏师部署等共掌出战师旅的军事指挥权。路都部署统领一路屯戍之兵，坐镇后方筹谋全局，以调兵为其事权核心，其中屯兵分由钤辖、都监等统率，边镇部署专司军事指挥出战师旅，且兼统辖本处屯兵，相对独立于都部署之下的屯戍体系。[①] 在行营军事指挥体系内，偏师部署受路行营都部署节制，两者实为主将与偏将之别。若逢遇战事，构建战时指挥体系，由路行营都部署在众将间分配军事指挥权，偏师部署为首要备选之将。

路都部署既有部署之名，自应有军事指挥之权，其军事指挥权在涉及全路防御时方得产生，此时路都部署的名号由路兵马都部署改为路驻泊都部署。其运作过程体现为调发兵将，从诸处抽调兵力组建为出战师旅，以“部署兵”为名[②]，交付于沿边部署部辖，令其率师迎敌，由此组成路驻泊都部署之下的临战指挥体系。而未被抽到的兵力及其统辖兵官，仍属本路屯戍体系。临时指挥体系下驻泊部署等将领所辖出战师旅的编制，采取不同营之间混合编队的形式，与屯戍兵官相比，两者为“带队”与“统兵”之别，师行过程中屯扎地点亦与寻常屯兵营寨有别。军事行动结束后，诸将所辖作战组织回归原有建制，沿边部署等将领的军事指挥权一并归还。

宋真宗景德之后，原战时指挥体系纷纷回归日常屯戍体系，行营部署

---

① 宋真宗咸平四年，宋廷所派遣的援救灵州之师，决策核心为灵、环、清远等十州军驻泊副都部署、钤辖冯守规、张继能等，而副部署潘璘、钤辖李让、都监刘文质等为战将。

② 《长编》卷五二，咸平五年九月己酉，“部署兵多在渭州之西”。

之号皆撤，而屯戍体系的路都副部署仍予保留。[①] 河北、河东及陕西沿边设路继以路都副部署或都钤辖等统领一路屯戍之兵，以路分钤辖、都监等分统诸处屯兵。沿边部署等原本专司军事指挥的将领，虽久无战事，然河北、陕西边路仍偶有沿边部署的设置，已非常设之职。即便是边疆安宁时期，因镇压境内叛乱之故，仍在屯戍体系之外偶尔组建军事作战组织，相比于路钤辖、都监等，沿边部署在这些军事行动占据核心指挥位置，而在直接统领屯兵事务上，权责不及路钤辖、都监等。[②] 沿边部署可就边地山川地形、应屯戍兵力及敌情等事先制定军事行动方案。[③] 若需调发内地兵力，则由路都部署与钤辖等两三人商议，调发兵力后再在沿边部署、钤辖及都监之间分配军事指挥权。[④] 一路较大军事行动的运作程序为，掌领兵权的路都部署（都钤辖）等作为帅臣，发出指令，调发兵力向路部署、钤辖司处集结，并由部署司组建为出战师旅，出战师旅奔赴战地，由沿边部署指挥其军事行动。

从兵官下辖的屯戍士卒转化为出战师旅，需要一套辅助机制。宋初两朝行营师旅多经侍卫司和殿前司组建。自宋真宗咸平年间始，出战师旅由北面、西面部署司及诸路部署、钤辖司等为专职机构，景德之后仍延续其制，路部署司所在即为出战师旅的组建地。其他沿边部署直接统领朝廷拨付的师旅。由此边路出战师旅源头有三：一为经由朝廷所置的北面、西面部署司而组建的行营大军；二为经由本路部署司组建的出战师旅；三为由边镇部署、沿边都巡检本辖的师旅。从三者各自掌控的兵力规模上，则据敌方兵力规模而定。真宗咸平、景德年间组建的西面、北面行营兵力达六万以上[⑤]，陕西

---

① 《长编》卷五九，景德二年正月癸丑，“以河北诸州禁军分隶镇、定、高阳都部署，……行营之号悉罢”。

② 《长编》卷六六，景德四年八月丁巳，“令环庆路都监二员每岁一巡缘边戍寨，更迭而往。时上封者言环庆诸军多分屯淮安、洪德寨，而部署未尝按视，戎事弛慢故也”。

③ 《长编》卷五三，咸平五年十二月丁丑，“泾原部署陈兴等言，若贼众奔突，则请并东山、陇山等七堡兵入镇戎军，合力以拒贼”。

④ 《长编》卷一二八，康定元年八月庚戌，“先是，诏分边兵，部署领万人，钤辖领五千人，都监领三千人，有寇则官卑者先出”。

⑤ 《长编》卷四五，咸平二年十一月丁卯，三路行营都部署傅潜“麾下步骑凡八万余”；同书卷五〇，咸平四年十二月甲午，“以马步军都虞候王超为西面行营都部署，环庆路部署张凝副之，入内副都知秦翰为钤辖，领步骑六万以援灵州”。

诸边路部署司组建的出战师旅通常在两万左右[①]，而本路兵马部署作为大将之任，其所辖兵力多不过万人[②]，其他路钤辖、都监各辖五千、三千兵力，另有沿边部署及都巡检所辖兵力大致两千左右。

在出战师旅组建的诸多环节中，由于屯戍体系与临时军事指挥体系之别，造成沿边部署与屯戍兵官难以协调一致的问题。如咸平年间，张凝为环庆路沿边部署，闫日新作为本路钤辖，能提兵应援张凝，而本路都监宋沆却不受节制。[③] 同时在地理分布上，一路出现帅府、出战师旅组建地及沿边部署活动地域不在一处的状况。

沿边诸路	帅府	路部署、钤辖司所在	沿边部署活动地域	备注
陕西鄜延路	鄜州	延州	保安军、承平寨等	宋初鄜州为鄜延路首州，河中府、永兴军等处戍兵先赴鄜州，通常设都钤辖，康定后帅府设于延州 曾设延州部署司、钤辖司等 三川口之战中鄜延部署许怀德屯师于承平寨
陕西邠宁环庆路	邠州	庆州	环州等	宋初邠州为本路帅府，路都部署王汉忠、周莹及都钤辖曹玮等驻于邠州，庆历之后改帅府为庆州[④] 环庆路部署司初在邠州，天禧年间曹玮将之移至庆州，故庆州虽为部署司所在，然在庆历之前并非帅府 环庆部署张凝屯师于环州
陕西泾原仪渭路	泾州	渭州	镇戎军	晚唐、五代以来为帅府所在，庆历四年后改为庆州 渭州为泾原部署司所在，部署兵屯师于渭州西 泾原部署陈兴活动于镇戎军

① 《长编》卷四六九，元祐七年正月壬子，“勘会本路（环庆路）汉、蕃之兵，除州县城寨防拓及留将官守御外，所合遣者，不过二万五千人”。

② 《宋史》卷二七二《杨延昭传》，“景德元年，（杨延昭时任宁边军部署），诏益延昭兵满万人”；《长编》卷四九，咸平四年十月己未，“别命步军副指挥使、莫州驻泊都部署桑赞领万人，……马步军都军头、北平寨驻泊部署荆嗣领万人”。

③ 事见《长编》卷五二，咸平五年八月丙寅。

④ 李昌宪在《宋泾原、环庆路治所考述》一文中认为“天禧之前邠州一直为邠宁环庆路的帅府”，见《史学月刊》1995 年第 4 期。

续表

沿边诸路	帅府	路部署、钤辖司所在	沿边部署活动地域	备注
陕西秦凤路	秦州	秦州	古渭寨等	秦州屯兵较众，曹玮曾为秦州都部署，秦州始终为秦凤路首州 庆历年之后，秦凤路方设部署司设于秦州 秦凤部署刘涣等镇守古渭寨
河东并代路	并州	并州及府州	代州、石隰州、麟府州	并代路都部署驻于并州，庆历后为河东经略安抚使驻地 并州设并代路部署司，另在府州设麟府路军马司 宋辽战争中曾设代州部署、石隰州部署及麟府浊轮寨部署等
河北高阳关路	瀛洲	瀛洲	高阳关	宋初瀛洲即为帅府，庆历时张亢以副都部署为瀛帅 高阳关路部署司与安抚使司同在瀛洲 景德之后杨延昭任高阳关副都部署九年之久

宋初三朝及仁宗前期，路以下边地知州和沿边都巡检亦可根据敌情组师出战。边地知州军既有“州将”之称，自应担负守土之责，若敌入侵州境，其可调发的兵力，以所辖州兵、乡兵为主。极边一带的沿边都巡检，宋廷为其专门配属一支师旅，以备出战之需。① 通常边州及沿边都巡检出战兵力规模较小，原则上应配属于本路出战师旅的主力，如三川口之战，延州西路都巡检郭遵随主将刘平出战。边地知州和沿边都巡检既可亲自指挥战斗，亦可使兵马都监、指使等率师应敌。相应事例有咸平五年环州知州张从古与路都监宋沆等绕开主帅张凝，擅自领兵出战而受到惩戒。② 景德元年，知镇戎军曹玮“近知贼众攻掠西蕃，因率兵邀击于石门川，俘获甚众”③。狄青在任保安军都巡检司指使期间，多次率小股军队出战而屡获战功。

宋仁宗康定年间，西夏李元昊叛宋自立，为统一兵权和军事指挥权，

① 《长编》卷七九，大中祥符五年十二月戊子，“诏知延州李及兼管界缘边都巡检使，仍给牙队马步兵士”。

② 事见《长编》卷五二，咸平五年八月丙寅。

③ 《长编》卷五六，景德元年六月乙巳。

宋廷将以文臣知州兼任路都部署，并另授以本路经略安抚使的名号，至此，边路兵权和军事指挥权收归于本路经略安抚使之手。文臣知州兼任路都部署、经略安抚使等，使得一路经略安抚使司与都部署司等合在一处，省去军事指挥的一些中间环节，便于集中兵权和军事指挥权。此举不仅使文臣统兵成为定制，也使得边路统兵体制改换为经略安抚使制。大致为，经略安抚使总掌本路军事机务，而其兼任的路都部署则掌领本路军政事务。

较之以都部署体制，路经略安抚使所拥有的事权在强化路都部署的已有事权基础上，增加了创制、机宜专属、调发和配置兵力、任命将领等权项。具体表现为，路都部署掌领军政，而经略安抚使掌领军令。经略安抚使在向朝廷奏请改进兵制方面更具主动性，诸如邻路互援之法、将兵法、效用兵等皆为边路经略安抚使在任上所创建。为树立帅权，事关一路兵机之务，则专属于经略安抚司，而武将所任副都部署等不得干预帅权。在调发兵力方面，路都部署仅能调发本路现有屯戍之兵，而经略安抚使可调发的兵力包括本路在营禁兵、州兵及乡兵等。军事指挥权方面，在都部署体制下，通常以沿边部署为出战师旅的专任将领。而经略安抚使在任命将领方面有较多便宜行事之权[①]，因帅司与部署司皆隶属主帅，通常本路出战主力师旅由本路马步军副都部署部辖和指挥，沿边部署之职渐被废撤，其军事指挥权改由沿边安抚使等代行。

在经略安抚司体制下，若需构建军事指挥体系，出战师旅组建完毕后，涉及战役指挥权和战场指挥权的分属问题。例由主帅亲任路马步军都部署，拥有战役指挥权，并将前敌军事指挥权交付马步军副都部署等将领。一路出战师旅的最高指挥权集中于马步军副都部署，并没有彻底解决出战师旅内部各层级的指挥混乱问题。出战师旅中主将和战斗人员之间须以十余员偏俾将勾连，这些偏俾将从路分兵官、驻泊兵官、都巡检及城寨主中抽调，均系临时任命。[②] 出战师旅分作前、中、后各军，偏俾将所部

---

① 宋仁宗康定二年爆发的宋夏好水川之战，泾原路经略安抚使韩琦以环庆路副都部署任福为主将，而泾原路部署王仲宝仅率偏师。

② 庆历元年宋夏定川寨之战，主将葛怀敏之下偏俾将计有知镇戎军曹英、泾原路都监赵珣、泾原都监李知和、泾原都监王保、泾原都监王文、环庆都监刘贺、镇戎军都监李岳、天圣寨主张贵、沿边都巡检向进、西路都巡检赵璘、泾原路巡检杨遵、瓦亭寨都监许思纯、泾原路指使霍达等十余员。

辖的人马多非平素本辖人马，兵将之间互不相识。中间环节的缺漏造成出战师旅难以实现真正意义上收发如意的效果。宋神宗、哲宗时期，诸路推行将兵法，正副将等将官平时训练本将兵马，临战之际，合数将兵力为出战师旅，以统制、统领等总辖之，其下正副将及部队将等皆率本辖人马。此举理顺了出战师旅内部各层级的军事指挥关系，部分改观了“兵不识将”的局面。北宋末期及南宋时期，出战师旅延续了统制——正副将——部队将——战斗人员的军事指挥体系。[①]

纵观北宋边路的战时指挥机制随边路屯戍体系而产生，明显存在叠床架屋的弊端。一路屯戍之兵名义上归路都部署统辖，而路分兵官、州兵官及都巡检等直辖兵力分属不同体系，沿边部署更在屯戍体系之外，造成军事指挥机制上难以上下贯通。宋太祖朝，统领行营大军的都部署、招讨使等，屯扎边地的都巡检及州钤辖、都监等，均授以临机军事指挥权。宋太宗、真宗两朝，新制已立，而旧制仍存，路与州两级的军事指挥机制并存，沿边都巡检和边地知州等在路都部署之外仍有独立的军事指挥权。[②]新制代替旧制是一个渐变的过程，其间不免出现令出多门，互不统属的局面。直至1044年后，陕西边路确立经略安抚使制度，始将州一级军事指挥权收归于路[③]，边地知州和沿边都巡检的军事指挥权逐渐废止。[④] 即便如此，新旧制并存的局面仍未改观。宋哲宗之后，诸路正副将等将官统领屯兵渐为定制，而路分兵官仍继续设置。出战师旅多以统制、统领等率领，然路副都部署在严重虚衔化情况下，仍未废止。

陕西边路出战师旅以外，各州军事指挥机制的混乱源自兵权的分散。兵权除体现于诸将对各自所辖兵力有一定程度支配权外，更多体现于对帅司机构对各种兵力的规模性调发和重新配置。边地知州、都巡检及部署等在正常职守范围内调度所辖兵力进行伐薪、商贸等零星活动，并非兵权之

---

① 参看王曾瑜《宋朝军制初探》（增订本），“第四章　北宋后期军制”，中华书局2011年版，第142页。

② 《长编》卷一二八，康定元年七月癸亥，“镇戎军最近贼境，每探马至，不问贼之多少，部署、钤辖、知军、都监皆出，至边壕则贼已去矣”。

③ 宋真宗咸平五年，镇戎知军及缘边都巡检李继和所辖兵力与泾原路部署兵互有分属。至宋神宗熙宁四年，宋夏战于环庆路大顺城等，环庆路钤辖李信、庆州北路都巡检林广等俱受环庆路经略使李复圭调遣。

④ 《宋史》卷一九六《兵志》，“凡驻泊军，若捍御边寇，即总管、钤辖共议，州长吏等毋预”。

大端。北宋时大规模调发兵力须遵循一套严格的程序，通常包括军事中枢机构、军政机构和统兵将领三个环节，以印符、文牒等为凭信。全国范围内调发兵力，由枢密院发牒给三衙，各军将校据三衙文书把所辖兵力抽调出，并交付于相应的统兵将领。至于路一级，宋仁宗庆历之前，路都部署、都钤辖等通过路部署司、钤辖司从路分兵官处调发兵力。庆历之后，路经略安抚司作为帅司机构发公文至路都部署司，路都部署司从路分兵官等将领处抽调兵力。州郡一级，边地知州军承接原藩镇兵权，可组建州兵[①]，并可通过州衙调发境内州兵和乡兵等，但不得调发素非所辖的禁兵[②]，知州军兼任路分兵官及都巡检则当别论。沿边都巡检亦通过巡检司从诸城寨巡检处调发兵力。

其中可以观知，兵权有严格的层级性，全国、诸路及州郡三级之间，下级不得僭越上级的事权。此外不同统兵体系之间可相互挪移兵力，如仁宗天圣年间，泾原钤辖王怀信将所部兵力数千人交付于沿边都巡检赵振。[③]类同于京师，枢密院和三衙分掌发兵之权和统兵权，边路帅司和诸兵官分别掌领发兵权和统兵权。诸路帅司等军事中枢机构通常不直接统领军队，而统兵将领一般不具有自发性调兵权，须听令于帅司等军事中枢机构。

对已调发的兵力，本路主帅可根据敌情和战守状况分派兵力，并委以相应的将领。若敌大举攻入宋境，除各处守御兵力外，由部署司抽调诸处兵力而组建的出战师旅为本路各支军队的主力，通常由本路副都部署率师征讨[④]，其他钤辖、都监等为偏俾将，统领偏师。康定元年三川口之战后，范仲淹为鄜延帅，改变以往做法，把边兵分作六将，每将三千人，分别委以六位统兵将领。神宗熙宁、元丰年间，陕西沿边五路各置以将兵，由正副将专司训练，之后正副将等逐渐演变为路分兵官之下的专职统兵将领，每有征讨，则以路副都部署以统制、统领等名率数将之兵出战。将兵的范围不仅限于禁兵，其他乡兵、蕃兵等亦有之[⑤]，在组织形式上，将兵接近

① 《长编》卷一三六，庆历二年五月甲辰，知并州高继宣“募黥配厢军三千余人，号清边军”。

② 宋太宗雍熙三年，张齐贤知代州，无法调动神卫都指挥使马政所辖禁军，以厢军二千出战契丹兵。

③ 《长编》卷一〇三，天圣三年七月辛卯。

④ 庆历元年，西夏围困麟、府州，由并州调发的援师由并代路副都部署王元率领。

⑤ 《长编》卷二二六，熙宁八年七月戊子，“泾原路屯泊、就粮上下番正兵、弓箭手、蕃兵约七万余人，分为五将”。

于出战师旅，已不同于屯戍士卒。

就一路战兵的演进观之，从路分兵官及都巡检所辖屯兵到统制、统领所辖将兵，不仅使得一路可战兵力从两万人提升到四五万人以上①，而且帅司对本路兵力的整合程度得以大幅度提升。宋夏战争之初，三川口、好水川及定边寨三大战役，宋方诸路最多可调集战兵两万余人，而三次大战西夏军队皆为十万之众。双方对战略态势均有明确的认识，“星居鸟散，不能常聚，点兵数千，动须累日，敌之所短也……率数十万众专向一路，以多击少者，敌之所长也”，而宋方“建营列戍，一二万之众旦夕可集者，我之所长也。分路置帅，举一路将兵，除防守外不满二万者，我之所短也”②。宋廷通过将兵法来弥补战兵的不足，每路出战兵力数量与西夏军队之间差距大幅缩减，在军事指挥机制上出战师旅逐渐形成统制、正副将及部队将三级指挥模式。宋哲宗、宋徽宗两朝，陕西沿边诸路出师多有战果，在某种程度上归功于军事指挥机制的改进。

结 语

北宋时期兵制的基本架构为将校军兵的军队组织体系、兵官士卒的屯戍体系和将领战士的军事指挥体系，从形式上看，军队组织体系自管军之下到各营为纵向垂直统辖，屯戍体系在横向上划分区域归各级兵官统辖，而出战军队在行师时呈线状。三者之间既各自独立，又环节相扣。秦汉以来历代兵制均含有此三项内容，而北宋在此三项上均有新创，并且三者之间的衔接环节更趋于严密。从北宋兵制的运作状况看，基本达到了其创制意图。在养兵阶段，置于京师及各州郡的兵营为宋廷提供了充足的常备兵源；在用兵阶段，屯戍各处的兵力保障了宋内境安宁和社会秩序，出战师旅在改变宋辽、宋夏之间战略态势上起到关键作用。

宋代兵制的完备形式比较典型的体现于陕西沿边诸路。陕西边路的军事排布立足于屯戍体系，兵官数量冗多，而良将之才却长期困乏，造成宋军防御有余而出讨不足的情形，整体上与北宋“守内虚外”的国策相对

---

① 《长编》卷一四九，庆历四年五月壬戌，范仲淹言：“每路战兵，大率不过二万余人”。实施将兵法之后，陕西沿边五路中兵力最少的秦凤路四将“正兵二万二百余人，参以弓箭手、寨户、蕃兵二万四千余人”，战兵在四万人以上。

② 《长编》卷二一五，熙宁三年九月甲辰。

应。单就北宋后期兵制中具体规章而言，形式上已无较大觑隙，然兵制往往与政治局势密切相连。宋徽宗时由于高俅、童贯等掌兵者倒行逆施，对禁军军政体系和陕西边路屯戍体系造成严重侵蚀。同样一套兵制下，北宋末年陕西边兵在对夏战争和平定方腊的战争均取得胜利，却在对金的战争中连连溃败，这种矛盾现象仍须从北宋兵制的侵蚀程度中寻找原因。

附图：

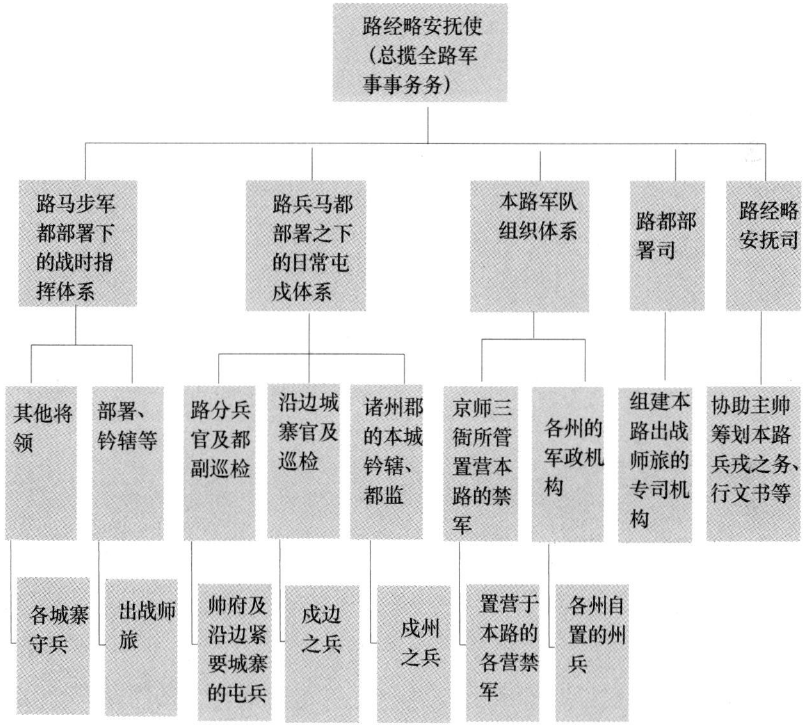

北宋陕西边路军事运作结构简图

清儒卢文弨的社交、生活与校雠
——一个乾嘉考据学者的多重面相

李立民*

卢文弨（1717—1795），字绍弓，号矶渔，又号檠斋，晚更号弓父。“抱经”乃其堂名，人称曰“抱经先生”。乾隆十七年（1752）进士，官至翰林院侍读学士。抱经先生以读书为事，擅于校书。清人江藩称其：“潜心汉学，精于雠校。归田后，二十余年，勤事丹铅，垂老不衰。”① 今人王欣夫先生亦赞曰：“数清代校雠专家，当推他是第一流。”② 抱经先生在清代校勘学领域，与顾广圻合称“对校学派”的代表。③ 学术界目前对卢文弨的研究也多集中在其校勘书籍方面所取得的成就，笔者认为这种研究现状还有待继续深入。

一个学者的成就不是一蹴而就的，往往与其社会经历与生活阅历休戚相关。本文以抱经先生的社交与生活为线索，考察其校雠思想的演进历程。借此研究，或可为一向以严肃考据而著称的“乾嘉学派”，提供一个鲜明生活面相的个案，为学术史与社会史的有机结合，试作些有益探索。

一

康熙五十六年（1717），抱经先生生于浙江余姚一个书香之家。其祖

---

* 李立民，中国社会科学院古代史研究所。

① 江藩：《国朝汉学师承记》卷6，中西书局2012年版，第101页。

② 王欣夫：《文献学讲义》，上海古籍出版社2014年版，第268页。

③ 参见倪其心《校勘学大纲》，北京大学出版社2004年版，第49页。

之翰，工诗书，著有《春柳堂诗钞》。父存心，禀生，私淑名儒劳余山先生，曾被荐举博学鸿词，著有《白云诗文集》。其母冯氏，亦越中闺秀。然自文弨出生后，家道中落，五岁时，母亲病逝，父亲为生计所迫，处馆于外。文弨跟随祖父母长大。卖米砍柴之事，无不亲为："稍长，于猥贱之事无所不为。尝粜得官米，吾晚从学堂归，恒自舂也。薪有数等，唯庄柴易斯，若松柴刀柴难斯。吾为之，故知也。"[①] 每日赴学堂读书，粗茶淡饭，甘于贫乏："晨起，温宿粥一瓯食之，进学堂，归家午饭，或值未炊，即为佐炊。夏间则日昳又归家饭，乞糕铺汤一盂，取余饭和之以食。物有定价者，常至市买之。此皆吾所甘为。"[②] 但最让文弨有所不堪者，惟缓债与取租两事，"盖吾素不工于语言，故唯此二事为难能也"[③]。文弨在二十一岁以前，未曾离乡远行，囿于识见，再加之"不善言辞"，得友亦少："吾少时性情直赣，不耐委曲，又读书不多，益友亦少。"[④]

这一时期，与文弨交往最多的便是其族亲兄弟。家族内的孝友文化，对文弨影响甚深。文弨弱冠时，常至其表弟周世道家，"尝得君《家乘》读之，大率以孝友著"[⑤]。文弨在为其作《家传》时，便极力表彰其家风，"居家以孝友为本，处世以和平为先"，认为孝友事关世道风俗之盛衰，"临财也廉，故能不失其孝友之绪"[⑥]。又如文弨的同族兄弟卢孚尹，与文弨称世家。孚尹之父与文弨之父敬甫公、文弨之舅父桑弢甫先生，同问学于文弨之祖书苍公。父辈之友谊也让文弨与孚尹相交最契。孚尹十六岁时，补县学生员。当时，其父老病在家，孚尹服侍左右，"聚二三童子教之，束脩所入，苦无几"[⑦]。有友人欲招其远行作幕友，孚尹"恋其父，不欲行，父强之。及往，郡之英俊咸乐订交"[⑧]。文弨将孚尹孝友之行撰写成《小传》，并赞曰："友于兄弟，信于友，获于上，仕骎骎矣。"[⑨] 再如，文弨同宗友人卢静夫，家居宁波鄞县。文弨至鄞县，便在静夫家落脚，"君

---

① 卢文弨：《抱经堂文集》卷21《与弟文韶书》，中华书局2015年版，第301页。
② 同上。
③ 同上。
④ 同上书，第300页。
⑤ 卢文弨：《抱经堂文集》卷29《周君坦之家传》，中华书局2015年版，第386页。
⑥ 同上。
⑦ 卢文弨：《抱经堂文集》卷29《族子天保县知县孚尹小传》，中华书局2015年版，第389页。
⑧ 同上。
⑨ 同上。

时年方壮耳，与其兄皆待余甚谨。暇即就余谈谐，无倦容”[①]。其学行亦以孝友闻名，文弨赞曰：“《礼》言五十不致毁，六十不毁。君之葬其亲也，不肯以权道拂《礼经》，不肯借偏辞以自解免。既老而犹为孺子之慕，斯不亦古今所希觏者乎?”[②]

除了同族兄弟外，与文弨相识最厚者便是其同里友人。如比文弨长三岁的陈少云，两家比邻而居。当时，文弨尚在襁褓，母冯夫人乏养，不得不乞乳于少云母，“两家子在襁褓中，姻娅数提抱往来，更相子也”[③]。嗣后，少云到家塾读书，“余往就之，同受业于沈武曹先生元斌，情弥厚”[④]。

文弨居乡期间，其父常年馆于外地，不能亲自教授，文弨读书常常不得要领：“吾时读书，不知门径所从入。”[⑤] 虽然其自幼爱读书，但生活的窘迫让其无钱购买，其家又素无藏书，故只能钞书：“余家无藏书，经史皆不具。少时贸贸不知学有本末，费日力钞诸子、《国策》、《楚辞》及唐宋近人诗文，皆细字小本，满一箧。经则《周礼》、《尔雅》，亦尝节录注疏一过。余经及诸史，未之及也。”[⑥] 在读书、钞书的过程中，文弨发现诸书文字多有谬误，“颇有志于校勘”[⑦]，但因其交友的局限，也无法让其走进著名藏书家的书斋饱览宋元珍椠，“深愧见闻不广，逡巡不敢为”[⑧]。对此，文弨不无感慨道：“好钞书，亦非世间希见之本，徒费日力于此，而不知务乎其所当务也。”[⑨] 在这一时期，校勘书籍对于文弨而言，是渴望知识、获取知识的重要途径。

二

乾隆三年，文弨援例入国子监，举顺天乡试，中举人。乾隆六年，始入京师，行装萧然，书籍亦不能携带。初馆于浙江督粮道金一斋家中，为

① 卢文弨：《抱经堂文集》卷29《卢君静夫家传》，中华书局2015年版，第393页。
② 同上书，第394页。
③ 卢文弨：《抱经堂文集》卷34《文学陈少云墓志铭》，中华书局2015年版，第455页。
④ 同上。
⑤ 卢文弨：《抱经堂文集》卷21《与弟文韶书》，中华书局2015年版，第300页。
⑥ 卢文弨：《抱经堂文集》卷7《重校经史题辞》，中华书局2015年版，第84页。
⑦ 卢文弨：《抱经堂文集》卷11《书杨武屏先生〈杂诤〉后》，中华书局2015年版，第160页。
⑧ 同上书，第160页。
⑨ 卢文弨：《抱经堂文集》卷21《与弟文韶书》，中华书局2015年版，第300页。

童子师。初时，文弨尚可借金氏藏书以读，然金氏兄弟外任，携书以出，文弨遂“无处可借，又无钱以买书”①。这样的状况持续不到一年。乾隆七年，文弨有幸考授内阁中书之职。在京师居小京官时期，文弨时常能与同好有文会之约，并得到学林前辈的赏识。钱塘人汪师韩，雍正十一年中进士，入翰林，教授皇子，赐居圆明园侧，遂成为一代词林耆老。文弨在此期间，便得到了汪师韩的赏识：“丙寅、丁卯间，余与友朋会文京邸，呈先生，蒙赏识。”② 或许是性格使然，文弨在京所结交而堪称莫逆者，亦寥寥无几：“文弨行能无似，无以动人，又不能求当世贤士大夫而与之周旋，孑然寡合，以是益增其孤陋。即有一二志趣相近者，又皆为职事所羁束，不得朝夕见。夫既无为学之时，又为境所累而不能自力于学，更无人焉共勉于学，是则终于失学而已矣。”③ 而身居底层京官的日常事务也让文弨应接不暇：“弟年来苦无暇日，亲知往返之书，绝少精神，疲于酬应，遂不能强之复作。人但知京官事简，外官事繁，不知京官所治之事，无有不躬亲者，非若外官之有佐助者也。”④ 平素繁忙的事务，让文弨几乎没有时间读书治学。

正当文弨踌躇之际，乾隆十二年夏，乾隆帝命选翰林十人、中书十人校录唐李善所注《昭明文选》，以备清燕之选，于是在大学士张廷玉家园内设馆，校书于丽景轩，文弨亦有幸被选。在二十人中，文弨与中书钱在培相交最契：“前辈钱赤岸先生，性慎密而多闻识，裒然为中书领袖，选与兹事。文弨时亦从诸君子后，移席近先生。先生校勘精审，孜孜不倦。”⑤ 多年后，文弨回想往事，眷恋之情依然难忘：“回思昔者与先生在轩中散衣带，时水风清暑，花香袭人，珍赐频仍，中使络绎，此景何可多得？”⑥ 自是役后，文弨亦多参与官方所组织的校书：“凡有校写，皆开局于武英殿，大臣监理之，外饔供其食，书成请旨赏赍而已。文弨亦一再与焉。”⑦ 但是事与愿违，在参与官方校书过程中，一些大臣各怀心思，“恐或蹈妄改之咎，又私相戒约，非灼知其误，万不可轻改，以故明达之人多

---

① 卢文弨：《抱经堂文集》卷21《与弟文韶书》，中华书局2015年版，第301页。
② 卢文弨：《抱经堂文集》卷11《书韩门缀学后》，中华书局2015年版，第159页。
③ 卢文弨：《抱经堂文集》卷17《上桑弢甫先生书》，中华书局2015年版，第237页。
④ 卢文弨：《抱经堂文集》卷17《与备三大兄寿朋书》，中华书局2015年版，第243页。
⑤ 卢文弨：《抱经堂文集》卷25《丽景校书图记》，中华书局2015年版，第346页。
⑥ 同上。
⑦ 同上。

务更正，慎重之士惮于改为”[①]，致使官方校书失去了学术含量，仅仅成为了一项职务性的工作，文弨身处其中，亦不得而为之：“予因知事无大小，总其成者为要也。”[②]

乾隆十三年，时值纂修玉牒，文弨又得入缮写之列。[③] 由此，文弨的生活大部分为工作所占据。每日从玉牒馆回家，“大率已曛黑矣”，饭后稍处理些家事外，“即取旧所读书就灯下读。日力有限，不能泛滥群籍。近来性亦厌杂，聊温故使不遗忘而已”[④]。夜读期间，文弨也会享受几许天伦之乐：“妇抱幼女在旁，女半岁，略识眉目，向予嫛婗欲语。予取置诸膝，女似喜读书声，谓若予与之语者然，久之渐不耐，跳跃转侧，不可抑按，乃抱之徐徐行，覆诵所读书，有不接续处，即开卷正之。腕力倦则还其母。儿早睡，予读书至寝以儿醒索乳为候，则夜已过中矣。”[⑤] 温馨的家庭生活或许可以暂时慰藉文弨工作之繁。但读书治学始终是文弨的志向，这种事务性的缮写工作，占据了文弨大部分精力，以致无法专心治学。在与其师桑弢甫先生的信札中，文弨表达了对这种事务性工作的不满：“缮写官书，计字为率，日当得一千五百，敝敝于此，何暇为学。”[⑥] 即使略得偷闲读书，“然不能如古人专读一书之法，读经亦兼读史，先为之分句读，正讹脱，偶有笔记，非其大者，以俟再读然后求详焉”[⑦]。由读书进而更愿校书，但文弨苦于不能得书参校，引以为憾：“读班、范之《汉书》，欲求荀、袁之《纪》以证之，而不可得也。读欧、宋之《唐书》，欲求刘昫之旧本以证之，而不可得也。借之友朋，皆相笑以为不急之务。……窃观士大夫间，类皆劳劳于职务，而无暇为审定焉者。”[⑧] 乾隆十五年，校书和玉牒馆的工作暂告一段落后，文弨的生活稍有转机。这一年，卢文弨与京师名吏黄叔琳之子黄登贤结交：“文弨怀企久矣，而以无介绍之故，不敢以亵见。今者猥辱令子侍御君之下交，而又示以贤孙之文。夫交其子孙，则

---

① 卢文弨：《抱经堂文集》卷25《丽景校书图记》，中华书局2015年版，第346页。

② 同上。

③ 柳诒徵：《卢抱经先生年谱》，《乾嘉名儒年谱》第5册，北京图书馆出版社2006年版，第31页。

④ 卢文弨：《抱经堂文集》卷17《与金峄县天来潢书》，中华书局2015年版，第245页。

⑤ 同上。

⑥ 卢文弨：《抱经堂文集》卷17《上桑弢甫先生书》，中华书局2015年版，第237页。

⑦ 同上书，第238页。

⑧ 卢文弨：《抱经堂文集》卷18《上黄昆圃先生书》，中华书局2015年版，第248页。

必登其堂而拜其父祖，礼也，况先生更文弨之所愿见者哉!”[①] 文弨因黄登贤得以拜见黄叔琳，并于是年始，馆于黄家。[②]

黄叔琳家藏书甚丰，其万卷楼藏书，多得自孙承泽、王士祯之旧本。四库馆开，黄氏献书尤多，得赏《佩文韵府》一部。近人叶昌炽赞曰：“天上图书补石渠，涓流撮壤比何如。渔洋衣钵犹存古，铁拐斜街有故庐。”[③] 文弨馆于黄家，亦有机会得见其藏书：“幸先生不弃而辱教之，且出其藏书以示之，则文弨之所求，庶几大慰。”[④] 也正是有了这种机缘，文弨的校雠学开始发生转变，“馆黄昆圃家，一意校经史”[⑤]。

三

在馆于黄家期间，文弨开始重校经史的工作：“然窃惟书之传于世相嬗也，远者不可得而见，见其近者。今世见宋本者曾几人，惟明世本通行耳。后之君子亦当有并不及见明世所刻者。余故复取诸本与新本，校其异同。其讹谬显然，则仿《六经正误》之例为一书。其参错难明，则仿《韩文考异》之例，为一书。”[⑥] 从中可见，文弨校勘经史，不以“佞宋”为据的校雠思想。

黄叔琳对文弨甚为赏识，有客来，常请文弨作陪：“一日，徐君来，先生令余出见。先生家多客而独徐见者，此先生待余意不薄也。”[⑦] 此徐君者，即徐文靖，曾著《竹书纪年统笺》。文弨得见此书，并对其加以校雠后发现：此本《纪年》统以周王之元为元，而据其所见他书所引《纪年》，自晋建国以来，以晋国君始立之年为元，战国时则又以魏国君始立之年为元。文弨认为，这种差异“疑后人改之，非其本真也”[⑧]。当时，文

① 卢文弨：《抱经堂文集》卷18《上黄昆圃先生书》，中华书局2015年版，第249页。

② 参见柳诒徵《卢抱经先生年谱》，《乾嘉名儒年谱》第5册，北京图书馆出版社2006年版，第62页。

③ 叶昌炽：《藏书纪事诗》卷4，上海古籍出版社1989年版，第421页。

④ 卢文弨：《抱经堂文集》卷18《上黄昆圃先生书》，中华书局2015年版，第249页。

⑤ 参见柳诒徵《卢抱经先生年谱》，《乾嘉名儒年谱》第5册，北京图书馆出版社2006年版，第62页。

⑥ 卢文弨：《抱经堂文集》卷7《重校经史题辞》，中华书局2015年版，第84页。

⑦ 卢文弨：《抱经堂文集》卷9《竹书纪年统笺跋》，中华书局2015年版，第127页。

⑧ 同上。

弨正在著《史记续考证》一书，“得此书以相参覆，庶可无憾矣”[①]。

乾隆十七年，文弨以一甲第三人中进士，授予翰林院编修之职。乾隆二十三年，文弨又升任翰林院侍读。随着社会地位的不断提升，文弨社会交往的范围也愈加宽泛，同诸多社会名流的交往也逐渐增多，与同宗卢见曾就是其中一例。卢见曾，字抱孙，山东德州人。乾隆辛卯年举人，官至两淮转运使。见曾甚爱交友，曾构亭于使署，日与宾客往还，“一时文宴盛于江南”[②]。卢见曾尝校刻《尚书大传》，文弨曾助其校雠，卢见曾《尚书大传后跋》云：“余刻《尚书大传》既成，家侄侍读文弨别撰《考异》一卷、《续补遗》一卷，质于余。余爱其考据精确，实有功于是书，援并刻之，以广其传。”[③] 卢见曾究心于儒学，思以经术启迪后进，故尝汇汉唐诸儒说经之书若干种，付之剞劂以行世。犹以《大戴礼》多载孔门之遗言而用心最多。但《大戴礼》自宋元以来诸本，多有舛误，故有心重加校正。见曾知文弨对《大戴礼》夙有专研，“因索其本并集众家本，参伍以求其是，义有疑者，常手疏下问，往复再四而后定”[④]。

在校勘《大戴礼》过程中，卢文弨读至《立事篇》时感慨良多：“自为棘人，每诵‘君子思其不可复者而先施焉’数语，则不禁泪之盈眥也。”[⑤] 这又与卢文弨此时的生活经历密切相关。自乾隆十七年，卢文弨任职翰林院编修以来，乾隆十九年曾回里葬母，乾隆二十四年，又丁外艰，故卢文弨自称为“棘人”。卢文弨自二十一岁客游他乡后，很少再有与家人团聚的日子。尽管文弨在京为官，但常年在外的漂泊生活，让其始终对父母充满遗憾：“虽窃禄于朝，曾不能备吾父母一夕之膳，深疚隐痛，难以言喻。又近时颇觉志气颓靡，不能自振，鬓发早已有数茎白者。”[⑥] 由校雠书籍而得到的微薄收入，更成为其养家糊口、贴补家用之资。因此，文弨的书籍校雠，不仅仅是一种学术修养，更掺杂了复杂的生活情感。也正基于此，乾隆二十八年，卢文弨又参与了其师秦蕙田《五礼通考》的校雠工作，并与之多有信札往来。

---

① 卢文弨：《抱经堂文集》卷9《竹书纪年统笺跋》，中华书局2015年版，第127页。
② 李斗：《扬州画舫录》卷10《虹桥录上》，中国画报出版社2014年版，第174页。
③
④ 卢文弨：《抱经堂文集》卷8《新刻大戴礼跋》，中华书局2015年版，第118页。
⑤ 同上。
⑥ 卢文弨：《抱经堂文集》卷21《与弟文韶书》，中华书局2015年版，第300页。

如果说卢文弨参与官方校书仅仅是一种职务需要，那么其随后所参与的私人校书，则不仅增长了见识，还进而让卢文弨在学术上形成了初步的校勘理论。如在校《大戴礼》时，《曾子立事篇》“伐则不益，补则不改矣”条，案云：“上注云‘补谓改也’，则此不当云不改。盖当作‘补则不复矣’，形近而讹。下文云‘其下复而能改也’，可知当作‘复’字无疑。”① 这里，用同篇的文字校“改”为“复”之讹，是本校法。在参与《五礼通考》时，文弨常常能够驳正秦蕙田的诸多误说。如《五礼通考》有云：“王舜中、刘歆、王肃、韩退之之徒，皆谓天子祖功宗德之庙不在七世之列”条，文弨校曰：“汉止有王舜，无‘王舜中’。考《汉书》王舜下接以‘中垒校尉刘歆’。陈氏《礼书》误以‘中’字属上，其实当时尚少二名也。”② 这里，以《汉书》校本书之误，是运用了他校之法。

四

升入翰林院侍读后，“考差”便成为卢文弨的一项重要职务。乾隆三十年，充广东乡试官，三十一年，又充会试同考官。是年，又被授任为湖南学政。在赴任途中，文弨会见了老友汪师韩，“录所咏长沙古迹诗示余”③。在湖南期间，文弨作为学政，忙于各地案临事务，自与各地生员多有往来。其在案临宝庆时，“有以所著《中庸图说》来质者，则新化生员刘光南也”④。案临郴州时，“有明何文简公后人泰吉，以公所注《孔子家语》来上”⑤。同时，也有一些讲学师范活动。如在宝庆时，诸生循例讲书，有以“君子中庸”一章进讲者，然其所讲宗旨未能尽意，故文弨“因举吾师之说以为诸生正告焉”⑥。因忙于公务，读书校书多有耽搁。当时，文弨借得惠栋《春秋补注》一书，嘱其两子分钞，“钞未竟，会有湖南之

① 卢文弨：《抱经堂文集》卷8《新刻大戴礼跋》，中华书局2015年版，第118页。

② 卢文弨：《抱经堂文集》卷18《复秦味经先生校勘五礼通考各条书》，中华书局2015年版，第253页。

③ 柳诒徵：《卢抱经先生年谱》，《乾嘉名儒年谱》第5册，北京图书馆出版社2006年版，第74页。

④ 卢文弨：《抱经堂文集》卷2《中庸图说序》，中华书局2015年版，第20页。

⑤ 卢文弨：《抱经堂文集》卷6《重刻何注孔子家语序》，中华书局2015年版，第77页。

⑥ 卢文弨：《抱经堂文集》卷2《中庸图说序》，中华书局2015年版，第20页。

行，携之箧中两年矣，卒卒无暇理此”[①]。乾隆三十三年，文弨以条陈学政事不当，被降调回京。乾隆三十四年，文弨辞官，回乡俸养其继母张太恭人。

回乡后，文弨与地方乡绅杨应询交往甚多，“君数过余，厚余甚至”[②]。杨应询还聘请文弨主讲由其所规划的暨阳书院，又在杨氏撮合下，文弨“续昏于君从兄之季女”[③]。自是，文弨便再无缘于仕途，始终以书院主讲身份四处漂泊。乾隆三十八年，他又来到江宁，主讲钟山书院。作为地方书院的主讲，文弨还是希望在讲学中能够贯彻自己的学术理想：“自吾来钟山，悼世人字体之不正，欲以《说文》救其失，而俗学迷昧，安于所习，其能从吾言者盖寡。”[④] 在钟山其间，文弨还进行了教学改革的尝试。跟随文弨在钟山书院肄业的生徒有百余人，在这百余人中，“幸有一二同志，信而从焉”，但更多的生徒则“渐染俗学已深者”。在文弨看来，人至中年以后，读书实难，“唯童髫颖秀者可教之以《五经》为根柢，庶有异于俗学之陋而不贻终身之悔恨”。有鉴于此，文弨经与学使商议后，“选得四五人，皆年十四五新入学者，送院受业。每月定期考校者六次，为之析疑陈义”。但当时书院中的学风唯以举业是从，文弨的这次教学改革并不理想，“虽至今羁縻弗绝，然窥其意念，似终不若时文之可悦，高者亦不过谐声属对，为诗赋之用而已”[⑤]。

文弨此时已年届半百，不辞辛劳地周转于地方书院讲学，更多的是为了维持生计所需：“文弨家贫，唯仰束脩所入，故不能辞讲席而不居。”[⑥] 因此，这一时期，文弨的主要精力都用在了教习生徒上，读书校雠，往往成了他“业余之务”。笔者发现，这一时期文弨的校书工作多在夜间进行。《仪礼注疏》卷八末题“晚间阅此”，卷十五末题“五月二十三日灯下阅读”[⑦]；《十一经问对》卷四末题：“丙申八月二十五日灯下阅”[⑧]；《史通

① 卢文弨：《抱经堂文集》卷8《惠定宇春秋补注跋》，中华书局2015年版，第113页。

② 卢文弨：《抱经堂文集》卷26《候选主事苍毓杨府君家传》，中华书局2015年版，第359页。

③ 同上。

④ 卢文弨：《抱经堂文集》卷3《声音发源图解序》，中华书局2015年版，第34页。

⑤ 卢文弨：《抱经堂文集》卷18《寄孙楚池师书》，中华书局2015年版，第257—258页。

⑥ 同上书，第258页。

⑦ 柳诒徵：《卢抱经先生年谱》乾隆四十一年条，《乾嘉名儒年谱》第5册，北京图书馆出版社2006年版，第81—82页。

⑧ 同上书，第82页。

通故补》卷十五题“丁酉二月十四日弓父灯下校”[①]；《格古要论》卷四末页蓝笔题“丁酉二月十四日匆匆览一过”，卷五末题“丁酉中春十六日灯下草草一览”，卷七末题“三月五日灯下看”[②]。在校书过程中，卢文弨自不能避免诸多友朋应酬之事。如《仪礼注疏》卷八末题“五月十四日至石城桥，送全贤郦北还”[③]，卷十二末题“丙申五月廿一，昨日游秦淮，月色佳甚”[④]；《史通通故补》卷二十后题“皆二月望日校，日昳出门应酬”[⑤]；《馆藏聚珍本云谷杂记》卷二末题“戊戌七月二十六日，海昌吴葵里、陈仲鱼同过”[⑥]；而一些生活琐事及个人情感，亦蕴含在其校书之中。《癸辛杂识别集》题“戊戌九月十三日覆阅，时谋居甚急”[⑦]；《馆藏对床夜语》卷四末题“予妻季杨没后十八日，托李生续钞此。欲剪西窗之烛，岂可得哉？八月二十八日文弨含泪志。”[⑧] 此外，卢文弨此时身体多病，“常为风寒所乘”[⑨]，读校书籍亦常在病中。如聚珍本《邺中记》末页题“乾隆戊戌五月二十六日，卢文弨因瘍病，早起阅”[⑩]。卢文弨在校书过程中留下的这些短小的校书题识，不仅反映了其生活的时态，更揭示了此时期卢文弨致力于校书工作，多是在闲暇之余而进行的。

在江宁钟山书院的五年间，因为校书工作多在业余之暇，故其所校书较杂。据其年谱所载，在钟山书院期间，卢文弨读校的书籍大致有：《尹河南集》《北梦琐言》《癸酉杂志》《对床夜语》《后山诗注》《翰苑群书》《贾长江诗集》《挥麈录》《春秋尊王发微》《惜阴录》《仪礼注疏》《李元

① 柳诒徵：《卢抱经先生年谱》乾隆四十二年条，《乾嘉名儒年谱》第5册，北京图书馆出版社2006年版，第83页。

② 同上书，第84页。

③ 柳诒徵：《卢抱经先生年谱》乾隆四十一年条，《乾嘉名儒年谱》第5册，北京图书馆出版社2006年版，第81页。

④ 同上。

⑤ 柳诒徵：《卢抱经先生年谱》乾隆四十二年条，《乾嘉名儒年谱》第5册，北京图书馆出版社2006年版，第83页。

⑥ 柳诒徵：《卢抱经先生年谱》乾隆四十三年条，《乾嘉名儒年谱》第5册，北京图书馆出版社2006年版，第86页。

⑦ 同上书，第87页。

⑧ 柳诒徵：《卢抱经先生年谱》乾隆三十八年条，《乾嘉名儒年谱》第5册，北京图书馆出版社2006年版，第78页。

⑨ 卢文弨：《抱经堂文集》卷11《书真诰后》，中华书局2015年版，第152页。

⑩ 柳诒徵：《卢抱经先生年谱》乾隆四十三年条，《乾嘉名儒年谱》第5册，北京图书馆出版社2006年版，第86页。

宾文集》《春秋繁露》《史通训故补》《格古要论》《鹖冠子》《湖上编》《乐圃余稿》《白虎通》《云谷杂识》《涧泉日记》《蛮书》《邺中记》《松陵集》《真诰》等。这里，我们可以看到，卢文弨此时多读校文集、杂著较多。在校读书籍过程中，也成为卢文弨社会交往的一种有效方式。乾隆四十二年秋，“故人子阳湖庄葆琛见余于钟山讲舍，携有所校《白虎通》本”，卢文弨得此本后，“因亟就案头所有之本抄录其上”。此本藏于卢文弨行箧之中，“在杭州楷写一本，留于友人所”，此后又写一本，“寄曲阜桂未谷”。[①] 以书籍校雠为纽带，卢文弨建立起了个人的社会交往网络。但这些书不过是卢文弨随见随校而已。已经步入花甲之年的卢文弨不得不对自己的校雠事业有所反思：“终日所营营者，惟在乎书策之间。壮年矢志欲取十三经、诸史而全校之，夺于人事，至今未毕，而年已耆矣。又经史外，每见一书，则披阅尽卷乃已，常有顾此失彼之惧。”[②] 可见，校雠经史类书籍，乃卢文弨始终萦绕于怀而不能放弃的一个志向。而这个志向，在乾隆四十四年以后，逐渐转变成了现实。

五

乾隆四十四年，卢文弨结束了在江宁钟山书院的讲读生活，又辗转至杭州西湖书院。翌年，又离开杭州，主讲于紫阳书院。其间，卢文弨有一次入京会晤老友的机会。他遇见了当时在京师翰林院任职的程晋芳，据程晋芳所称，其家中藏有《仪礼注疏》十一家不同的版本，卢文弨得知后，十分兴奋，“稍得见诸家之本，往往有因传写之讹误而遂以訾郑、贾之失者，于是发愤先为《注疏》校一善本，已录成书矣”[③]。卢文弨通过比勘诸家版本异同得失，纠正了此前校雠书籍一味信奉汉代经学大师郑玄、贾逵之说，“既而所见更广，知郑、贾之说实有违错，凡后人所驳正，信有证据，知非凭臆以蕲胜于前人也”[④]。而更让卢文弨感到校雠是编的意义所在者，不在于对书中字句的订正：“向之订讹正误，在于字句之间，其益犹浅。今之纠谬释疑，尤为天地间不可少之议论，则余书亦庶几不仅为张

---

① 卢文弨：《抱经堂文集》卷3《校刻白虎通序》，中华书局2015年版，第36页。

② 卢文弨：《抱经堂文集》卷11《书真诰后》，中华书局2015年版，第152页。

③ 卢文弨：《抱经堂文集》卷3《仪礼注疏详校自序》，中华书局2015年版，第30页。

④ 同上。

淳、毛居正之流亚乎!"[1] 这也揭示了卢文弨致力于经书校雠的主旨。

在京师期间，卢文弨还在其同年友人翁方纲家中，见到了《十三经注疏正字》一书："庚子之秋，在京师又见嘉善浦氏镗所纂《十三经注疏正字》八十一卷，于同年大兴翁秘校覃溪所假归读之，喜不自禁。"[2] 此前，卢文弨从友人鲍廷博家中借得日本国山井鼎所辑《七经孟子考文》一书，但该书于古文、宋本之讹误者不能尽加别择，而各本并误者，虽有"正误""谨案"诸条，亦多有缺略。卢文弨虽有志重新校订，但苦于并无参照，颇费周折。在京师得《十三经注疏正字》一书后，凡经文讹误之处，多所改正，又所引之经传脱误之处，该书亦皆据本文而正之。但与《七经孟子考文》相比，《十三经注疏正字》所见之宋元旧本，不及《七经孟子考文》之多，故卢文弨"欲两取其长，凡其未是处则删去之，不使徒秽简编"[3]。卢文弨首先从《周易》开始校订，参之《十三经注疏正字》，"余欲兼其所长，略其所短，乃复取吾所校《周易》，重为整顿，以成此书"[4]。在此书的校雠中，卢文弨还体现了对校学派"不校校之"的校雠学理论："夫校书以正误也，而粗略者或反以不误为误。《考文》于古本、宋本之异同，不择是非而尽载之。此在少知文义者，或不肯如此。然今读之，往往有义似难通，而前后参证，不觉涣然者。则正以其不持择之故，乃得留其本真于后世业。"[5]

这次京师之行，卢文弨不仅访问了老友，还结交了新知："乾隆庚子，余至京师，得结交归安丁孝廉小雅氏。"[6] 当时，丁杰正致力于校勘《方言》一书，"因出其钞集众家校本凡三四，细书密札，戢舂行间，或取名刺余纸，反覆书之，其已联缀者如百衲衣，其散发庋书内者纷纷如落叶，勤亦至矣。以余为尚能读此书也，悉举以畀余"[7]。《方言》一书，当时以戴震所校本为最善，卢文弨以丁氏之稿校之于戴本《方言》，觉其当增正者亦多有之，"有错简两条，亦尚有字当在上条之末而误置下条之首及不当连而连者，有过信他书则改本文者，注及音义又有遗者、误者。余以管

① 卢文弨:《抱经堂文集》卷3《仪礼注疏详校自序》，中华书局2015年版，第30页。
② 卢文弨:《抱经堂文集》卷7《周易注疏辑正题辞》，中华书局2015年版，第85页。
③ 卢文弨:《抱经堂文集》卷7《七经孟子考文补遗题辞》，中华书局2015年版，第87页。
④ 卢文弨:《抱经堂文集》卷7《周易注疏辑正题辞》，中华书局2015年版，第85页。
⑤ 同上书，第86页。
⑥ 卢文弨:《抱经堂文集》卷3《重校方言序》，中华书局2015年版，第31页。
⑦ 同上。

见，合之丁君校本，复改正百廿有余条，具著其说，可覆案也”①。

卢文弨晚年，还多致力于史书的校雠。乾隆四十三年，好友鲍廷博得到了一部宋椠本《后汉书年表》，是编乃宋熊方所撰。鲍氏邀请卢文弨为其雠校，“余偕老友江阴赵君敬夫重加考覈，粗讫功，携之入燕，又携之入晋，夺于他事，此书置几案间四阅岁矣”②。至乾隆四十七年，无应酬之繁，卢文弨才又重拾此编。但熊方是编书中舛漏之处甚多，有些与史例亦不相和。对此，钱大昕认为：与其校雠其误，不如“重戒更张”，即有欲重撰是编之意。然卢文弨则认为：“校书与自著书不同，如欲尽加更正，既于熊氏之勤勤掇拾者大没其创造之劳，且改之亦必不能尽善。”③ 此前的校书，仅涉及字句之异同舛误，但该书则在史例上亦有诸多谬误。如首载《同姓王侯表》，却冠以因子追封之齐武王、鲁哀王，“若复因循，或转致贻误后人”④。卢文弨对此所采取的办法是“更定其尤甚者数条，与夫未是而犹仍其旧者，皆著说于下，以俟后之人取衷焉”⑤。晚年的卢文弨还致力于地方志的校雠。乾隆五十年，卢文弨抄得宋王正仲《新定元丰九域志》十卷，“逾年，复得桐乡冯太史集梧新雕本，用相参校”⑥。乾隆五十二年，又从海宁吴骞处借得另一版本，该本卷帙虽无异，但内容上与别本略有不同，卢文弨断定乃民间流行之本，“其去正仲时，当亦不甚远，因并钞之，颇亦得以正前书之误字，且及于《宋史·地理志》焉”⑦。

卢文弨晚年生活虽然四处漂泊，曾在江宁、杭州、晋阳各书院做主讲，但其曾在翰林院任职的身份及所具有的进士功名，使其晚年在社会上的名望愈加显贵。一些后辈学者往往造访其门，请求教益。卢文弨主讲钟山书院时，钱大昕之从子溉亭来访，“一见如故交”⑧，并出其所补注《续汉书律历志》求教于卢文弨，卢文弨“校之余从前所得于其从父者，布算益加密，辨证益加详”⑨。此外，卢文弨还应昔日友人之邀，撰写了诸多墓

---

① 卢文弨：《抱经堂文集》卷3《重校方言序》，中华书局2015年版，第32页。

② 卢文弨：《抱经堂文集》卷4《校定熊方后汉书年表序》，中华书局2015年版，第40页。

③ 卢文弨：《抱经堂文集》卷4《钱晦之大昭后汉书补表序》，中华书局2015年版，第42页。

④ 卢文弨：《抱经堂文集》卷4《校定熊方后汉书年表序》，中华书局2015年版，第41页。

⑤ 同上。

⑥ 卢文弨：《抱经堂文集》卷4《新定元丰九域志序》，中华书局2015年版，第57页。

⑦ 同上。

⑧ 卢文弨：《抱经堂文集》卷4《续汉书律历志补注序》，中华书局2015年版，第44页。

⑨ 同上。

志铭、家传等应酬文字。如乾隆四十五年撰写的《候选主事苍毓杨府君家传》、乾隆四十六年撰写的《都察院左副都御史提督山东学政忍卢黄公墓志铭》《孙文定公家传》《黄母方孺人墓志铭》，乾隆四十七年撰写的《冯恭人墓志铭》，乾隆四十九年撰写的《封儒林郎翰林院编修邵君墓志铭》，乾隆五十年撰写的《浙江杭嘉湖海防兵备道周公墓志铭》等。

卢文弨致力于书籍校雠，在其社交之中，并非一致得到友人的赞誉。他在晚年校雠《群书拾补》时，便回忆了早年在京师的一段经历："文弨于世间技艺一无所能，童时喜钞书，稍长渐喜校书。在中书日，主北平黄昆圃先生家，退直之暇，兹事不废也。其长君云门，时为侍御史，谓余曰：'人之读书求己有益耳，若子所为，书并受益矣。'余洒然知其匪誉而实讽也。友人有讲求性命之学者，复谓余此所为玩物丧志者也，子何好焉？斯两言也，一则微而婉，一则简而严，余受之皆未尝咈也，意亦怦怦有动于中。辍之，遂觉阙然有所失，斯实性之所近，终不可以复反。"[①] 还有友朋，"每数数规我以守约之道，而余爱博之性始终不能割也"[②]。但在熟知卢文弨的友人眼中，他并非漫漶而无宗旨，翁方纲道："予不惟君之精且博是叹，而独叹其弗畔于朱子也。……抱经题跋诸篇，谓世人于朱子因一二未安而遂并议其其全，又于妄生诋諆如郭宗昌者，则昌言排之，宜其校正古今，虚公矜慎而不蹈流俗之弊也。"[③]

晚年的卢文弨，视力渐衰，"目有眚已近十年，幸不至全盲，以多看一卷书为此生之幸"[④]。这给他晚年的校书带来了不便，也更让他珍惜："余少壮时，亦未若近年来之尤汲汲也。来日苦少，虽欲不分阴是惜，亦岂可得?"[⑤] 故其校书愈加精审。乾隆五十九年，卢文弨已年届八旬，仍在校勘《论衡》，末页后书曰："乾隆五十八年八月二十八日，七十七翁卢文弨细校竟。次年甲寅，重细校，五月十九日讫功。"[⑥] 校书，对于晚年的卢文弨而言，不仅仅是一种爱好，更是一种文化的担当："余今年七十有六

---

① 卢文弨：《抱经堂文集》卷7《群书拾补小引》，中华书局2015年版，第97页。

② 卢文弨：《抱经堂文集》卷12《高耻堂稿跋》，中华书局2015年版，第175页。

③ 柳诒徵：《卢抱经先生年谱》乾隆四十五年条，《乾嘉名儒年谱》第5册，北京图书馆出版社2006年版，第91页。

④ 卢文弨：《抱经堂文集》卷12《高耻堂稿跋》，中华书局2015年版，第175页。

⑤ 卢文弨：《抱经堂文集》卷12《高耻堂稿跋》，中华书局2015年版，第175页。

⑥ 柳诒徵：《卢抱经先生年谱》乾隆五十九年条，《乾嘉名儒年谱》第5册，北京图书馆出版社2006年版，第104页。

矣，目眵神昏，而复自力为此，亦不专望于子孙，第使古人之遗编完善，悉复其旧，俾后之学者亦复得见完书，于余怀不大惬哉！”① 三年后，卢文弨在校勘《仪礼详校》后，卒于常州，享年七十有九。

六

作为乾嘉考据时代的一位著名的校勘学者，卢文弨在书籍校雠取得的成就是一个历史过程，与其生活阅历与社会交往密切相关。校勘书籍，在卢文弨幼年时代，是内心渴望知识的一种诉求。只有通过精审的版本校勘，才能获得正确的知识信息。同时，因其缺少父兄师长的教诲，抄书与校勘也成为其读书的一种方式。在其中年获得了功名以后，随着阅历的增长，社交圈的扩大，开始参与了诸多修书校书活动，校书成为卢文弨的一种职业。这种校书的职业，是其养家糊口的一种方式。校书修书的事业在卢文弨晚年达到高峰。一方面，诸多书籍经卢氏之手校雠，堪为善本，被藏书家所珍贵；另一方面，校书也为卢文弨赢得了社会名望。校书，对于卢文弨而言，方脱离了世俗而成为一种深厚的学养。这种学养的最终形成，既有其自身努力的因素，也是其早年生活阅历与社会交往的结晶。

① 卢文弨：《抱经堂文集》卷10《李轨注扬子法言跋》，中华书局2015年版，第142页。

申维翰《海游录·闻见杂录》所见日韩比较史料初探

姚诗聪*

广义上的朝鲜通信使是指朝鲜时代向日本派遣的外交使节团，其先例在高丽时代末期即有，到了朝鲜时代成宗朝（1469—1494），规定了使团的组成人员与携带物品的一般标准，并自孝宗朝（1649—1659）后开始确立下来。综合各类文献记载，朝鲜时代主要的赴日使行共约77次。其中，在日本江户时代的庆长十二年（1607）到文化八年（1811）间的使行往来总共12次。此12次使行，历来被日韩学者视作韩日交流史上的重要事件，以至于现在日韩学界一谈及朝鲜通信使，主要即是指的这12次使行活动，即狭义上的朝鲜通信使范畴。申维翰是朝鲜时代后期著名的文臣、文章家。1718年（清康熙二十年，朝鲜肃宗七年），日本德川幕府第八代将军德川吉宗即位，朝鲜王朝援例在第二年派出通信使致贺，申维翰在此次使行活动中担任制述官，并留下通信使文献《海游录》，记载了其此次往来日本的情况。作为《海游录》附录写作的《闻见杂录》，具有极高的史料价值。此篇文献是申氏在阅读了前人有关日本著述的基础上，结合自身亲身经历所了解到的有关情况而写成的，可视作是对当时朝鲜人所了解的日本知识的一次系统梳理。《闻见杂录》是属于“异域之眼”——“从别国（韩国）看日本”视角的重要文献，其中也存在着不少关于日韩比较视角的珍贵史料。不仅体现着申氏的日本观，亦为我们提供了一个崭新的视角，可以更好地重新认识和发现朝鲜时代以及韩国，故可谓无论是对于

* 姚诗聪，韩国岭南大学汉文学科。

日本学研究还是韩国学研究而言，都无疑拥有着极高的学术价值与研究意义。

一 申维翰其人及其《海游录》

（一）宁海申氏与申维翰其人

申维翰（1681—1752），字周伯，号青泉，晚年号伽倻樵叟，朝鲜时代后期著名的文臣、文章家。本贯宁海申氏。

申氏乃朝鲜半岛大姓，据韩国2000年人口普查结果，申姓是韩国288个姓氏中排名第13位的大姓，人口总计698171人。[①] 自得姓以来，文风鼎盛，人物辈出，声名显赫，最著名的本贯家族莫过于高灵申氏、平山申氏。其中尤以高灵申氏最为荣显，有九人诗作入选韩国文学史上汉诗规模最大的诗歌总集——《箕雅》，是姓氏单一本贯中入选诗人人数最多的家族之一，足见其文学世家之盛，堪称是朝鲜时代数一数二的文学世家。[②] 彪炳韩国文化史册、负有盛名的申叔舟、申润福、申采浩等重要人物均是出于此族，其他著名人物尚有申樯、申公济、申景濬、申光汉、申光洙等杰出人才，足以跻身朝鲜时代十大文化名门之一。除朝鲜王室——全州李氏之外，宗族人才涉及领域最广且在各个领域皆有较大成就，堪称朝鲜时代第一文化名门。不仅限于朝鲜时代，就是置于整部韩国文化史，也毫无疑问是数一数二的文化名门。平山申氏历史较高灵申氏悠久，也是朝鲜半岛历史上的名门望族，然不及其文名显赫，有五人诗作入选《箕雅》，朝鲜时代中期四大文章家之一的申钦、以“诗书画三绝”闻名的李朝末叶诗坛名手——申纬、为朝鲜民族诗歌及戏剧发展作出杰出贡献的说唱文学整理改编者——申在孝皆出自此族。而宁海申氏便是平山申氏的分支，“申氏本壮节公讳崇谦之裔，有文贞公讳贤，封宁海，子孙因贯焉”[③]，其本贯地在今天韩国庆尚北道盈德郡。宁海申氏远不及前两大申氏本贯家族显赫，长期沉寂，名人寥寥，申维翰便是其间最著名的族中人物。申维翰生

---

① 参见의성김씨대종회: 성씨별 인구순위, kim25. net/。

② 姚诗聪：《朝鲜王朝时期高灵申氏文学世家考——以〈箕雅〉为中心》，《黑龙江史志》2016年第2期。

③ ［朝鲜］申维翰：《青泉集》，载《韩国文集丛刊》第200册，韩国民族文化促进会2000年版，第539—562页。

于密阳，“高祖讳应龙，以学行闻；曾祖讳龟年，以孝闻，拜礼宾佥正，至南原府使；祖讳省吾，进士；考讳泰始，生考讳泰来，并以文章屡解不利。本生妣金海金氏，宣务郎硕玄女”[①]，从其族系来看，高祖以下，四代之内，并无以文名著于世者，仅祖父一人有科举功名，故其家学底蕴绝称不上深厚，甚至可谓惨淡。其家族世系在始祖申贤以下只能上溯至高祖申应龙，中间失载，可见并不显赫，多是早已名讳不详，高祖以下，四代之内，入仕人数仅有一人，根本就谈不上是仕宦显赫，明显与墓志铭中所谓“世列冠冕”不相匹配、名不副实，可见该赞誉只不过是属于墓志铭文体范式的空疏套语而已。申维翰母族金海金氏虽是大族，但其母所属的该支金氏并非显族。

有着三世之旧交、童年受学于申维翰的朝鲜后期文臣李弥（本贯德水李氏）在为其所作的墓志铭中说“科宦则乙酉司马，癸巳龙头。内而正字，博士，著作，校检，佥正，判事。外而县则茂长，涟川，延日，扶安。郡则平海。所到皆有声绩”[②]，简要概括了申维翰的科举及仕宦人生经历。申维翰二十五岁考中进士，三十三岁被擢为状元，但因自身出仕意愿不强及得罪权贵等原因，其仕途并不顺畅。1719 年，申维翰以当时公认的诗才被选为赴日通信使制述官，在日期间不仅以诗才震服日人，更以拒不跪拜对马岛主之举彰显朝鲜文士气节。归国后，他被授予承文院副正字之职，并历任成均馆典籍、奉常寺判官等，但因为不容于朝廷勋贵，不久就被派往地方，历任县监、郡守等职十余年，颇有赈灾、兴学、平寇等政绩。五十三岁时丁生母忧回乡，之后一度无心出仕，其间朝廷多次任命京内外官职他均未赴任，甚至拒绝了燕行使书状官一职的授命，直至五十九岁才重新出仕。此后十余年，在历任官职的同时，他将主要精力放在讲学和著书上。1752 年，留下平生未得北游中国的憾叹离世，时年七十二岁。[③]

李弥在为申维翰文集——《青泉集》所作序中说：“岭之南，山雄水丽，多文献。然于诗有新罗崔文昌，于文有本朝金占毕。上下数千年间，

---

① ［朝鲜］申维翰：《青泉集》，第 539—562 页。

② 同上。

③ 复旦大学文史研究院编：《朝鲜通信使文献选编》（第三册），复旦大学出版社 2015 年版，第 239 页。

仅二三人而止。岂诗文之才，亦天之所命，而其难如是欤?”① 可见其竟将申维翰的诗文之才与岭南先贤崔致远、金宗直相提并论，显然是过度虚美拔高之辞，难免不给人以名不副实之感。申维翰虽是朝鲜时代后期的著名文臣、文章家，其《青泉集》也收入了《韩国文集丛刊》，但也绝不至于说其在韩国文学史上的地位就可以与崔致远、金宗直相比。崔致远作为韩国汉文学的开山鼻祖，有着“东国儒宗”“东国文学之祖”的盛誉，是韩国古代三大诗人之一，其在韩国文学史上地位之重要自不待言。金宗直学问渊博，以经术文章为一代儒宗，是韩国儒学史上两大学派之一的岭南学派的宗祖。金氏在韩国文学史上的地位虽远不及崔致远，但也是和徐居正齐名的汉诗诗人，其《东都乐府》在朝鲜时代乐府诗发展史上占有重要地位，还编有《青丘风雅》《东文粹》，同时是韩国文学批评史上的卓然大家。② 而在各种版本的韩国文学史中对于申维翰的评价与论述却几乎都是空白，故可见李弥对于申维翰的高评明显是站不住脚、不切实际的。何况李氏自身也绝非在韩国文学史上文名显赫、拥有较高地位的杰出文学家，其文名还远不如申维翰为著，甚至连著名文人都难以比肩，《韩国文集丛刊》中未收入其文集，应只属于一般文人的小人物而已，所以其对于申维翰的高评只能算是出于与之关系亲密因而一厢情愿的套语而已。不仅是为申维翰文集作序的李弥文名不显，就是为其文集作跋的郑来锡、写作年谱的朴履坤、写作行状的崔重纯、写作世家的崔成大、写作遗事的郑昌俞、写作言行实录的郑元始，无一例外，均是文名不显的一般文人而已，《韩国文集丛刊》中均不见收入其文集，可见在韩国文学史上皆属无名之人。从申维翰交际对象之情况，其文学成就地位之高下可见一斑。

“然世之品翁者，皆以为翁早悦《山海经》《穆天子传》。及得弇山稿读之，喟然有并驱之意。诗亦以李于鳞为准，尤力于楚辞，读之千万遍。而于赋又师卢次楩。故其文章，皆奇峻遒拔，与三子者神会百代也”③，可见申维翰对于《山海经》《穆天子传》颇为熟悉，文学上受楚辞尤其是明代“前后七子”的复古思潮影响极深，引李攀龙、王世贞、卢楠等人为楷模。申维翰所引为文学楷模的对象不是同时代清人中的文坛执牛耳者，如

① ［朝鲜］申维翰：《青泉集》，第539—562页。

② 赵季、张景昆：《〈箕雅〉五百诗人本事辑考》（上），人民文学出版社2011年版，第277页。

③ ［朝鲜］申维翰：《青泉集》，第539—562页。

王士祯、沈德潜之辈，而是与之年代相距已整整两个多世纪的明代“前后七子”，然而明代“前后七子”不仅在中国文学史上地位不高，就是在明代文学史上地位也不是很高，多受人非议。前后七子复古运动的弊端是明显的，“在拟古的圈子中徘徊，一个显而易见的特征便是他们的文学主张与创作实践存在着距离，求真写实的观念并未在他们的作品中充分体现出来，为数不少而缺乏真情实感的模拟之作影响了他们的创作水准。在前后七子文集中不难发现一些蹈袭的篇章……像这样的作品，显然没有多少艺术生命力可言”[①]，因此难免不会令人感到意外与困惑。其实这是与当时朝鲜诗坛的文学思潮密切相关。从诗的风格上看，这个时期产生了由宋诗诗风转向唐诗诗风的倾向。[②] 世人对申维翰的评价颇高，“故其文章，皆奇峻遒拔，与三子者神会百代也”，亦可窥见当时的文学思潮。而在同时期的清代中叶诗坛，也存在着固守儒雅复古的文学思潮。和申维翰年龄相仿的著名诗人沈德潜（1673—1769），其诗歌创作也如明代七子，古体摹汉魏，近体法盛唐。而在此之前康熙诗坛极负盛名的王士祯，其诗歌创作早年也从明七子入手，“中岁逾三唐而事两宋”，晚年又转而宗唐，但是在这三次转变中，提倡“神韵说”是贯穿始终的。所谓神韵，是要求诗歌具有含蓄深蕴、言尽意不尽的特点。以此为宗旨，对清幽淡远、不可凑泊而富有诗情画意的诗特别推崇，唐代王维、孟浩然的诗正是其创作的典范。[③] 无独有偶，和王士祯同样由明入清，在新朝应举仕途，统领诗坛的“南施北宋”都师法唐人，属于尊唐派。[④] 就是和神韵诗异趣的诗人赵执信也是宗唐派。[⑤] 可见，申维翰所处时代的诗坛文学思潮应是受到了自清初以来的中国诗坛的文学思潮的影响，进而申维翰才会受此影响，但不是像王士祯能直接师法唐人，却是推崇低出太多档次的明代七子派，将李攀龙、王世贞、卢柟等人引为自己的文学楷模。故限于明代“前后七子”文学成就的历史局限性，显见申维翰的文学成就也不会多么巨大。可以说，申维翰的文学理念是落后于当时进步文学思潮的发展脚步，与时代背景相比显得背道而驰，无论是朝鲜国内诗坛的唐诗诗风，还是同时期清朝诗坛的浙派、

① 袁行霈主编：《中国文学史》（第四卷），高等教育出版社 2005 年版，第 74 页。
② 韦旭升：《韩国文学史》，北京大学出版社 2008 年版，第 389 页。
③ 袁行霈主编：《中国文学史》（第四卷），第 226 页。
④ 于志鹏、成曙霞：《中国古代文学流派辞典》，山西人民出版社 2010 年版，第 248 页。
⑤ 袁行霈主编：《中国文学史》（第四卷），第 228—230 页。

性灵派思潮，这也应正是其在韩国文学史上地位惨淡的根本原因。

申维翰墓志铭中记载有其子孙及各自的姻亲状况，“配高阳金氏，护军鼎重女，有二男一女。男梦骐，梦骏。女适士人金世键，毕斋之后。梦骐娶生员金凤章女，栢岩先生之裔，生四男一女，男庆集，圣集，义集，永集，女适士人李埴，朴宗文。梦骏娶金天柱女，生四女无子，以永集为嗣。女适士人郑维爀，李天奎，全以孝，权宷。金世键有一男二女，男寿增，女适士人卞宅臣，余未适”[①]。申维翰母族并非显族，祖辈的姻亲情况不详，从其祖辈自身情况来看，应亦非显族。申维翰十八岁成婚，妻高阳金氏，仍非显族，可见此时其家族之社会地位依旧不高。但到了申维翰为其儿女结亲时，情况便发生了显著的变化。一女二男分别与善山金氏（金宗直家族）、礼安金氏（金玏家族）、安东金氏（旧）（金士廉家族）联姻，皆是岭南地区的两班宗族，其中的安东金氏（旧）、善山金氏更是名门望族。壬辰卫国战争三大名将之一的金时敏便是出自安东金氏（旧），申维翰次子梦骏妻乃金天柱女，而金天柱便是高丽末期文臣金士廉的十世孙，相隔年代过远，可见该支安东金氏（旧）已经衰颓。善山金氏的著名人物除了一代儒宗金宗直，还有金孝元。东人、西人作为朝鲜时代延续数百年的士大夫党争的两大始祖，其中东人派领袖便是名士金孝元。申维翰女婿金世键虽是金宗直之后，相距却也近300年，可见该支善山金氏也已衰颓。而礼安金氏家门的显赫度与前两大金氏家门难以相比，只能算是岭南地区的一般两班宗族，但申维翰长子梦骐妻生员金凤章女乃退溪李滉门人栢岩金玏[②]之裔，相距年代也近200年，故该支礼安金氏实则也已衰败，可见申维翰子辈的联姻对象无论名门名人之后还是一般家门之后，在联姻当时其家门皆已衰败，由此可见申维翰家族的社会地位情况并不多高，但是相比之前联姻对象默默无名的情况，确是已有很大改观，自是要归功于申维翰的政治地位与文名。但是申维翰之子申梦骐、申梦骏兄弟二人在墓志铭中均无科举功名、官职记载，又可见其家族在申维翰子辈时便已衰败。申维翰之子更无文名，可见由申维翰所积淀的文学家学并无传人可言，没有传承发扬下去。申维翰孙辈共九人（不含外孙），四男五女，但仅知五女联姻对象，均为士人，但不知其本贯，可见均非名门名人之后，

① ［朝鲜］申维翰:《青泉集》，第539—562页。

② 金玏文集《栢岩集》收入《韩国文集丛刊》，可见其拥有一定文名。

只是一般士人而已，由此可见申维翰家族在其孙辈时更加衰败。四男联姻对象更是无载，可见不显，申维翰孙辈的婚姻对象情况比其子辈的婚姻对象情况更加惨淡得多，只能说明其家族之严重衰颓。而墓志铭中对此四男也无科举功名、官职记载，亦无文名可言，足见其衰微。可以说，宁海申氏实际上真正堪称显赫的仅有申维翰一代一人而已。另外，截至申维翰子辈，已知的申维翰家族的联姻对象有 5 例，分别为金海金氏、高阳金氏、善山金氏（金宗直家族）、礼安金氏（金玏家族）、安东金氏（旧）（金士廉家族），俱为金氏，可见申维翰家族与金氏之不解因缘。且其中除申维翰妻族高阳金氏外，皆是岭南地区的两班宗族，而岭南宗族中又以本贯地位于今韩国庆北地区的两班宗族最多，位于今韩国庆南地区的两班宗族只有金海金氏一族，可见其家族在选择联姻对象时具有鲜明的地域性。而岭南地区在朝鲜时代经济文教发展水平较高的地区便是今韩国的庆北地区，较低的地区是今韩国的庆南地区。朝鲜时代长期分全国为八道（京畿、忠清、庆尚、全罗、黄海、江原、平安、咸镜八道），各置观察使，分统州、府、郡、县，各道皆取所辖首要州、府首字联合命名。而朝鲜时代的岭南地区即是庆尚道地区，庆尚道之得名，源于所辖首要州庆州、尚州首字之联合。除了庆州、尚州，还有朝鲜时代后期庆尚道的首府大丘（大邱）[①]，曾为庆尚道首府、岭南地区三大州治之一的星州[②]，以及岭南地区乃至朝鲜八道的文教人才中心——安东，此朝鲜时代岭南地区最重要的五大城市均位于庆北地区[③]，足见庆北地区在朝鲜时代之发达。从申维翰家族在申维翰父辈时的联姻对象是本贯地在庆南地区的宗族金海金氏，而到了申维翰子辈时的 3 例联姻对象都是本贯地在庆北地区的宗族——善山金氏（金宗直家族）、礼安金氏（金玏家族）、安东金氏（旧）（金士廉家族），其中安东金氏（旧）的本贯地即在安东，礼安金氏（金玏家族）的本贯地距安东不远，善山金氏（金宗直家族）的本贯地距尚州不远，便足以清晰地看出申维翰家族在此三代间的兴衰嬗变。

---

① 魏嵩山：《三千里江山回顾——朝鲜王朝政区建置沿革》，上海人民出版社 1997 年版，第 9 页。

② 同上书，第 9—141 页。

③ 今天韩国的大邱广域市曾属于庆尚北道，1981 年编入达城郡的月背邑、城西邑、公山面，漆谷郡的漆谷邑，庆山郡的安心邑、孤山面后升格为大邱直辖市，1995 年编入达城郡后成为大邱广域市。

申维翰一生著述颇丰，除大量诗文作品通过后世整理的《青泉集》存世外，他还曾创作了如《篋遯录》《拱辰录》《经学略说》《易理粗解》《文章衮钺》等专著，而《海游录》便是其生平最著名的作品[①]，从“至如《海游录》，家藏户诵，纸贵久矣”[②] 可见其影响力之广。

（二）申维翰的通信使之行与《海游录》

1718年（清康熙二十年，朝鲜肃宗七年，日本享保三年），日本德川幕府第八代将军德川吉宗即位，朝鲜王朝援例派出通信使致贺，以洪致中为通信正使，黄璇为副使，李明彦为从事官，使臣一行自1719年农历四月十一日出发，九月二十七日抵达江户，次年正月二十四日回京复命。[③]

一般通信使的出使路线为：从朝鲜王京城汉城出发——经陆路或水路——釜山——对马岛——相之岛（蓝岛）——下关——上关——濑户内海东——鞆浦、牛窗、室津、兵库——大阪——京都——大垣、名古屋、静冈——箱根——江户。通信使乘船从朝鲜出发，最后从日本返回，一次至少需要五个月，有时长达七八个月。[④]

申维翰在该次出使活动中担任制述官，他在《海游录》开篇介绍了通信使行中制述官一职的来历，并指出其职责为“管一行文事”“接应彼人言语，宣耀我国文华”。以诗才闻名的申维翰，将担任制述官视为一次重要的施展才华的机会，出行前，他专程登门拜访昆仑学士崔昌大，获得了后者的宝贵建议和鼓励，在日本期间，他恪守制述官职责，力求最佳表现，整部《海游录》记述了整个过程，为我们留下了大量宝贵的文献资料。[⑤]

整部文献在内容上大致分为两个部分，第一部分以日系事，全程记述使行的经过；第二部分是一篇题为《闻见杂录》、长达两万余字的附录，分类记述了作者所了解的有关日本的知识。在日韩学界，申维翰《海游录》都被认为是最重要的朝鲜通信使文献之一，相关研究也最为丰富。作

---

① 复旦大学文史研究院编：《朝鲜通信使文献选编》（第三册），第239—240页。

② ［朝鲜］申维翰：《青泉集》，第539—562页。

③ 王鑫磊：《同文书史——从韩国汉文文献看近世中国》，复旦大学出版社2015年版，第137页。

④ 同上书，第129页。

⑤ 同上书，第137—138页。

为朝鲜通信使文献中最著名的文本之一，韩日两国学界对于《海游录》的研究有大量的成果问世。[①] 然而，中国学界对于该重要文献的研究成果却几乎空白。[②]

二 《海游录·闻见杂录》中的日韩比较史料所见申维翰认知的局限性与进步性

《闻见杂录》是属于“异域之眼”——“从别国（韩国）看日本”视角的重要文献，其中也存在着不少关于日韩比较视角的珍贵史料。这些史料对于韩国学研究的意义即在于为我们提供了一个崭新的视角，可以更好地重新认识和发现朝鲜时代以及韩国。以其中的日韩地理比较史料为例，我们可以看到限于当时科技水平的有限，由申维翰之个例可体现出乃至于当时朝鲜人对于自己本国以及邻国日本的地理关系认知水平存在着一定的局限性甚至是严重的谬误，但也不应忽略其鲜明的进步性。

《闻见杂录》中有涉及日韩地理比较的史料，即“日本地形，在天地之正东，与我国齐等而差高，唯对马岛在我国之南，而水路不过五百里”[③]，体现着申维翰对于日韩地理位置的认知。“日本地形，在天地之正东”基本不差，“与我国齐等而差高”是说日本（不含冲绳）和朝鲜所在的纬度范围基本一致，是为“齐等”，但日本所跨纬度范围要大于朝鲜，是为“差高”。日本不含冲绳的国土部分所跨纬度范围是北纬 30 度到 46 度之间，而朝鲜（朝鲜半岛）国土所跨纬度范围是北纬 32 度到 44 度之间，可见申维翰对于日韩所处纬度的认知基本不差。但“唯对马岛在我国之南”这就明显谬误了，今天的对马岛属于九州岛的长崎县管辖。不仅对马岛，日本本土四岛中的九州岛、四国岛均全在朝鲜半岛（本土）之南，最重要的本州岛南部也有小部分地区是位于朝鲜半岛（本土）之南。“而水路不过五百里”是说申维翰认为从釜山到对马岛的海陆路程约是 500 朝

① 日韩学界关于申维翰《海游录》的研究著作参见《海游录朝鲜通信使の日本纪行》，姜在彦日文译注，日本平凡社 1974 年版；《해유록（조선 선비 일본을 만나다）》，김찬순韩文译注，韩国보리，2006 年版；《조선 선비의 일본견문록（대마도에서 도쿄까지, 해유록）》，강혜선韩文译注，韩国이마고，2008 年版；《조선 문인의 일본견문록（해유록）》，이효원韩文译注，韩国돌베개，2011 年版。

② 王鑫磊：《同文书史——从韩国汉文文献看近世中国》，第 137—142 页。

③ 复旦大学文史研究院编：《朝鲜通信使文献选编》（第三册），第 347 页。

鲜里，也就是大约200公里（2.54朝鲜里相当于1公里[①]）即100海里，然而实际上从釜山到对马岛只有约70公里，相差实在是悬殊。故综上可见，申维翰对于日韩地理知识的认知有对有错，而其认知之所以会存在明显的谬误是限于当时朝鲜社会的科技水平与整体地理知识认知水平的有限。申维翰作为朝鲜高级知识分子和著名文人，他的认知水平可以说在一定程度上足以代表当时的朝鲜人对于本国以及邻国日本的认知水平。但也应该看到的是，申维翰认知的进步性即在于他的相对严谨与客观性。

朝鲜半岛上的政权在广泛接受中国文化的同时，也都接受了中国人的"华夷观"。但不是照搬那种以中国为华，将周围民族视为四海、四夷的观念，而是略加改动，将自己的统治中心视为"中国"，而将除中国以外的与自己相邻的诸族视为"夷""藩"。到了朝鲜时代，因明朝强大的文化向心力和影响力而视中国为"中华"，因自身是汉字文化圈中除中国之外汉化及文明程度最高的国度而自视为"小中华"，朝鲜周边的其他民族为"夷狄"（女真人与日本）的观念开始盛行起来，朝鲜在此思想指导下，仿照其与中国的关系模式，也在努力构造自己的宗藩朝贡体系。只不过在中国人的宗藩体系中，中国是宗主国，朝鲜是藩属国、朝贡国，而在朝鲜自己的宗藩体系中，朝鲜成为东亚世界中地位仅次于中国的亚宗主国，而把其他国家、民族（女真人与日本）视为自己的藩属国、朝贡国。从中可见，韩国历史上民族意识的觉醒与不断发展的过程。朝鲜时代的"华夷观"与宗藩朝贡体系思想即体现于朝鲜时代的地图中，朝鲜对于日本乃至于琉球根深蒂固的文化自信和优越感可以说是体现得一览无遗。但朝鲜人的这种观念思想明显与事实严重不符，比如日本在事实上不仅不是朝鲜的藩属国，相反日本还将朝鲜视为自己的属国。因此朝鲜人的"华夷观"与宗藩朝贡体系思想只是出自其一厢情愿的设想，是一种理想化的虚拟状态，而在现实中是不存在的。所以朝鲜人才会将这种观念不遗余力地投射在地图中，而全然不顾与现实事实的明显违背，执意要以地图为现实进行表达与彰显其观念。但当朝鲜人拥有这种观念之后，却以此指导自己的政治实践，希望将这种理想化为现实。因为日本列岛有大海阻隔，更重要的是，即使朝鲜人不相信日本国力在自己之上，至少也不会认为朝鲜是可以轻易征服日本的，所以在现实中对待日本和女真的态度是不一样的，征服

① 王林昌：《外国习俗丛书韩国》，世界知识出版社2006年版，第2页。

的对象主要是女真，而对日本，朝鲜则任其停留在虚拟的属国状态中。[①]这种虚拟的属国状态，不止对日本，还有对琉球，便体现在地图之中。

《朝鲜日本琉球国图》是18世纪末叶的朝鲜综合地图书《舆地图》中的一幅地图，时间晚于申维翰《海游录》，反映的是当时朝鲜人对于朝鲜与日本、琉球关系的认知。从图中可以清楚地看到，朝鲜位于地图中央偏上方的部分，占据了地图的主要篇幅。朝鲜的北部和西部是中国，与实际地理位置无差，但是可以明显看到朝鲜的面积被放大，而中国的面积被缩小，地处朝鲜国土最南端的济州岛竟然是与浙江省的宁海隔海相望，显然是与事实不符，体现的都是以朝鲜为中心的思想。而在地图的下部则是日本和琉球，日本全境都在朝鲜的南方，琉球更像是在中国台湾的位置，地理位置关系明显谬误，日本和琉球仿佛藩属国般被朝鲜踩在脚下。而图中中国的地名及地理位置也多存在明显的严重谬误，如崇明岛在松江府之南，松江府在浙江，平阳县在上海以北，宁德县在浙江。琉球面积被放大，日本面积被缩小，琉球比日本面积小不了多少，但都比朝鲜小许多。图中的朝鲜明显是大国，而在朝鲜面前，日本却成了小国，明显失真，与事实相去甚远。朝鲜处在地图的中心位置，而日本、琉球在地图的边缘位置，如众星拱月般环绕在宗主国朝鲜的南部。朝鲜对于日本乃至于琉球根深蒂固的文化优越感表露无余，尤其是对于日本，明显带有故意丑化的意味在其中，应该说与壬辰倭乱的战争影响不无关系，壬辰倭乱的血海深仇所造成的朝鲜人对于日本内心上的隔阂与抵触之深可见一斑。《朝鲜日本琉球国图》体现出的不仅有以朝鲜为中心的思想，还有朝鲜时代根深蒂固的“华夷观”与宗藩朝贡体系思想。直到近代前夜、晚于申维翰《海游录》很久的《舆地图》中依然体现着这种思想是多么强大地根植于朝鲜人对于朝鲜与日本、琉球关系的认知之中。该地图体现出的朝鲜人对于本国与邻国日本、琉球关系的认知水平不见得就与当时的科技水平、文化交流情况存在必然的因果关系，应只是其“华夷观”与宗藩朝贡体系思想的图像反映。与其说《朝鲜日本琉球国图》是一幅存在严重失真问题的地图，不如说其是朝鲜人一厢情愿、一意孤行、全然不顾与事实明显相违背的“华夷观”与宗藩朝贡体系思想的具体画像，是当时朝鲜人对于本国与日

---

① 杨军、王秋彬：《中国与朝鲜半岛关系史论》，社会科学文献出版社2006年版，第177—182页。

本、琉球关系完全属于自欺欺人的认知的最佳物化表现。《朝鲜日本琉球国图》绝非个例，无独有偶，朝鲜时代根深蒂固的“华夷观”与宗藩朝贡体系思想同样体现于更为著名的《混一疆理历代国都之图》（1402）。从朝鲜时代初期的《混一疆理历代国都之图》到朝鲜时代后期的《朝鲜日本琉球国图》，都无一例外体现着该思想，后者表现得列明显更为强烈，可以说是前者的加强版，足见朝鲜时代根深蒂固的“华夷观”与宗藩朝贡体系思想在时间上的连贯性以及在程度上呈现出不断深化的态势。

申维翰对于本国以及邻国日本地理关系的认知水平的进步性即在于他的相对严谨与客观性，从“唯对马岛在我国之南”便足以显见。绝大多数朝鲜人对于本国与日本关系的认知如图所见，即认为日本全境均在朝鲜之南，而申维翰的认知明显与主流不相符合。朝鲜主流社会对于本国与日本关系认知的观点是受其“华夷观”与宗藩朝贡体系思想影响、全然不顾与现实事实的明显违背甚至对于现实事实完全无知的结果，而申维翰的认知明显不是受此观念思想影响下的结果。也就是说，申维翰对于本国与邻国日本关系的认知跳出了朝鲜主流社会“华夷观”与宗藩朝贡体系思想的虚无性与狭隘的局限性，是真正从地理学的角度科学严谨客观地去进行认知的结果，这正是其巨大进步性之所在，但又因其存在明显的谬误，故只能说是相对的严谨与客观性，这又是他的局限性之所在。

地图中的日本面积被缩小到比朝鲜小许多的明显失真，也同样是受朝鲜主流社会“华夷观”与宗藩朝贡体系思想影响的结果，但类似的认知在申维翰的笔下记载中并没有体现，又可见申维翰对于本国与邻国日本关系的认知没有受到朝鲜主流社会“华夷观”与宗藩朝贡体系思想的虚无性与狭隘的局限性的恶劣影响。在申维翰笔下的记载，体现的是与前者全然相反的认知，“余与雨森东论方域曰：尝闻陆奥州广大无涯，北接虾夷岛，东西五十日程，南北六十日程，此果信传否”①，可见在申维翰的认知中，“陆奥州广大无涯”，而陆奥州仅为日本六十六州中的一州，故若按申维翰的认知推理，日本绝对不能算是小国。就算在其认知中，日本还是没有朝鲜面积大，但可以肯定的是，也绝不会是如《朝鲜日本琉球国图》中的日本、朝鲜面积比较的那般相差过于悬殊。言及日本疆域，申维翰有更为具体的记载，“言其地方，则东自陆奥西至肥前四千二百里，南自纪伊北至

① 复旦大学文史研究院编：《朝鲜通信使文献选编》（第三册），第347页。

若狭不过九百里，此其连陆之地，东西长而南北短。然海中诸岛如永永、多弥、一艘、八丈、甑岛之类，星罗棋布，地或有倍于对马者，皆不列于六十六州，而其相去亦各数千里"[①]，再次说明了在申维翰的认知中，日本绝对算不上是如《朝鲜日本琉球国图》中和朝鲜面积相差过于悬殊的小国，其海中诸岛尚且"相去亦各数千里"，更不必说其整体疆域之广，不可不谓辽阔。由此可见，申维翰对于日本、朝鲜面积之比较的认知是相对更接近更尊重客观事实的，而绝非全然不顾与现实事实的明显违背，具有一定的严谨性与客观性，这是其相对于朝鲜主流社会的进步之处。但其记载中亦存在明显的问题，如"则东自陆奥西至肥前四千二百里"，按照申维翰此时的日本疆域来看，其东西距离之差即由最东端的陆奥国至最西端的肥前国的距离并无问题，但二者间的距离并无四千二百里之巨，不过限于当时的科技水平，存在误差也足以理解。但又写到"南自纪伊北至若狭不过九百里"便存在明显的问题，当时日本疆域的南北距离之差显然不应是如此计算，而应是从陆奥国之最北端到大隅国之最南端之间的距离，便显然不止区区九百里。而申维翰的算法实在令人费解，根本就不是当时日本疆域的南北距离之差。其东西向距离之差算法尚且正确，南北向距离之差算法却显然谬误，不由一头雾水。"此其连陆之地"即申维翰认为本州、九州、四国三岛相连成陆地，显然与事实不符。凡此种种，可见申维翰认知中存在明显的局限性，相较于朝鲜主流社会，申维翰对于本国与日本的地理关系以及单纯的日本地理知识的认知水平确实是有较大的进步，可谓真正从地理学的角度科学严谨客观地去进行认知的结果，这正是其巨大进步性之所在，但又因其存在明显的谬误，故只能说是相对的严谨与客观性，这又是他的局限性之所在。

三 《海游录·闻见杂录》中的日韩比较史料所见日韩文化交流

朝鲜通信使本就是属于官方层面的日韩文化交流活动，作为朝鲜通信使文献的《海游录》更是日韩文化交流的产物，而在《海游录》中的日韩比较史料中也有反映日韩文化交流的内容。不仅官方形式的来往可以促进

① 复旦大学文史研究院编：《朝鲜通信使文献选编》（第三册），第347页。

不同地域间的文化交流，然而在历史长河中体现出的文化交流更多的则是属于民间层面的文化交流，尤其是在关系到人们衣食住行日常生活的社会史层面。

> 余与雨森东食柑，问曰：此物我国南方海邑亦或有之，济州则所产甚多，逐年纳贡，而其味皆不如贵国之柑，柑亦有美种否？东曰：美恶各随土宜，宁有种乎？昔年有贵国船只漂到于蓝岛者，其人与物已尽沉没，而独于破船余板中得柑子一笼，笼上有文书，即济州牧使所贡。故自官上闻，然后发其笼，柑皆腐败不可食。岛中人以为他国物而贵之，取植其子，树成而名曰济州柑，今所谓济州柑者，味甘而品好，与此无别云①。

原本应是要进贡至王京汉城的朝鲜官船因在海上遭遇事故而漂海至日本于蓝岛，不幸人、物已尽沉没，只剩下济州牧使贡柑一笼。还好岛中人“以为是他国物而贵之”，虽腐烂而果种得以侥幸保存，又阴差阳错地种植成树，并以其发源地济州来命名。应是得益于日本优于济州岛的水土条件，更有利于济州柑的生长，故才会“味甘而品好”，要比在发源地种植出来的济州柑味道更佳。可见，正是得益于朝鲜贡船因在海上遭遇事故而漂海至日本的这一民间形式的来往交流，才使得朝鲜贡品济州柑这一地方名特产流传到日本，并在日本得到种植，诞生出更好的品种。历史总是充满意外的偶然性，在历史长河中，往往是得益于一个个极其偶然的历史机缘，才促进了不同地域间的文化交流。不仅有韩国物产向日本流传的文化交流，当然也有日本物产向韩国流传的例子，比如烟草。“我国所谓南草，本自东莱倭馆而得来，俗谚呼为淡麻古，即倭音多叶粉之讹也，倭人所呼亦如我国之谚，而其义则取多叶草而细粉故云尔”②，可见朝鲜烟草——南草源于日本，是由东莱（今韩国釜山）作为中介流转地传入朝鲜国内，也可看出距离日本最近的釜山在自古至今的日韩文化交流中起着桥头堡的重要作用。南草在朝鲜语中念作“淡麻古”，作为外来语是源自日语多叶粉的讹音，日语多叶粉之读音与朝鲜语南草的读音基本一致，可一窥韩语和

① 复旦大学文史研究院编：《朝鲜通信使文献选编》（第三册），第 351 页。

② 同上书，第 353—354 页。

日语发音之相近。多叶粉即多叶草磨成细粉之义。

其他物质层面文化交流的例子还有如“所不产者，果无柏子、胡桃，鸟无莺、鹊、鹰、鹯，兽无虎、豹，药无人参、食蜂蜜，是二者皆得用于我国，故甚贵”[①]。“倭人善造葛粉，以葛根沉捣作末，而软细精白，味甘性冷，作面最佳。为绿末则不能如我国之精，故马岛之岁贡于江户者朝鲜绿豆粉也”[②]，朝鲜绿豆粉竟然能作为对马岛岁贡送至江户，从中不难看出申维翰的喜悦与自豪之情。“至于胡椒、丹木、雪糖、花糖、黑角、孔雀羽等物，皆非日本土产，而或出于闽浙，或出南蛮诸国，是其海贾交通于长崎岛贸取金银，故日本人得之，转货于东莱，则我人呼之为日本物货云”[③]，可见日本盛产金银，《海游录》中也有记载，“陆奥州出黄金，金山在海中，采金者必斋沐而祭于神曰请得金几万斤，然后乃入。稍溢其数，归船必败。石见、佐渡、但马等州产银”。也可见长崎不仅在日中、日韩等东亚文化交流中占有重要地位，就是在日本与南洋国家的文化交流中亦发挥着关键作用，并又可见釜山在日韩贸易及文化交流中的桥头堡地位。再者，也可看出朝鲜对外贸易及文化交流的三种路径形式，即经由釜山与日本的贸易及文化交流、与中国的直接贸易及文化交流，还有就是以中日为媒介再与别国进行的间接的贸易及文化交流。

不仅物质层面，精神层面的文化交流更值得关注。申维翰作为朝鲜通信使制述官，应日本人要求而作诗文是其职责所在。而当其面对日本人求要朝鲜诗文时，可以说是文化自豪与优越感表露无余、溢于言表，到了无以复加的程度。

> 日本人求得我国诗文者，勿论贵贱贤愚，莫不仰之如神仙，货之如珠玉，即舁人这厮卒目不知书者，得朝鲜楷草数字，皆以手攒顶而谢。所谓文士，或不远千里而来待于站馆，一宿之间或费纸数百幅，求诗而不得，则虽半行笔谈，珍感无已。盖其人生长于精华之地，素知文字之可贵，而与中华绝远，生不见衣冠盛仪，居常仰慕朝鲜。故其大官贵游，则得我人笔语为夸耀之资，书生则为声名之路，下贱则

---

① 同上书，第351页。

② 同上书，第354页。

③ 复旦大学文史研究院编：《朝鲜通信使文献选编》（第三册），第351页。

为观瞻之地。书赠之后，必押图章以为真迹。每过名州巨府，应接不暇。[1]

这种应接不暇之感不是只为申维翰所独有，可以说是所有朝鲜通信使的共同感受，每天都要应付大量前来求取诗作的日本人，有时候甚至一整天都在磨墨写诗。申维翰笔下日本人的表现显得过于夸饰，难免没有其一厢情愿臆想甚至是意淫的成分在其中，只为渲染文化落后的日本与汉化及文明程度极高的朝鲜之间的差距悬殊，满足其根深蒂固文化自豪与优越感的虚荣心。但从中足见日本人好学的宝贵品质，对于文学的推崇，对于知识的尊重，之所以会如此，除去民族性使然，最重要的则是因为对于拥有巨大向心力和影响力的汉文化以及中华文明的由衷向往与仰慕。而限于与中国有大海阻隔，路途遥远，还有江户时代实行的锁国政策，且长期以来两国间都没有邦交关系和官方来往，故两国文化交流有限，因此日本的汉化程度不高，与长期作为中国藩属国的朝鲜相比，文化相对落后，尤其是体现在风俗、文学、学术等方面。而朝鲜长期作为中国藩属国，衣冠文物悉同中国，因自身是汉字文化圈中除中国之外汉化及文明程度最高的国度而自视为“小中华”。朝鲜时代文化何其繁盛，儒学、汉文学无比发达，文风鼎盛，文人辈出，文献汗牛充栋，具有明显的大国气象，是域外儒学、汉文学最发达的国度。可以说，在明清时代，朝鲜是除中国之外，世界东方的文明中心所在，汉化及文明程度远在同属汉字文化圈的日本、琉球、越南之上。直至今日，朝鲜半岛都是中国周边保留汉文历史文献最系统、数量也最多的地方，并且文献的学术意义和研究价值极高。正因为如此，当日本人遇见朝鲜通信使时，才会表现出显得夸张、几近疯狂的推崇与仰慕之情。而当朝鲜通信使面对日本时，总会明显地表露出根深蒂固的文化自豪与优越感，只为自身很高的汉化及文明程度，认为自己才真正继承和发扬了中华文化的传统，而认为日本只是文化落后的蛮夷之地，更何况又因为壬辰倭乱的战争影响更加剧和放大了这种根深蒂固的文化优越感，朝鲜通信使将对武力强盛的日本的血海深仇转化为对文化落后的日本文化上的极度鄙夷与蔑视，所以才会在通信使文献中几乎处处看到其以俯视的眼光观察日本、自身优越感表露无余的记载，特别是表现在文学与学

---

① 同上书，第365页。

术方面，朝鲜通信使表现出无以复加的文化自信。因此，以申维翰为例，才会对日本人的诗文创作水平出现诸如“多不成语”“尤不足观”[①] 的总体评价，而对于日本学术更是发出了“日本性理之学，无一可闻”[②] 的可谓极度蔑视的惨淡评价。不仅申维翰，其他朝鲜通信使对于日本的评价本质上也都是站在朝鲜自身的立场上，以自身优势与日本的劣势、弱势相比较，而基本上都不会换位思考，试着站在日本立场上去理解日本，只为满足其根深蒂固文化自豪与优越感的虚荣心。以朝鲜通信使为代表的朝鲜文人士大夫乃至于整个朝鲜社会，当面对日本时，都会或多或少地带着根深蒂固的文化自豪与优越感。这其实正是朝鲜时代“华夷观”与宗藩朝贡体系思想得以形成、确立的文化背景与基础。

四　《海游录·闻见杂录》中的日韩比较史料所见日韩相似性与差异性

既然是日韩比较史料，那么只要是比较，便会出现孰高孰低、孰优孰劣的问题，也会出现相似性与差异性的问题。透过《海游录·闻见杂录》中的日韩比较史料会发现日韩两国拥有着诸多相似性与差异性，其中的某些相似性与差异性明显和二者的汉化文明程度的高低有关，而某些相似性与差异性便与之关系不太明显。

之于“日本历法，与我国大同而小异”[③]、“四时名节略与我国相似”[④] 等相似性便是与双方的汉化文明程度有关，而差异性则因各自国情不同而略有差异。“又如国不产莺鹊，而写景曰莺啼鹊噪，乐不用琴瑟，而叙事曰弹琴鼓瑟，无冠而岸帻欹巾，无带而曰近锦带玉佩，皆用虚名，而不能作称情之词。此则我国人亦往往犯戒”[⑤]，说的是朝鲜人和日本人在诗文创作中共同存在的弊端，一方面体现的固然是共同的慕华心理，但更重要的体现的其实是二者共同拥有的正不断高涨的民族意识，而民族意识的出现即与其汉化文明程度的不断深化有关。汉化文明程度越高，自然民族意识

---

① 复旦大学文史研究院编：《朝鲜通信使文献选编》（第三册），第 241 页。
② 同上书，第 376 页。
③ 复旦大学文史研究院编：《朝鲜通信使文献选编》（第三册），第 349 页。
④ 同上书，第 350 页。
⑤ 同上书，第 368 页。

也就愈发高涨。朝鲜民族意识高涨的表现显然要强烈得多，从广泛存在于朝鲜文人对本国文人动辄就赋予与中国杰出文人相媲美的高评便足以显见。

除了与二者的汉化文明程度明显有关的相似性与差异性，还有与之关系不太明显的相似性与差异性。在与汉化文明程度的高低明显相关的相似性与差异性方面，在申维翰笔下，无疑基本上都是以朝鲜完胜于日本的一边倒的结果出现，尤其是体现在风俗、文学、学术等方面。但是在与汉化文明的高低程度关系不太明显的相似性与差异性方面，如关系到人们衣食住行日常生活的社会史方面，在申维翰笔下，也基本上都是凡是日本有的朝鲜都有，甚至日本没有的朝鲜也有的论调，总之日本没有什么稀奇的，朝鲜绝不会比日本差。一方面固然是体现了朝鲜与日本国情的接近，特别是物质文化具有高度的相似性甚至是一致性，但更多的则是体现着申维翰绝不肯向日本服输的民族意识，根深蒂固的文化自豪与优越感依然显见。比如“端午则家家树旗，为习战之戏，如我国两男角力之类也”①，说的是日本与朝鲜相似的节日风俗；“海产鱼品，一如我国东海鱼”，“蔬菜各种，皆如我国”②、“练酒则如我国梨花酒”，“饼如我国仁切”，“有曰筱粽者，如我国拳拇饼”，“有曰馒头，如我国霜花饼”，“有曰养命糖，如我国白糖之类”，“有曰唐糕，如我国雪糕”，“又称卞果子者……如我国冰沙果、药果之类”③、“馔品以杉煮为美，杂用鱼肉菜蔬百物，和酒酱烂煮，如我国杂汤之类”，“鱼品以粕渍为美，沉鱼酒糟中，味熟净拭，如我国食盐鱼之类，而别无奇者。又有卞鲣为名者，状如牛角坚难破，观其肉理，似是我国古刀鱼之肉厚者捣合而成”④，等等，都是说日本与朝鲜物产食品的相似。这些记载让我们对以往的韩国学研究中容易被忽视的朝鲜时代以及韩国自身的物质文化及社会风物的了解获得了一次宝贵的机会，对于更为陌生的日本情况的了解也同样得到了很好的普及。可以说无论是对于韩国学研究还是日本学研究中的社会史研究都无疑是极具研究价值的史料。日本的社会风俗与物质文化和朝鲜呈现出高度的相似性甚至是一致性，不一定完全都是与朝鲜或中国文化交流的结果，从一些社会风俗与物质文化之中

---

① 复旦大学文史研究院编：《朝鲜通信使文献选编》（第三册），第350页。

② 同上。

③ 同上书，第352页。

④ 同上书，第353页。

的确是能看到有大陆先进文明的影子，但毋庸置疑，日本与朝鲜两国的文化国情尤其是在物质文化层面的高度相近显然不可辩驳。

“平民衣服，男女无别，皆如我国女人长衣之类”①，“其言考今观所谓官服，略如我国团领之制”，“其次则用两幅为单衫而无袖，状如半臂，承之以袴，结束于腰，其次如我国道袍之类”，“袴制有三，必以青白交织为之，制如我国女人四幅袴”②，“袈裟如我国僧所着”③，等等，是说日本服饰与朝鲜的接近，这里的叙述已明显带有象征着汉化及文明程度的日本服饰是受朝鲜服饰影响的意味。而当见到日本服饰与朝鲜服饰的差异性时，“而公私礼一着之后，更无平居着冠者”，便是只有觉得“可笑”④的反应；面对“江户传国书之日，两长老入关白宫庭，始见其头上有物，如椟盖之状，长可尺余，广可容头，漆以黄色，戴于顶上，后挂两肩未知阙名云何，而宫庭所着，则何不用之于外”，又是“一笑”⑤的反应，此类反应在申维翰笔下多如牛毛、比比皆是。而之所以会有如此反应，只因申维翰从来都是站在朝鲜的立场上，以自身优势与日本和朝鲜不一样的差异性或者说是日本的弱势劣势相比，不会换位思考，尝试站在日本的立场去理解日本、真正认知日本，只为满足自己根深蒂固的文化自信与优越感的虚荣心。当申维翰见到“倭人所用器皿百物，皆玄漆如鉴，宫室、船板、桥舆等处亦皆施漆，漆光照耀，与我国所见判异”而心生疑惑，“然所过闾里山野，亦未见漆林，心甚怪之”，但当他听到日本人的答复后，却又说“其言又不可信”⑥，又可显见到作者申维翰根深蒂固的文化自豪与优越感。而当雨森东问申维翰，“日本何事与朝鲜相似”，他却把上述种种记载的日韩两国的相似性抛到一边，闭口不谈，只是无关痛痒、随便应付地说“至京都而闻男女行贩于道者，呼唤之声恰似我京男女；见众人会坐饮食之状，如我国僧徒会食”⑦，这样的回答明显过于不伦不类、莫名其妙甚至是不怀好意。申维翰的言外之意是日本的其他事都没有和朝鲜能相似的，更确切地说，其实是日本的其他事都没有能比得上朝鲜的，其根深蒂固的

① 同上书，第355页。
② 同上书，第354页。
③ 同上书，第355页。
④ 复旦大学文史研究院编：《朝鲜通信使文献选编》（第三册），第355页。
⑤ 同上。
⑥ 同上书，第352页。
⑦ 同上书，第354页。

文化自豪与优越感可以说是在不经意的回答之间暴露得彻彻底底、一览无遗。

朝鲜人面对日本时的文化优越感已经疯狂到几乎病态的扭曲心理，显然对其真正认知日本毫无裨益，只会使其不断故步自封，甚至是熟视无睹、自欺欺人，直至最终真正落后于日本才恍然大悟、大梦初醒，却为时已晚，何况日本确实希望通过展示自己国家的经济军事实力来让朝鲜人改变对自己的看法。①

以上便是从申维翰认知的局限性与进步性、日韩文化交流、日韩相似性与差异性三个维度对于申维翰《海游录・闻见杂录》中的日韩比较史料试做的初步浅探，贯穿这三个维度的其实就是当包括申维翰在内的朝鲜通信使乃至于整个朝鲜社会面对日本时，便会极其明显地表露出根深蒂固的文化自豪与优越感心理，这背后的本质是其只会站在朝鲜的立场上，以自身优势与日本的劣势、弱势相比较，而基本上都不会换位思考，更未试着站在日本立场上去理解日本，故所论只为满足其虚荣心的结果。除此之外，其中还有关于诸如日韩文化交流、日韩社会史研究等方面的诸多珍贵史料。总之，《海游录・闻见杂录》中的日韩比较史料无论是对于日本学研究还是韩国学研究乃至于东亚文化交流及比较研究都无疑具有极高的学术意义和研究价值，值得不断探究发现。

① 王鑫磊：《同文书史——从韩国汉文文献看近世中国》，第172页。

点面结合的复杂构图
——评《近二十年西方史学理论与历史书写》

吕和应*

自海登·怀特的《元史学》于1973年出版以来，西方史学理论的面貌焕然一新。简单来说，就是史学理论讨论的核心问题变了。比如，19与20世纪之交的德国历史哲学聚焦的“历史知识何以可能”问题，以及20世纪五六十年代被广泛讨论的“历史解释”“历史真实性”和“历史客观性”问题，都不再是史学理论的核心问题，取而代之的是与“历史叙事”“历史表现”或“历史书写”相关的问题，这些问题并非全新，它们曾在西方史学传统中占据显要的位置，只不过在“科学史学”一百多年的打压下逐渐被边缘化，直至20世纪下半叶才被重新激活并被赋予新的内涵。

从1970年至2000年的三十年中，西方史学理论经历了一系列的转型和开拓，这段时期的西方史学理论被称之为“叙事主义历史哲学”或“后现代主义史学理论”①。在此期间，海登·怀特和安克斯密特等西方史学理论家先确立、后又修正了自己的理论观点，而与其立场相左的史学理论家和历史学家始终对他们抱持怀疑态度。近二十年，西方史学理论依然受叙事主义范式支配，但新趋向已显现，众多探索者尝试走出有别于叙事主义范式的新路，有学者称

---

* 吕和应，四川大学历史文化学院。

① “叙事主义历史哲学”的提法来自安克斯密特，参见彭刚主编《后现代史学理论读本》，北京大学出版社2016年版，第1页。本书作者认为“后现代主义史学理论”与“叙事主义历史哲学”不能画等号。“我们不太同意后现代主义史学理论就是叙事主义历史哲学这样的观点，因为这就完全把历史观的部分给排除在后现代史学理论之外了”。参见邓京力等《近二十年西方史学理论与历史书写》，中国社会科学出版社2018年版，第317页。下文引述该书时，笔者将直接在正文中标注页码，不再单独加注。

之为“后叙事主义历史哲学”[①]。尽管大多数历史学家不接受极端后现代主义的立场，但他们在史学理念、题材和写法上或多或少受到了后现代主义的影响，20世纪70年代至今，女性主义史学、微观史学、新文化史、后殖民史学、全球史等史学范式纷纷登场，这样的史学变革脱离后现代主义语境将难以想象。

改革开放四十年来，中国的西方史学理论与史学史学科获得了长足发展。前二十年，西方“思辨的”和“批判的”历史哲学经由前辈学者引入国内，西方史学史研究也得到充分的发展。到近二十年，随着后现代主义史学理论被大量译介成中文，学界涌现出了一大批专攻西方史学理论的中青年研究者。尽管中国的西方史学理论与史学史学科发展态势总体良好，但纵观近二十年的成果，依然是研究论文远多于研究专著，追踪西方史学理论前沿和热点问题的专著更是屈指可数。[②] 有鉴于此，首都师范大学的邓京力教授及其课题组成员合撰了这部《近二十年西方史学理论与历史书写》，让我们有机会更具体而微地了解西方史学理论与历史书写最新的发展。

一

《近二十年西方史学理论与历史书写》共三篇十五章[③]，作者分别从回

---

① 关于“后叙事主义历史哲学”的提法及其阐释，参见 Jouni - Matti Kuukkanen, *Postnarrativist Philosophy of Historiography*, Hampshire, UK: Palgrave Macmillan, 2015。

② 参见何兆武、陈启能主编《当代西方史学理论》，上海社会科学院出版社2003年版；陈启能主编：《二战后欧美史学的新发展》，山东大学出版社2005年版；王晴佳、古伟瀛：《后现代与历史学》，山东大学出版社2006年版；姜芃主编：《西方史学的理论和流派》，中国社会科学出版社2007年版；韩震、董立河：《历史学研究的语言学转向》，北京师范大学出版社2008年版；彭刚：《叙事的转向：当代西方史学理论的考察》，北京大学出版社2009年版；陈新：《历史认识：从现代到后现代》，北京大学出版社2010年版；姜芃主编：《世纪之交的西方史学》，社会科学文献出版社2012年版；王晴佳：《新史学讲演录》，中国人民大学出版社2010年版；何平、张旭鹏：《文化研究理论》，社会科学文献出版社2014年版。

③ 全书的篇章安排如下：上篇“理论趋向”分四章，第一章“‘接受’与‘拒斥’之间——对后现代主义挑战的回应”；第二章“‘挑战’与‘回应’——对‘史学危机’与‘终结论’的回应”；第三章“重构、建构与解构之间——从文学形式论史学类型与史学性质问题”；第四章“语境与历史之间——作为解释模式与方法论前提的历史语境理论”。中篇“史学理论家”分四章，第五章“对现代西方史学理论基础的挑战——凯斯·詹金斯之《再思历史》”；第六章“历史时间与厄尔玛斯‘节奏时间’观念”；第七章“安克斯密特的历史经验理论”；第八章“弥合现代与后现代史学理论——以约恩·吕森的学科范型论为中心”。下篇“历史书写”分七章，第九章“历史表现与历史书写的实验——以《再思历史》杂志的相关讨论为中心”；第十章“后现代方法在中国史领域的适用性”；第十一章“微观史学的理论视野”；第十二章“‘杂交’观念与彼得·伯克的文化史研究”；第十三章“史学史研究的当代趋势——史学比较与全球视野”；第十四章“从西方史学史到全球史学史——评沃尔夫著《全球历史的历史》”；第十五章“历史知识、历史记忆与民族创伤——读柯文《历史的言说：越王勾践故事在20世纪的中国》”。

应后现代主义的挑战、史学理论家的新探索以及历史书写的多元化等角度梳理了近二十年西方史学理论与历史书写的不同侧面。其附录名为“对话当代历史学家”，其中三篇访谈补充和丰富了正文的论述。

上篇属于近二十年西方史学理论综论，它从多个角度概述了西方史学理论家和历史学家回应后现代主义的不同态度。作者使用“接受”与“拒斥”，“挑战”与“捍卫”，“重构”“建构”与“解构”等表述意在向读者表明，所谓“西方史学理论”只是一个笼统概念，事实上其内部存在各种立场和理论观点。因此，尽管后现代主义史学理论拥趸甚多并且代表了西方史学理论发展的新趋向，但其反对者亦众多，而且依据激进程度还可以将其分成不同派别。具体来说，作者在第一章中根据其后现代观，将西方史学理论家和历史学家分成激进派、传统派和中间派，最为人熟知的后现代主义史学理论家如海登·怀特和安克斯密特都属于激进派。在第二章，作者分析了后现代主义提出的所谓“终结论”，既包括“大写历史”（“元叙事”）的终结，又包括“小写历史”（职业史学）的重塑。到了第三章，作者结合西方史学史，重点分析了重构主义、建构主义和解构主义这三种史学类型。第四章则专门探讨了作为解释模式和方法论前提的历史语境论。

中篇以剖析凯斯·詹金斯的《再思历史》、伊丽莎白·厄尔玛斯的节奏时间论、安克斯密特的历史经验论以及约恩·吕森的学科范型论为中心，从个案层面深入探讨了在经历后现代主义影响之后西方史学理论的新发展。作者在第五章探讨了詹金斯在《再思历史》一书中对真理、事实、客观、科学等现代史学观念的批驳。第六章则集中讨论了历史时间与厄尔玛斯的“时间节奏”观念，指出西方历史时间观念的形成与现代性密不可分。在第七章，作者指出安克斯密特的历史经验论旨在实现与过去的直接接触，以超越怀特式的文本主义思路。第八章深入探讨了吕森提出的学科范型概念。

下篇选取当前史学理论中最热门的话题，即历史书写、后现代方法与中国史研究、微观史学、全球史、新文化史、跨文化研究、历史记忆等，分别进行个案研究。如果说该书前两篇局限于纯理论层次探讨的话，那么下篇就试图展现后现代主义对具体的历史书写的影响。作者在第九章中结合《再思历史》杂志近年发表的成果，探讨了影视史学和人物传记等历史书写实验的理论价值和意义。第十章以美国中国学为线索，讨论了在后现代主义挑战之下，中国史领域对线性进步史观、西方现代化模式、民族国家史观、历史真实、现代史学研究范式等问题进行了批判性反思。在第十一章，作者结合西方史学界有关微观史学的理论与方法的讨论指出，微观研究应该具备宏观视野，而基于现代性的“宏大叙事”应该思考微观维度。第十三、十四章探讨了“全球转向”如何使传统的西方史学史研究走向全球史学史的写作。第十二章考察了文化研究领域提出的“杂交”观念对新文化史家的影响，第十五章则以越王勾践的故事在20世纪的传播来展现历史记忆在文化认同与民族认同形成过程中所产生的影响。

该书的“附录”是对德国史学理论家约恩·吕森、德国史学家斯特凡·贝尔格以及美国华裔学者王晴佳的访谈，这三篇访谈对正文是一种补充和丰富。如果说正文论及的史学理论家或历史学家更多是作为被表述者的话，那么在三篇访谈中，受访者有了更多机会结合自身经历来阐述自己的立场和理论观点。比如，吕森和贝尔格虽然同为德国学者，但由于各自所处的时代不同，其史学理念也存在一定的差异。吕森经历过纳粹德国统治以及第二次世界大战，战后他试图在德罗伊森的《历史知识理论》的基础上回到启蒙时代，重建现代史学的价值和规范。贝尔格是20世纪60年代生人，他在英国接受过学术训练并在那里长期担任教职，他的史学理念与吕森有所不同，他在访谈中明确说道，“我对历史写作中普世价值或普世方法论持比较怀疑的态度。我理解约恩·吕森那一代德国历史学家一直以来对普世价值和普世性方法论坚决的维护和支持”，“但我很怀疑这是否会导致一个问题，那就是，只有我们认为的价值才是真正的价值吗?”（第304页，引文稍有改动）吕森和贝尔格在史学理念上的差异彰显了战后德国史学的代际更替。

二

本文第一部分就《近二十年西方史学理论与历史书写》的基本内容作了简要的概述，接下来，笔者将根据自己的粗浅理解，总结该书的几个特点。

第一，点面结合的谋篇布局。尽管《近二十年西方史学理论与历史书写》的大部分章节在出版之前已发表过，但各章节紧扣“近二十年西方史学理论与历史书写”这一主题展开，并不显得离题。与同类著作相比，该书采取了点面结合的叙述方式。全书三篇十五章，上篇以西方史学理论家和历史学家对后现代主义的态度为依据，对其立场和理论观点进行了分类概括，涉及的是面上的问题；中篇围绕几个重要的史学理论家及其新理论阐发展开，涉及的是点上的问题。该书作为一部史学理论著作，史学史内容相对较少而且需要服从于史学理论的论述，但相关介绍却比较全面，女性主义史学、后殖民史学、新文化史、微观史和全球史学史等都有涉及。

第二，建构更复杂的史学理论图谱。在过去二十年，国内学者在译介西方史学理论时，往往倾向于后现代主义史学理论及其代表人物，此举便于我们紧追西方史学理论的前沿和热点问题，却也容易让我们误以为西方大多数史学理论家和历史学家都持有与后现代主义史学理论家近似的立场和理论观点。《近二十年西方史学理论与历史书写》的上篇正好有助于我们跳出这种思维定式，让我们看到一幅更加复杂的史学理论图谱。比如，尽管 20 世纪 70 年代以来最富原创性的西方史学理论家的立场和理论观点都比较激进，但相较于坚持传统立场的史学理论家和历史学家而言，他们在人数上并不占优。又如，近二十年来，西方史学理论依然处于后现代主义的影响之下，即使是不赞同后现代主义的立场和理论观点的史学理论家和历史学家，也或多或少感受到了后现代主义的冲击，甚至有一部分史学理论家和历史学家不自觉地用后现代主义来反对后现代主义。

第三，层次分明，论述清晰。《近二十年西方史学理论与历史书写》的作者在写作时始终保持着清醒的头脑。在上篇前两章论述后现代主义对西方史学理论的影响时，作者随时注意在“大写历史”（宏大叙事）与“小写历史”（职业史学）之间作出明确的区分，在作者看来，后现代主义作用于这两个层次造成的影响不一样，否定“大写历史”意味着否定线性进步史观或现代化理论，否定“小写历史”意味着否定历史学的真实性和客观性观念。在论述后现代主义对“小写历史”的影响时，作者也随时注意区分后现代主义在理论与实践两个层次上对“小写历史”造成的不同影响：后现代主义在理论层次的影响主要是挑战了历史学追求真相和不偏不倚的权威性，在实践层次的影响主要是挑战了既有的史学范式，比如布罗代尔的“长时段”理论。此外，该书虽成于众人之手，但文笔流畅。可以想见，只有作者透彻理解了近二十年的西方史学理论，才有可能将其佶屈聱口的论述用自己相对通俗的语言清楚地表达出来。

第四，大量援引凯斯·詹金斯的观点。詹金斯是英国重要的后现代主义史学理论家，他既撰写了原创性的作品（《再思历史》），又撰写了西方史学理论史的著作（《论“历史是什么?”——从卡尔和埃尔顿到罗蒂和怀特》）。从《近二十年西方史学理论与历史书写》引述的资料来看，作者谙熟詹金斯的著述和理论观点，在分类概括西方史学理论家和历史学家对后现代主义的态度时，作者就直接援引了詹金斯的观点（参见詹金斯主编的《后现代史学读本》）。该书第五章主要论述詹金斯在《再思历史》一书中挑战传统史学理论的一系列观点，第九章又以詹金斯参与创办的《再思历史》杂志进行的历史书写实验为讨论对象。除了这两章，作者在第一、二、三章都大量征引詹金斯的相关论述。

除了有关近二十年西方史学理论的论述之外，该书其他“灵光一现”的论述也让笔者受益匪浅。作者在分析厄尔玛斯的节奏时间论时，分析了“视觉的理性化”。作者在总结厄尔玛斯和威廉·伊文思的观点时写道，“‘透视技术’不仅被视作绘画和地图制作中一项视角技术革命，更对于西方经验科学与现代西方文化的产生具有促进作用。因为通过透视法产生了观察的共同视域和中立空间，产生了单一的、通用的、普遍化的客观标准，从而保证了事物本身内在本质属性的固化，使其不因事物表面形式和观察位置的变化而发生变化，从而达到‘视觉的理性化’，最终取得一个认识的‘真实状态’。”（第101页）“视觉的理性化”是厄尔玛斯和伊文思针对文艺复兴时期欧洲艺术所下的论断，其实这一观点也适用于解释古希腊艺术的理性化。按照贡布里希的叙述，在公元前500年左右，小亚细亚的陶瓶画上已开始出现透视技法，绘画中的理性化与同时期古希腊思想文化的理性化同步显然并非巧合。作者在第九章谈到《再思历史》杂志上发表的历史书写实验，其中一些历史书写实验令人耳目一新，比如，历史学家开始在一些历史题材的写作中使用第一人称或以历史人物的口吻来叙述过去；或采用诗歌、小说的语言，或利用连环画、塔罗牌的形式进行历史叙事；还有以滑稽、神秘、混搭、幽默、缩微等形式展现过去。（第177页）这些新奇的历史书写实验完全超出了笔者对历史书写的认知。

当然，任何著作都不可能完美无瑕，《近二十年西方史学理论与历史书写》亦然，在笔者看来，如果说该书有什么值得改进之处，那就是其个别内容有待增补。

首先，对近二十年西方史学理论的论述有待增补。多米尼克·拉卡普拉和艾尔克·鲁尼亚都属于原创性学者，但作者对其理论观点的介绍失之简略或付之阙如。拉卡普拉自20世纪八九十年代以来一直致力于从精神分析学的角度改造叙事主义历史哲学，在2000年前后，他还陆续出版了《奥斯维辛之后的历史与记忆》（1998）、《处于转型中的历史：经验，认同，批评理论》（2004）和《历史及其限制：人，动物，暴力》（2009）。鲁尼亚步拉卡普拉的后尘，在《被过去推动》（2014）一书中尝试从精神分析学的角度建立一种有别于叙事主义历史哲学的新历史哲学。

其次，英语世界之外的史学理论受重视程度不够。作者对英语世界的或用英语写作的史学理论家论述更多[①]，全书三篇十五章中，只有第八章论及德国史学理论家吕森（附录中的访谈一、访谈二可作为补充），而法国史学理论并未被专章论述。与后现代主义史学理论家有精彩“对话”的保罗·利科及其《记忆，历史，遗忘》（2003）就未能获得作者应有的重视。

最后，述而不论。作者对西方史学理论家及其观点的阐述清晰明了，其中也包含一部分批判性分析，但这些分析往往不是出自作者之手，而是援引自其他史学理论家。作者在大多数情况下不会表露自己的立场，能够表露其立场的评论只零星可见。比如，在第三章结尾处，作者在介绍各派的观点之后，才亮出自己的观点，“无论如何，后现代主义对历史学性质问题的反思前提是将历史叙事等同于文学叙事，将历史写作等同于文学创作，将史学著作等同于文学文本。这虽然从一个侧面揭示出了历史学与文学之间的深刻联系，却也从本质上彻底否定了历史学的科学属性，这不免有将问题重新简单化的倾向”（第61页）。然而，如此表露自己未经论证的立场，对被作者批评的史学理论家来说，并不会造成任何实质上的困扰。

瑕不掩瑜，笔者不揣浅陋提出上述增补意见，只是希望《近二十年西方史学理论与历史书写》未来修订再版时能尽善尽美。

① 荷兰的史学理论家一般使用英语写作，故将其置于“用英语写作的史学理论家”行列。

深研清代官修史　拓开史界自家田

——读乔治忠著《增编清朝官方史学之研究》

郭玉春[*]

官方修史，从先秦时代史官记录时事便已开启了端绪，后期出现史官修史直至北洋政府开清史馆，中国官方修史活动的传统一直延续。因而，官方修史活动是中国史学史所应研究的重要内容之一。1994 年，乔治忠教授的《清朝官方史学研究》，由台北文津出版社出版。经过二十余年的继续探索，乔治忠教授在原书基础上，又新增 22 篇专题论文，按内容的时间先后顺序重新整合排列，编成《增编清朝官方史学之研究》，于 2018 年由天津古籍出版社出版，成为清代官方史学研究的集成之作，具有重要的学术价值。

一　创新论断，厘清了清朝官方史学研究的基本线索

《清朝官方史学研究》是第一部明晰标举出“官方史学”概念的著作，开启了将官方视为一大史学活动主体，并且开断代官方史学研究之先河，这也成为乔治忠教授立足学界的最初基点。在全书开篇，作者总结出官方史学的特点：“一是史书成于众手；二是在国家政权的调度和指挥下，依靠一定的修史制度来进行。”① 该书从 12 个方面在总体上勾勒出了清朝官方史学发展的基本脉络，主要包括清朝的修史制度及特点、清代国史馆、

---

* 郭玉春，南开大学历史学院。

① 乔治忠：《清朝官方史学研究》，台北文津出版社 1994 年版，第 1 页。

清代官方修史活动、清入关前的满文档册、清太祖和清太宗的历史观念、《太祖武皇帝实录》和《满洲实录》的纂修、康熙朝起居注馆和康熙起居注、清朝官方的明史学、清圣祖的治史思想、乾隆年间对开国史的重理、清高宗的史学思想以及《四库全书总目》清代官修史书提要订误等。王锺翰先生评价该书“既有宏观上整体考察的概括，又有微观上具体史实的考证，史论结合，足见功底”[①]。乔治忠教授在后记中说：“每一专篇，皆以写出新见解、新发现为宗旨，事事必亲加考察求证，方敢采取运用，决不盲从旧说。”[②] 上述12个专题均已达到此目标，在当时乃至今日都有重要的学术意义。

《清朝官方史学研究》虽然对推动整个古代官方史学研究起到重要作用，但也留下了一大遗憾：该书的研究内容并没有贯通整个清朝，主要研究仅至乾隆朝，而嘉道以后的官方修史仅在论述清朝官方修史活动、修史制度及清代国史馆时有所提及，并不是全面系统的清朝官方史学专著。乔治忠教授也深以为憾，故在后来的二十余年中，仍以专题研讨的形式，继续探索中国古代官方史学，其中以清朝成果最多。《增编清朝官方史学之研究》将前书成果与新的专题研究成果整合，在时间上涵盖了整个清朝历史，虽仍不是全面系统的专著，但也将清朝官方史学研究向前推动了一大步。作者作出许多创新的史学史论断，理清了清朝官方史学研究的基本线索，为整个官方史学研究提供了借鉴。

第一，作者从整体上清理了清朝官方史学的发展进程和特点。《清朝官方修史活动述论》《清朝的修史制度及其特点》《清代国史馆考述》等文，从总体上回顾和概括了清朝官方史学发展进程及特点。[③] 作者指出，清朝“将封建王朝的官方史学发展到最为兴旺发达的程度”（第81页），并且经历了萌芽（太祖和太宗朝）、发展（世祖、圣祖、世宗三朝）、繁荣（高宗朝）和衰退（仁宗、宣宗朝以降）的完整过程。同时，作者总结出清朝修史制度的特点：皇帝亲自干预的加强、史料征用体制的通畅、保证满人参与修史、较严格的督察处分制度等。对于清朝国史馆，作者从建

---

① 王锺翰：《乔治忠著〈清朝官方史学研究〉评介》，《王锺翰清史论集》第三册，中华书局2004年版，第1932页。

② 乔治忠：《清朝官方史学研究》，第312页。

③ 乔治忠：《增编清朝官方史学之研究》，天津古籍出版社2018年版，第81—143页。为方便阅读，下文凡涉及此著作，皆在引文后括号注明页码。

制沿革、组织状况、管理机制、修史任务、地位作用等方面进行了考述。这些论断，为后来学者研究历代官方史学提供了研究思路和样板。另外，《略论清朝官方史学中的少数民族因素及其启示》（第144—156页）一文展示了少数民族大一统王朝官方修史的独有特点，即存在着传统史学融入少数民族文化因素，这是“分析中国少数民族史学问题的典型范例”（第155页），对于研究辽、金、元三朝的官方史学有重要的借鉴作用。

第二，作者提出了中国传统史学存在官方史学与私家史学两条发展轨道的运行机制。在《清乾嘉时期的官方史学与私家史学》（第466—481页）中，作者对乾嘉时期的官方史学和私家史学成就和关系进行了讨论，指出“乾嘉时期，官方史学对私家史学有很大的挤压、排抑作用，同时又与私家史学相辅相成，互为促进”（第474页），共同组成史学遗产大清理、大总结的发展结构。

乔治忠教授进而提出“研究中国史学史，必须从官方史学与私家史学的总和、从官方史学与私家史学的关系中探讨”（第474页）的论断，总结出中国古代史学具备了官方史学与私家史学两条相互联系的发展轨道。作者研究官方史学，将传统的以研究单个史学作品、史家为路径的史学史研究，扩展到史学发展的社会运行机制上来，开拓了史学史研究的新路径。

二 考证精湛，推动清代史学及清史研究的新进展

官方史学是清代史学整体中的重要组成部分，清代官方史学也是清代史的重要组成部分。《增编清朝官方史学之研究》对清代官方史学作出了很多精湛的考证，订正了很多学界流行的讹误观点，推动了清代史学研究的发展，进而推动了清史研究的进程。

乔治忠教授在作《清朝官方史学研究》时考订和厘清了很多史实，经过二十余年的检验，至今仍保持活力，足见考证功力之精湛。如在《清入关前的满文档册及其史学意义》（第10—33页）中，作者通过综合解析1615年《旧满洲档》内容，考证出《旧满洲档》开始记录于清太祖天命元年（1616）的史实。这一事例，作者曾自述研究思路：“依据史学方法论的思维方式发现问题、导出思路和解决问题，具体考证过程有许多逻辑方法和历史方法的运用，而且不难看出论证中联结了整体的政治文化背

景，对史料和史实具有系统性和层次性的解析。”[①] 在《〈四库全书总目〉清代官修史书提要订误》（第 363—374 页）中，作者就乾隆年间官修的《钦定平定金川方略》《御定平定准噶尔方略》《钦定大清会典》《御批通鉴辑览》《钦定满洲源流考》《钦定日下旧闻考》六部史书的纂修日期问题，订正了《四库全书总目提要》及其他一些目录书的舛误。这些考证，促进了清代文化史和官方史学的深入研究。

在后续的研究中，乔治忠教授也发表了考辨成果，集中表现在《清太宗朝汉文档案文献考析》（第 34—51 页）、《〈四库全书〉本〈明史〉发覆》（第 386—399 页）、《清朝〈四库全书〉馆隐没图书的另类手段——以三种史籍的遭际为例》（第 400—415 页）中。第一，作者通过分析史料，考证出“至迟到天聪四年，后金保存汉文档案已经制度化”（第 38 页），“汉文档案文献存档制度的建立，是清太宗时期‘文治’上的一大进步”（第 39 页）；不仅如此，作者在该文中还考订了汉文文件的处理机制、汉文档案编录副本制度、汉文档案在纂修《清太宗实录》中的利用等问题，并肯定了清入关前汉文档案文献的重要史料价值。第二，作者考订出，在乾隆皇帝的谕令下，“不仅《明史》本纪得到全面改修，实际上《明史》列传也经过了精心的考证和修订，其工作之繁重和成果之水平非译音字改字可比”（第 389 页）；作者还断言：“《四库全书》本《明史》是清朝官方纂修《明史》的最终成果。”（第 399 页）第三，作者对《四库全书》未收顾祖禹撰《读史方舆纪要》、李东阳主持《历代通鉴纂要》和康熙朝《孔宅志》的史实进行了考证，并认定：“清朝纂修《四库全书》时，还采取一种暗地隐没、悄悄封杀部分书籍的做法，其原因不一，各有具体操作，但皆有难以公开申明的隐情。”（第 415 页）这些考证，既是从史学史角度对清朝官修史书的一些史实的清理，又是对清代政治史、文化史的考察，从而促进了清史研究的发展。

乔治忠教授研究清朝官方史学，不仅立足于史学史角度，还将视野扩展到整个清史研究中。他认为，清朝官方史学“是整个社会运行机制的组成部分”，“一开始就与其政治、军事事务密切联系在一起”；“官方史学并非一味被动地辅助政治，有时则会对政治方向和行为起引导作用”。（第

① 乔治忠、金久红：《构筑中国史学史的学术高地——乔治忠教授访谈录》，《史学月刊》2013 年第 8 期。

533 页）。这体现在《〈清世祖实录〉的纂修及康熙初期的政治斗争》（第178—188 页）、《清雍正朝对政治历史观的整饬》（第 245—259 页）、《〈御批通鉴辑览〉考析》（第 318—332 页）等文中。其一，作者指出《清世祖实录》的纂修、修改活动同时也是代表皇权的康熙与守旧辅政大臣鳌拜等人之间的政治矛盾和斗争的重要组成部分，体现了官方史学与政治运行之间的关系。其二，作者发现雍正朝通过“大兴文字狱与发布权威论断等手段”整饬政治历史观，“阐明清廷所推行的政治理论和历史观点，欲图促使臣民对朝廷主张得以广泛了解，并且以高压态势使之遵循”，这是“乾隆朝全面整顿历史学和历史观的前奏”（第 245、259 页）。其三，作者指出乾隆朝纂修的《御批通鉴辑览》在清朝所修前代史中居于尊崇地位，同时“以《御批通鉴辑览》的纂修为契机，清高宗在评断历史中总结政治经验，推动了官方政治思想和政治措施的发展”（第 328 页），因而该书“不仅是评论历史的圭臬，而且是政治方针与军政措施的准绳”（第534 页）。

三 承前启后，开辟官方史学研究的学术阵地

南开大学中国史学史学科同人有研究官方史学的传统。杨翼骧先生在《中国史学史绪论》中提出的中国史学史六项研究内容，便有史官制度。[①] 杨先生在自己的研究中，也饱含了对官方史学的关注：在《三国时代的史学》中，探讨了魏蜀吴三国的史官建置及修史活动；在《唐末以前官修史书要录》中，讨论了先秦至唐末官方修史活动及部分重要官修史书；在《论中国古代史学理论的思想体系》中强调中国古代的修史制度理论。[②]

乔治忠教授继承并发展了杨翼骧先生关于官方史学的观念，指出官方史学及其相关的制度与举措“是中国古代史学发展中的独有特点，影响及于朝鲜半岛与日本，成为与西方古代史学最显著的区别”[③]，是中国史学史研究的八项内容之一。他首发性地提出了官方史学的主要内容：“（1）制度化、规范化的记史和修史机构；（2）官方切实控制和管理下的史籍编

---

① 杨翼骧：《中国史学史绪论》，《学忍堂文集》，中华书局 2002 年版，第 413 页。

② 见杨翼骧著《学忍堂文集》一书，杨先生在探讨中国史学起源的文章及编纂各朝史学编年时，也对官方史学给予了重视。

③ 乔治忠：《中国史学史学科体系的思考》，《学术月刊》2012 年第 1 期。

纂；（3）官方的史料和官修史书；（4）官方历史观与史学思想；（5）官方史学的政治作用和学术地位。前三项是构成完整官方史学的基本要素，只有前三项内容大体具备，后两项内容才有必要涵括于官方史学的范围之内。”[①] 他将官方史学作为与私家史学对等的史学活动主体，并且组合于对立统一的矛盾运动，指出：“中国传统史学的主要特点，是形成了官方史学与私家史学两条相互联系的发展轨道”[②]，“是中国史学之所以连续不断、繁荣兴盛的主要原因”[③]。这一发现，开辟了深入研究中国史学史的广阔天地。

《清朝官方史学研究》的出版，也激发了南开史学史专业学人研究断代官方史学的热情。岳纯之和王盛恩分别对唐代和宋代官方史学的概况、特点、修史机构、修史活动进行了系统的研究。[④] 时培磊对元朝官方史学具有的蒙古史学体制和中原王朝体制两重官方史学体制进行了讨论。[⑤] 杨永康讨论了明朝官方修史与政治扰动的关系。[⑥] 从杨翼骧到乔治忠、岳纯之，再到王盛恩、杨永康、时培磊，南开史学史学人历经三代，将中国古代官方史学系统梳理出来，开辟了中国官方史学研究的学术阵地。在这个体系中，乔治忠教授的清朝官方史学研究，起到了承前启后的重要作用，既继承了杨翼骧先生对官方史学重视的理念，又启发和激励后来学人以断代官方史学为选题继续深入研究。故他在《增编清朝官方史学之研究》“序言”中感慨：“往事悠悠三十年，拓开史界自家田。深研清代官修史，遍览今朝众手笺。”（“自序”第6页）这里的“自家田”，既是作者所开辟的清朝官方史学研究阵地，又是南开史学史学人共同发展的中国古代官方史学研究阵地。

此次增编，不仅体现了乔治忠教授在清朝官方史学研究方面的成就，还展示了作者对中国古代官方史学理论体系的理解。在该书“自序”中，作者将自己及今的研究心得总结为八个方面：其一，在世界各个民族各个

---

① 乔治忠：《中国古代官方史学的兴盛与当代史学新机制的完善》，《河北学刊》2005年第2期。

② 乔治忠：《中国官方史学与私家史学》，北京图书馆出版社2008年版，“自序”第1页。

③ 乔治忠：《中国史学史学科体系的思考》，《学术月刊》2012年第1期。

④ 详见岳纯之《唐代官方史学研究》，天津人民出版社2003年版；王盛恩：《宋代官方史学研究》，人民出版社2008年版。

⑤ 时培磊：《试论元代官方史学的两重体制》，南开大学硕士学位论文，2007年5月。

⑥ 杨永康：《明代官方修史与朝廷政治》，人民出版社2015年版。

地区产生原发性史学并且发展需要三个基本条件，并不是每个民族和地区都会原发性地产生历史学；其二，中国于两汉时期奠定传统史学的基本范式，形成官方史学与私家史学互动、互补又互有排抑的发展轨道；其三，魏晋南北朝时期，史学继续在官、私互动中发展而达于昌盛，并且影响各个少数民族政权，表现了传统史学特别是官方史学的文化魅力；其四，史学经过唐、五代、宋辽金时期的繁荣，元明两朝则实际是作了史学发展的调整；其五，清代是传统文化大清理、大总结的时期，乾隆时期发展到高潮；其六，中国传统史学影响了周边国家，促使其建立次生性的史学，更在一定程度上改变了这些国家社会发展的进程；其七，透过中外史学的比较研究，可知传统史学的发展是由记史求真与治史致用这一对内在矛盾所推动；其八，清朝官方史学萌生于少数民族政权而汇入中华传统史学主流，发展过程完整，而且特别繁荣。（“自序”第2—4页）这些观点，不仅概述了中国历代官方史学的发展特点，还对史学的起源问题提出了自己的观点，为后来学者研究中国古代官方史学提供了借鉴。

乔治忠教授在“序言”中回顾了自己的治学经历，即以清朝官方史学研究为起点，开辟了断代官方史学的研究范式，继而推广到整个古代史学史的研究，然后又回到最初的研究。这一过程，历经二十余年，作者写成了一部独具特色的《中国史学史》[①]，订补、编著了《增订中国史学史资料编年》（全四卷）[②]，提出了一些比较系统和独得的见解。“这些见解，大多与研究清朝官方史学得出的感悟息息相关”（“自序”第2页）。作者的这种研究路径，也为初入研究门径的学者提供了治学方法上的参考。《增编清朝官方史学之研究》开拓了中国史学史研究的新路径，得出了颇多新见解和新成果，定能嘉惠学林，启迪后学。

---

① 乔治忠：《中国史学史》，中国人民大学出版社2009年版。

② 杨翼骧编著，乔治忠、朱洪斌订补：《增订中国史学史资料编年》（先秦至隋唐五代卷、宋辽金卷、元明卷），商务印书馆2013年版；清代卷为乔治忠、朱洪斌编著，于同年出版。

学科史视野下的近代史研究所
——《创榛辟莽：近代史研究所与史学发展》简评

武晓兵*

目前，学术界对20世纪中国史学的研究，主要着重从史家、史学思潮、学术流派、史学文本、学术建制等不同的角度切入进行讨论，尤其是从学术建制出发讨论现代史学的发展历程，渐渐成为学界较为关注的一种研究趋势，而且已有诸多专门性的优质学术成果。比较具有代表性的，如学术与制度的互动关系、四部之学到现代学科的演进等整体性研究，如北京大学研究所国学门、北京大学史学系、清华大学国学研究院等学术机构研究，如《国学季刊》《食货》《禹贡》《燕京学报》《史地学报》等期刊研究，如历史课程设置与历史教科书研究。对于学术建制这一概念，罗志田先生主编的《20世纪的中国：学术与社会》一书，已经开始注意其在20世纪中国学术研究中的重要性，他说：

> 学术建制与史学研究的关系是本卷特别希望考察的部分。所谓学术建制是广义的，不仅指大学的历史系和各级各类史学研究所等学术机构，而且包括大中小学历史课程的设置及演变，学术刊物特别是史学专业刊物的出现、发展与影响等等。这些学术建制基本是20世纪的新生事物，其本身的发展演化及其（作为一个变量）对史学学人与史学研究产生的多方面影响，以及双方的互动关系，都是大可深入探

* 武晓兵，华东师范大学历史学系。

讨而目前研究尚不足的内容……①

可见，学术建制所含学术机构、课程设置、学术期刊等，内容较为丰富，而且学术机构是其中最为重要的组成部分。所以，有学者认为，学术机构是学术建制的社会基础。② 不过，根据公开出版的学术成果来看，从学术机构入手分析史学面相的作品，主要还是将关注点投射在晚清、民国的时段范围内，而对新中国“十七年”期间的学术机构关注的较少。这类研究路径的缺失，当然并非是简单的视角问题，更多的还是因为这一段史学研究的整体寂静，故而有学者直言处于一种“失语”状态。当然，这种研究的处境不能完全归于学界之过，新中国“十七年”时期的学术机构因有意识形态的规制，使很多学者望而生退。另外，资料上的不足，也是导致其研究令人不满意的重要因素之一。幸运的是，赵庆云的这部新著《创榛辟莽：近代史研究所与史学发展》（社会科学文献出版社 2019 年版），给这一时期的史学研究注入了新的血液。整体来看，该书不仅是中国科学院近代史研究所沿革史的一部力作，更是展现新中国“十七年”时期史学尤其是近代史学面貌的一部力作。笔者因平时较留意此段史事，于此大著反复研读之后，有一些体会与思考，与作者及学界同人交流。

一 资料的丰富与多元

一般而言，人文学学术研究的再创新，基本有两种取径：一是新史料，一是新方法。很明显，作者此书的成功在于前者。近代以来，新史料的发现如史前遗物、甲骨金文、汉晋简牍、敦煌典籍、明清档案等，都大大地推进了中国学术研究的进步。顾颉刚在《当代中国史学》中总结 1949 年前的学术成就，专列一编内容叙述“新史料的发现和研究”，也可

① 罗志田主编：《20 世纪的中国：学术与社会·编序》，山东人民出版社 2001 年版，第 10—11 页。

② 朱洪斌对学术建制的内涵总结的更为全面。他认为，所谓的“学术建制”，涉及学术活动的诸多方面，包括学术机构的组织和运转，学科体系的形成和衍化，课程教学的设置，人才培养的程序，学术规范的约定，学术成果的发表及评价机制。依据现代学科体系，学人以专业为基础，分化为不同类别、不同层次的学术社群。学术社群不是分散地从事学术活动，一般依托于学术机构。因此，学术机构是学术建制的社会基础。详见朱洪斌：《清华国学研究院的学术建制及治学精神》，《史学史研究》2012 年第 3 期，第 58 页。

见新史料的极其重要性。翻开《创榛辟莽：近代史研究所与史学发展》书后之“附录”，作者将参考文献列为六类：（一）档案；（二）私人提供未刊文献；（三）内部印行文献资料；（四）已刊文献；（五）相关研究论著；（六）访谈口述资料。除了第四类、第五类是已经公开出版的资料之外，其他如档案、私人日记、口述等资料都是第一手资料，尤其作者因“近水楼台”之便获得的近代史研究所的文书档案，至为珍贵。正是因为这份珍贵，在某种程度上决定了该书的撰写成功。正如作者在书中说的那样：“之所以选择以中科院近代史所这一史学机构为研究对象，一方面固然因近代史所在‘十七年’间中国史学界的重要地位，更因偶然的计划得以查阅近代史所保存的1950—1966年为数颇丰的档案资料。主要包括历年的学术计划、总结、学术会议记录、往来公文信函、历次政治运动中的发言记录，以及人事档案资料。”（页8）近代史研究所，作为国家级的最先成立的新中国学术研究机构，自身的权威性已经奠定了其在学术史上的地位。而其在学术史上的体现，则完全归于档案资料的现世以及研究者的深入探究。所以，张海鹏先生在该书《序言》中才会感叹：“现在读了赵庆云的新著，方才知道他找到了近代史所‘十七年’的文书档案，加上科学院的早期档案和个人日记以及回忆等资料，努力复原了近代史所‘十七年’的历史，真是可喜可贺!”近年来，在历史研究尤其世界近现代史的研究上，档案资料的不可或缺性，为大多学者所认同，甚至有的学者认为，无足够的档案材料便不能开题、作文。此种学术态度，虽然略有偏颇，但也说明了档案在众多资料类型中的地位以及在学术研究上的重要性。作者将“档案”列为参考文献的第一位，应是出于此意。当然，作者在资料上的利用，并不仅限于档案，而是对档案、私人未刊文献、口述采访以及已刊的著作等多种资料的综合运用。

二　近代史研究所缘何最先设立?

1949年之后国家级学术机构的成立，在当时新旧交织的复杂的学术界环境中，备受瞩目。中国科学院率先成立近代史研究所而非历史研究所，内中情由究竟为何，也是学界长久以来所关注的问题，只是由于资料缺失及其他因素，致使一直处于似是而非之中。作者在书中经过多种资料的综合分析，全面地解释了这一不解之谜。根据其意，近代史研究所最先成立，其原因有三：（一）作者延续了蔡美彪先生的观点，从学术理路层面考虑，认为在于近代史研究自民国以来的薄弱性。范文澜设立近代史研究所，“希望缩小工作范围，培养专门人才，以使近代史研究这个薄弱领域得到充实和发展”（页 30）。如其言，“率先成立的近代史研究所，自有集中力量、加强‘中国近代史’这一薄弱学科之用意”（页 198）。（二）范文澜作为关键人物，他的态度影响了近代史研究所的成立。作者认为，范老主要的考虑在于史学界新、旧之间的人事纠葛。他说：“率先成立近代史研究所，因陈垣、陈寅恪、向达等来自旧史学界的著名学人并不以近代史见长，自可名正言顺地将他们拒之门外，以免去‘人事纠纷’。”（页 33）（三）旨在延续延安史学的正统地位。从机构沿革史上来看：“近代史研究所承接延安史学之脉络，主要以华北大学历史研究室人员为班底，其进驻全国史坛之中心，昭示了延安史学在新中国成立后的正统地位。”（页 22）而“率先成立近代史研究所，范文澜固然主要着意于人事方面的考量，同时亦须看到，研究近代史实为此前延安 脉史学研究机构之工作中心。”（页 33）延续延安史学的正统，或许根本在于毛主席 1941 年 5 月在《改造我们的学习》报告中对中国近百年史研究的指示。所以，张海鹏先生在《序言》中说：“毛泽东在延安的这个提议，就是范文澜坚持在中国科学院首先成立近代史研究所的最重要的根据。”毛主席对近百年史的重视，则在重新塑造或建构中共的革命之路，以致确立新的意识形态。这一点，作者在书中也有提及，他说：“中共对史学的重视超过既往的执政者，通过追溯近代以来的革命系谱论证新生政权的合法性，彰显出关于中国近代史的认知、研究对新政权意识形态之构建极为重要。中国近代史学科因而获得了坚实的政治支撑。”（页 201）不过，一所权威的带有浓重意识形态倾向的学术机构的设立，虽然有非学术的因素存在，但不能仅仅归于此一因素，而应是多种因素的合力而为。作者在所内档案、所内老人日记及回忆等资料的基础上，从学术层面、人事层面、意识形态层面论证了近代史研究所最先成立的缘故，是较为有力的、全面的。

三 近代史研究在时代转换之际的延续性

1949 年，伴随着一场社会革命的胜利，中国共产党成为执政党，作为其指导思想的马克思列宁主义、毛泽东思想，全面覆盖了社会各个领域。

国家的社会、经济、文化、教育、思想、学术发生了全面性的变革。经过共产主义革命洗礼的“边缘”知识分子，摇身一变跃居主流地位，并自视为新的国家主人。而那些曾经的“主流”知识分子却被视之为“旧”的学术阵营，沦为当时的“边缘”。这种“边缘”与“主流”“新”与“旧”的二元对立，也逐渐成为后来学术界对新中国“十七年”史学论述的理论模式。其实，这种新旧论述模式并不仅限于讨论新中国史学，对于晚清、民国的学术研究，也有类似的模式。那么，我们不禁要问，从传统到现代的学术演进，从晚清、民国到中华人民共和国的学术发展，是否完全对立、割裂呢？有没有学术的内在连续性呢？作者在书中给出了一定的答案。作者认为：“既有的学术史回顾，往往将罗家伦、蒋廷黻、郭廷以等人同马克思主义史家截然对立，分殊为两个泾渭分明的脉络，甚少顾及二者相同之处。”（页 148）而近代史研究所整理资料的基础工作，在某种程度上则是继承、延续了罗家伦、蒋廷黻、郭廷以等学者在近代史学科建设上的观念。当然，任何的历史研究都是建立在史料的基础上的，这是一种学术共性。不过，学术的自身演进脉络也是不容忽视的因素。罗家伦在阐述中国近代史研究的意义和方法时说：“我觉得现在动手写中国近代史，远不到时期。要有科学的中国近代史——无论起于任何时代——非先有中国近代史料丛书的编订不可。所以若是我在中国近世史方面要做任何工作的话，我便认定从编订中国近代史料丛书下手。”[①] 不难看出，近代史学科的建设，首要的任务就是建立史料的基础，方能进一步提升到研究的层面。近代史研究所在新中国“十七年”时期的史料整理工作，如南京史料整理处的成立及档案整理、中国近代史资料丛刊的编辑出版等，在研究理念和取向上无疑继承了 1949 年前近代史研究领域主要学人的意旨。此外，作者也指出，近代史研究所的“帝国主义侵华史”研究，延续了蒋廷黻在民国时期书写中国近代史重视外交史的学术取径。他以为：“范文澜虽对蒋廷黻多有批判，在新中国成立后却实际上承续了重视近代中外关系史研究之传统，只是名之为‘帝国主义侵华史’。”（页 74）总而言之，“无论关于中国近代史的治史理念，还是人脉与师从关系，近代史所与民国‘旧史学’仍不可避免存在一定继承和关联。”（页 75）这一研究对有较大思

① 罗家伦：《研究中国近代史的意义和方法》，《国立武汉大学社会科学季刊》1931 年第 2 卷第 1 期，第 148 页。

想差异的时代在学术观念上具有延续性的揭示，对于学术界重新认识从传统到现代、从晚清民国到中华人民共和国的学术思想变革，有一定的助益。

四 近代史研究所与近代史学科建设

近代史研究所的优先设立，背后反射的意识之一是近代史研究在新中国意识形态下的备受重视。正是在这种体制性力量的支持下，近代史研究所方能集聚学术资源，为中华人民共和国时期的近代史学科建设奠定坚实的基础。作者认为，近代史研究在20世纪中国学术的发展历程中，是一种逐渐“学科化”的过程。换言之，作者的意思在学科史的层面讨论中国近代史研究的发展进程，并进一步将近代史研究所规划及实践的学术活动置于其中展开讨论。为保证作者的原意，笔者征引其文如下：

> 中国近代史的“学科化”始于20世纪20年代。在罗家伦、蒋廷黻等人倡导下，北京大学、清华大学、燕京大学等著名学府纷纷开设中国近代史课程，学科初具雏形。但总体说来，中国近代史在民国时期尚处于草创阶段，难以受到主流学界的重视。1949年后“中国近代史”成为“显学”，在新中国的史学园地中占有相当显赫的地位。“十七年”间中国近代史之“学科化”，不仅包括近代史研究的学术规范之形成、理论诠释框架之建构，还应包括近代史研究者的集聚与培养、近代史学科建制之兴革、近代史学术研究机构及共同体之形成、近代史分支研究领域之开拓、近代史研究理念与方法的嬗变等诸多面相。在此过程中，中科院近代史研究所作为国家级史学机构，无疑发挥了至关重要的作用，推动中国近代史这一积累不足的弱势学科迅速发展。（页384—385）

根据以上所论，作者认为，近代史研究在20世纪20年代开始学科化、专业化，经过多位早期近代史学人的倡导以及在高校历史系的课程设置，学科建制逐渐“初具雏形”，但仍处于“草创阶段”，直到1949年后学术环境的改变而逐渐为学界所重视，成为一种“显学”，近代史研究的“学科化”进程至此基本完善，近代史研究所则在其中扮演了至关重要的作用。作者所谓的“学科化”，具体内容主要包括七部分：近代史研究学术规范的形成、理论诠释框架的建构、近代史研究者的集聚与培养、近代史学科建制的兴革、近代史学术研究机构及共同体的形成、近代史分支研究领域的开拓、近代史研究理念与方法的嬗变。作者对近代史研究学科理论构建的总结，已然非常全面成熟，这或许得于作者从博士期间即开始关注中国近代史学科体系的形成问题。近代史研究所作为学术机构，本身的属性即是学科建设中的重要一环，而其以学术机构为载体所凝聚的新旧史学工作者（如金毓黻等）、规划的一系列学术研究工作（如修订《中国通史简编》《中国近代史》等）、进行的一系列学术活动（如举办全国性近代史学术会议）、创办学术刊物（如《近代史资料》）等等，又暗合了近代史学科建设的其他内容。学科建设过程中还有一方面的重要内容，作者在书中已有很多的说明，就是资料基础工作的建设。近代史研究所在成立之后，很为重要的一项工作就是史料整理，例如《中国近代史资料丛刊》的编纂。此类史料整理的成果，为整个中国近代史研究提供了史料基础，在当时的海内外影响甚大。

此外，在论述近代史学科建设过程中，作者也为研究者提供了新的研究课题，如党组织在学术机构的运行及影响。当然，这类问题的讨论，不仅需要相关档案作为支撑，也因涉及政治机制的运作而比较敏感，需要掌握适宜的尺度。再如新中国“十七年”时期的历史调查研究。学术调查，虽然已经不是很新的课题，但过去的讨论重心一直在对民国时期学术调查的考察，而对新中国时期大量的实地调查关注较少。

稿　约

《理论与史学》由中国社会科学院历史理论研究所中国史学理论与史学史研究室主办，以书代刊，一年一辑。现特向海内外史学界同仁约稿，恳请惠赐佳作。

稿件要求：

1. 系作者原创作品，字数5万字以内。

2. 本刊采用专家匿名审稿。

3. 本刊常年接收稿件。欲在当年度刊发的来稿请于每年6月30日前寄送稿件。

4. 本刊注释（除必要的文内注外）一律采取页下注（脚注）的方式，注释规范及示例请参见 http://lls.cssn.cn/xsqk/xsqk_llysx/llysx_bjjsgf/202006/t20200628_5162916.html。

来稿一经采用，将及时通知作者，出版后赠送样书并略致薄酬。来稿一律不退，请作者自留底稿。如60日内仍未接到采用通知，请自行处理。

投稿信箱：lilunyushixue@sina.com

《理论与史学》编辑部

2020年1月